本书是广东省哲学社会科学"十三五"规划2020年度后期资助项目"粤东闽语语音地图集"（GD20HZY01）的成果

本书获得广东技术师范大学优秀学术著作出版基金、广东技术师范大学民族学院、暨南大学汉语方言中心的出版资助

广东技术师范大学民族学博士点建设文库

广东东部闽方言语音地图集

林春雨 甘于恩 著

Phonetic Atlas of the Min Dialect in Eastern Guangdong

中国社会科学出版社

审图号：粤S（2021）006号
图书在版编目（CIP）数据

广东东部闽方言语音地图集 / 林春雨，甘于恩著．— 北京：中国社会科学出版社，2021.8
ISBN 978-7-5203-8691-3

Ⅰ.①广… Ⅱ.①林…②甘… Ⅲ.①闽语—方言地图—广东 Ⅳ.① H177

中国版本图书馆 CIP 数据核字（2021）第 137985 号

地图设计：	钟智珊
地图编绘：	卜永泰
地图审校：	钟智珊　叶雁玲　邵瑞萍
地图编制单位：	广东省地图院

出 版 人	赵剑英
责任编辑	宫京蕾　周怡冰
责任校对	秦　婵
责任印制	郝美娜

出　　版	中国社会科学出版社
社　　址	北京鼓楼西大街甲 158 号
邮　　编	100720
网　　址	http://www.csspw.cn
发 行 部	010-84083685
门 市 部	010-84029450
经　　销	新华书店及其他书店
印刷装订	北京君升印刷有限公司
版　　次	2021 年 8 月第 1 版
印　　次	2021 年 8 月第 1 次印刷
开　　本	880×1230　1/32
印　　张	16.75
字　　数	218 千字
定　　价	138.00 元

凡购买中国社会科学出版社图书，如有质量问题请与本社营销中心联系调换
电话：010-84083683
版权所有　侵权必究

凡　例

本地图集选取了广东东部使用闽方言的地区作为主区，范围包括汕头市、潮州市、揭阳市、汕尾市全域以及梅州市丰顺县，以该研究区域内77个调查点作为闽方言语音研究对象，按照汉语方言学田野调查的研究方法，采录闽方言的字音资料，精确记音，共编制252幅闽方言语音地图。

一、地图编制说明

本地图集地图采用地理信息制图软件制作，每幅地图均采用统一的地理底图，底图依据广东省2019年行政区划资料编制而成。主图比例尺为1∶1 000 000。

每幅地图采用32开蝴蝶页彩图版式，每幅地图占据左右2面。每幅地图仅对一个条目进行考察。

每幅地图根据不同的调查条目，分别采用圆形、方形和三角形图标进行分类显示。图例根据类别的频数进行排列，每幅图的符号均按统一顺序进行排列（若涉及类别太多，则在符号居中增加圆点进行区分），让读者对于各类别在该研究区域内的分布情况及占比情况一目了然。其中符号"/"表示自由变体，符号左右两边的说法在某方言中皆属通行，通常前面的读音较常用，后面的读音较少出现。如：韵母图Y043—盒（烟盒），有方言点读"ap/ak"两种读音。

二、地图的编排顺序和命名规则

地图集分为声母图组、韵母图组、声调图组和分区图组。编排顺序为：声母图组72幅、韵母图组160幅、声调图组16幅、分区图组4幅。

声母图组和韵母图组以调查条目的中古音韵地位为统摄，依照《方言调查字表》[1]中古音的声母、韵摄（韵目）为序排列；声调图组以阴平、阴上、阴去、阴入、阳平、阳上、阳去、阳入为序排列；分区图组以声母、韵母、声调和语音的分区为序排列。

地图的命名规则为"具体方言特征图名称"。声母图、韵母图和声调图名称的第一位，分别标注S（"声"字拼音首字母）、Y（"韵"字拼音首字母）、D（"调"字拼音首字母）以示区分；声、韵、调每个部分独立编排序号。方言分区图因地图较少未标注字母类别和序号。声母图和韵母图名称末尾右下角以下标的方式标注调查条目的有关音韵地位，声母图标注中古音声母，韵母图标注中古音韵目。如"声母图S001—搬帮"，表示第1幅声母图，该图是关于"搬"字声母今读的分布情况图，"帮"表示"搬"字的中古音声母为帮母；如"韵母图Y002—茄（茄子）戈"，表示第2幅韵母图，该图是关于"茄"字韵母今读的分布情况图，"（茄子）"表示所调查的"茄"字读音来自"茄子"这一词语或义项，"戈"表示"茄"字的中古音韵母为果摄开口三等戈韵。

---

[1] 中国社会科学院语言研究所：《方言调查字表》，商务印书馆1986年版。

三、地图所涉方言调查点和简称

本地图集包含广东东部77个闽方言调查点的语音材料。调查点的分布情况详见表一；调查点简称及发音人情况详见表二。

表一：广东东部闽方言语音地图集调查点分布表

调查地区		方言点数量	调查地区		方言点数量
汕头市	金平区	4	揭阳市	榕城区	2
	龙湖区	1		普宁市	6
	澄海区	6		揭东区	5
	濠江区	1		揭西县	3
	潮阳区	5		惠来县	6
	潮南区	5	汕尾市	城区	2
	南澳县	2		陆丰市	4
潮州市	湘桥区	2		海丰县	4
	潮安区	7	梅州市	丰顺县	3
	饶平县	9	合计		77

表二：广东东部闽方言语音地图集调查点简称及发音人情况表

序号	调查点	调查点简称	姓名	性别	出生日期	职业	文化程度
1	汕头市金平区东方街道	东方	麻某英	女	1964.6	家庭主妇	初中
2	汕头市金平区光华街道	光华	陈某彬	男	1990.5.19	学生	本科
3	汕头市金平区大华街道	大华	林某卿	男	1955	建筑行业	高中
4	汕头市金平区月浦街道	月浦	陈某珍	女	1967.8	家庭主妇	小学
5	汕头市龙湖区金霞街道	金霞	庄某莉	女	1963.6	家庭主妇	初中
6	汕头市澄海区凤翔街道港口乡	凤翔1	蔡某深	男	1957.8.20	个体户	初中
7	汕头市澄海区凤翔街道头份居委会	凤翔2	林某基	男	1962.10.17	农民	高中
8	汕头市澄海区澄华街道	澄华	蔡某然	男	1963.10.21	工人	高中

续表

序号	调查点	调查点简称	姓名	性别	出生日期	职业	文化程度
9	汕头市澄海区盐鸿镇鸿沟村	盐鸿	林某蕴	男	1943	农民	小学
10	汕头市澄海区莲下镇建阳村	莲下	陈某伟	男	1963	农民	高中
11	汕头市澄海区隆都镇前埔村	隆都	许某音	女	1991.9.28	学生	本科
12	汕头市濠江区马滘街道	马滘	邱某钦	男	1956.5	工人	初中
13	汕头市潮阳区和平镇	和平	林某琼	女	1957.4	退休教师	高中
14	汕头市潮阳区城南街道	城南	曾某荣	男	1991.8	学生	本科
15	汕头市潮阳区西胪镇西凤乡	西胪	李某凤	女	1945.9	农民	小学
16	汕头市潮阳区贵屿镇渡头村	贵屿	黄某玲	女	1991.11.10	学生	本科
17	汕头市潮阳区金浦街道寨外村	金浦	郑某娜	女	1994.5	学生	本科
18	汕头市潮南区井都镇上南村	井都	郑某朴	男	1991.10.26	学生	本科
19	汕头市潮南区峡山街道	峡山1	叶某坚	男	1956.6	农民	初中
20	汕头市潮南区峡山街道	峡山2	王某松	男	1967.8	个体工商户	初中
21	汕头市潮南区成田镇	成田	许某璇	女	1993.11	学生	本科
22	汕头市潮南区陈店镇溪口乡	陈店	陈某锡	男	1964.12	商人	初中
23	汕头市南澳县云澳镇云英居委会	云澳1	张某	男	1944.9.2	小学教师	高中
24	汕头市南澳县云澳镇	云澳2	郑某荫	女	1962.3.18	家庭主妇	初中
25	潮州市湘桥区城西街道	城西	丁某华	男	1965	商人	高中
26	潮州市湘桥区磷溪镇仙田村	磷溪	丁某浩	男	1938	中学校长	中师
27	潮州市潮安区枫溪镇池湖村	枫溪	陈某强	男	1945.2.21	退休教师	大专
28	潮州市潮安区凤凰镇	凤凰	魏某	女	1941	农民	小学
29	潮州市潮安区庵埠镇文里村	庵埠	杨某	男	1972.1.10	采购员	大专
30	潮州市潮安区归湖镇山犁村	归湖	曾某珠	女	1945.4	农民	初中

续表

序号	调查点	调查点简称	姓名	性别	出生日期	职业	文化程度
31	潮州市潮安区江东镇红砂村	江东	彭某良	男	1948.3.12	农民	初中
32	潮州市潮安区沙溪镇上西林村	沙溪	孙某生	男	1967.9	农民	初中
33	潮州市潮安区浮洋镇乌洋村	浮洋	陈某权	男	1960	自由职业	高中
			陈某秀	女	1988.11.25	医生	中专
34	潮州市饶平县三饶镇南新乡祠堂村	三饶	黄某利	男	1960.4.17	农民	初中
35	潮州市饶平县新圩镇长彬村	新圩	陈某初	男	1964.11.14	教师	中师
36	潮州市饶平县樟溪镇军寮村	樟溪	赖某良	男	1956.10.12	农民	高中
37	潮州市饶平县浮山镇汉塘村	浮山	张某胜	男	1949.1.5	教师、饶平县谜语协会副会长	专科
38	潮州市饶平县海山镇东港村	海山1	沈某培	男	1960.6.1	教师	中师
39	潮州市饶平县海山镇石头村	海山2	林某芬	女	1966.4	农民	小学
40	潮州市饶平县联饶镇赤岭村	联饶	余某松	男	1957.1	小学教师	中师
41	潮州市饶平县钱东镇紫云村	钱东	黄某豪	男	1962.12.18	农民	高中
42	潮州市饶平县黄冈镇碧岗村	黄冈	吴某荣	男	1959.6.22	农民	初中
43	揭阳市榕城区东兴街道	东兴	黄某波	男	1962	工人	小学
44	揭阳市榕城区新兴街道	新兴	方某珠	女	1958.4	家庭主妇	小学
45	揭阳市普宁市南径镇青洋山村牛尾片	南径	苏某枝	男	1948.5.15	农民	初中
46	揭阳市普宁市占陇镇西社西湖村	占陇	黄某有	男	1959	农民	初中
47	揭阳市普宁市洪阳镇丘塘村	洪阳	王某信	男	1953	农民	小学
48	揭阳市普宁市赤岗镇埔下乡坑陈村	赤岗	陈某宏	男	1957.5	农民	小学

续表

序号	调查点	调查点简称	姓名	性别	出生日期	职业	文化程度
49	揭阳市普宁市里湖镇河头村棋园	里湖1	林某忠	男	1947.10.4	业务	初中
50	揭阳市普宁市里湖镇	里湖2	张某明	男	1952.1	农民	初中
51	揭阳市揭东区埔田镇店前围村	埔田	黄某勇	男	1960.8	工程施工	中专
52	揭阳市揭东区新亨镇北良村	新亨	徐某娟	女	1953.9	语文老师	中师
53	揭阳市揭东区桂岭镇东升村	桂岭	刘某桂	男	1939	农民	小学
54	揭阳市揭东区玉湖镇吴厝村	玉湖	吴某汉	男	1964.1	个体户	高中
55	揭阳市揭东区锡场镇	锡场	钟某娜	女	1967.6.5	家庭主妇	初中
56	揭阳市揭西县凤江镇阳夏乡林厝寮村	凤江	林某群	男	1965.12	农民	高中
57	揭阳市揭西县棉湖镇	棉湖	李某坤	男	1949.7	退休工人	初中
58	揭阳市揭西县钱坑镇口围村	钱坑	林某城	男	1953.1	工人	高中
59	揭阳市惠来县华湖镇美园村	华湖	王某宜	男	1958.12	农民	初中
60	揭阳市惠来县惠城镇墩南村	惠城	方某珍	女	1934	小学校长	中专
61	揭阳市惠来县葵潭镇长春村	葵潭	邱某顺	男	1992	自由职业	初中
62	揭阳市惠来县隆江镇西塘村	隆江	蔡某娟	女	1994.8.8	学生	本科
63	揭阳市惠来县靖海镇	靖海1	林某忠	男	1959.1	工人	高中
64	揭阳市惠来县靖海镇	靖海2	吴某贵	男	1995.2.15	学生	本科
65	汕尾市城区香洲街道	香洲1	陈某珠	女	1970.9.6	家庭主妇	高中
66	汕尾市城区香洲街道	香洲2	戴某君	女	1991.12	学生	本科
67	汕尾市陆丰市博美镇霞绕村	博美	林某宗	男	1965.8	农民	初中
68	汕尾市陆丰市潭西镇湖内村	潭西	林某杏	女	1986.2	语文老师	初中
69	汕尾市陆丰市甲子镇	甲子	胡某寅	男	1991.4.5	学生	高中
70	汕尾市陆丰市东海街道	东海	刘某	男	1967.3	公务员	大专
71	汕尾市海丰县公平镇	公平	陈某麟	男	1957.1.14	商人	高中

续表

序号	调查点	调查点简称	姓名	性别	出生日期	职业	文化程度
72	汕尾市海丰县梅陇镇乌树村	梅陇	陈某全	男	1945.1	农民	初中
73	汕尾市海丰县海城镇	海城	吕某乐	男	1965.11.1	自由职业	初中
74	汕尾市海丰县附城镇	附城	陈某行	女	1992.6	学生	本科
75	梅州市丰顺县汤南镇隆烟村	汤南	罗某明	男	1963.6.11	农民	初中
76	梅州市丰顺县䁔隍镇	䁔隍1	陈某彬	男	1963.8.22	农民	初中
77	梅州市丰顺县䁔隍镇	䁔隍2	刘某通	男	1991.9.20	学生	大学

四、地理底图图例

本地图集采用统一的地理底图,底图符号的具体图例如下。

图 例

⊙ **揭阳市** 地级行政中心 　　—··—··— 省级行政区界

◎ 揭西县 县级行政中心 　　———— 地级行政区界

○ 地都 镇级行政中心 　　———— 县级行政区界

注:本图集行政区域界线仅作参考,不作为权属争议的依据。行政区划资料截止时间为2019年12月31日。

十年磨一剑，图上读语音
——序《广东东部闽方言语音地图集》

林伦伦

广东省东部闽方言，也就是通常所说的潮汕方言，属于汉语七大方言闽方言的闽南次方言，与泉州话、厦门话、漳州话、台湾话、雷州话、海南话是同一个层次的。通常意义上的粤东闽方言区域范围，包括汕头市、潮州市、揭阳市、汕尾市和梅州市的丰顺、惠州市的惠东部分地区，人口约1500万，东西海岸线长200多公里，南北部纵深也有近百千米，但中心区域是在"潮汕三市"——汕头市、潮州市和揭阳市。这三市的潮汕话语言交流没有问题，但口音差异却是明显的。大致是汕头市（潮阳区、潮南区、濠江区除外）、潮州市为一片（群众多称为"潮汕口音"），揭阳市区及揭东、揭西为一片（群众多称为"揭阳口音"），汕头市的潮阳区、潮南区，揭阳市的普宁市、惠来县为一片（群众多称为"潮普惠"口音）。有人以韩江口音、榕江口音和练江口音来表述，虽然缺乏科学性，但却有一定的自然地理表现力。而其实，三片内部的口音差别也不小，如澄海、庵埠一线失去-m/-p韵尾，潮州（府城）有ieŋ/iek、ueŋ/uek韵母，揭阳榕城和潮安庵埠读潮、汕口音中的iŋ/ik韵母为eŋ/ek，汕头话与澄海、潮州、揭阳有不同的连读变调等。边缘地区的闽语特点就更加五花八门了，比较一致的如，汕尾市海丰话、潮州市凤凰话、梅州市丰顺话、南澳县云澳话等都存在粤东闽语中心区所没有的-n/-t韵尾。至于各地不同的词语，也有很多，有一些完全可以看作是一个方言片区的特征词。

但是，对粤东闽语语音的研究，以前是单点研究的比较多，可以说"成果丰硕"，著名者如詹伯慧的《潮州方言》（1959）、李永明的《潮州方言》（1959）、李新魁的《广东方言研究》（1995）、林伦伦/陈小枫的《广东闽方言语音研究》（1996）、林伦伦的《澄海方言研究》（1996）、林伦伦的《广东方言志·闽方言》（2004）、林伦伦/林春雨的《南澳方言语音词汇研究》（2007）等。论文如黄家教的《潮州方音概说》（1958）等，有近百篇之多，不胜枚举，但对粤东闽语的语音进行比较研究的成果不多。可以说，对于粤东闽方言语音的一致性和内部差异的研究还是很粗糙、缺乏细致深入的研究。林春雨和甘于恩二位的这本《广东东部闽方言语音地图集》，正好填补了这个空白，其学术价值颇高，值得称道之处如下：

首先，选点的精密和覆盖面的完整。本书作者在粤东五市选择了77个方言点进行了语音调查，绘制了声母图72幅、韵母图160幅、声调图16幅、分区图4幅，基本上能够反映77个方言点的语音特征。

其次，选字的科学性和音系的代表性。本书200多幅地图，每个例字一图。而每一个字都是与古汉语音韵的对应规律有密切关系的典型例字。如果你懂得汉语音韵学知识又对粤东闽方言语音系统有兴趣的话，你就可以根据这200多幅地图归纳出77个方言点的语音系统及其区别性特征。

第三，语音地图绘制的技术精良，质量上乘。作者选用了最合适的地图绘制软件，其可感性和表现力都十分强，阅读它们时你会觉得立体感、空间感很强，会想到那个地方及其特征音。

第四，作者学术坚持的恒心和韧性。200多幅图的绘制，从历时四年的77个方言点的田野调查、资料汇集、整理、分析，到每一张地图的绘制，十载光阴过去，弹指一挥间。这是用"十年磨一剑"的恒心和韧性来做学术研究。正是这种坚持，使得广东的三大方言研究成果里，才有了第一本语音地图集。

一言以蔽之曰：好书一本！

是为序。

2021年暑假于广州南村

前　言

　　这是一本关于广东东部闽方言语音特征分布的专业地图集，是对广东东部闽方言语音进行地理类型学研究的成果呈现。

　　广东闽方言作为广东的三大方言之一，因其保留着占汉语的重要特点，同时又与粤、客方言有程度不等的接触关系，一直受到许多学者的重视，如语言学家高本汉、詹伯慧、黄家教、李新魁、林伦伦、潘家懿、施其生、张屏生等。他们从语音、词汇、语法诸方面研究了广东闽方言的特点及其演变规律，丰富的研究成果为我们进一步开展广东东部闽方言研究打下坚实的基础。作为语言学的分支学科，地理语言学在广东闽方言的研究方面也有一些成绩，如暨南大学吴芳2006年的硕士学位论文《粤东闽语与福建闽南方言文白异读比较研究》、2009年的博士学位论文《粤东闽语-n、-ŋ韵尾的方言地理类型研究》，邹珣2007年的硕士学位论文《澄海方言咸深二摄闭口韵尾的地理分布研究》，林春雨主持的2016年度教育部人文社会科学研究青年基金项目"粤东五市闽语语音的地理类型学研究"，等等，这些都为广东闽方言地理学研究积累了一定的学术成果。

　　语言地图方面，广东早在20世纪80年代就开始了绘制语言地图的探索。1987年出版的《中国语言地图集》[①]中就有"广东省的汉语方言"一图，展示了广东汉语方言的分布；1990年出版的《珠江三角洲方言综述》[②]一书共有42幅地图，最早以地图形式揭示了广东方言的特征；广东省和香港两地语言学学者合作出版的《粤北十县市粤方言调查报告》[③]《粤西十县市粤方言调查报告》[④]，分别绘制了45幅、68幅方言特征图，并增加了反映语法特征的条目；2002年詹伯慧主编的《广东粤方言概要》[⑤]附有66幅方言地图，对于从宏观上审视、了解粤方言的特点起到了十分重要的作用。近年来，由暨南大学汉语方言研究中心牵头，组织了一批方言学者，正在对广东省内诸方言进行地理语言学调查和地理信息系统建设与研究，其中不乏以地图集为成果形式的研究。比如粤方言方面有甘于恩主持的2004年度国家社科基金项目"广东粤方言地图集"，其成果《广东粤方言地图集》是广东省第一部以地图形式表现方言特征及差异的专书，目前正在紧张修订，准备正式出版；客家话方面有赵越主持的2019年度国家社科基金项目"广东客家方言地图集"等。

综合梳理关于广东闽方言地理语言学方面的研究成果，不难发现，现有的地理语言学研究成果多集中在广东闽方言语音的某一方面，如文白异读问题或者韵尾的某个问题，关于整体语音的地理类型学研究成果并不多。同时，正式出版的广东闽方言地理

[①] 中国社会科学院和澳大利亚人文科学院合编：《中国语言地图集》，香港朗文出版（远东）有限公司1988年初版。

[②] 詹伯慧、张日升主编：《珠江三角洲方言综述》，广东人民出版社1990年版。

[③] 詹伯慧、张日升主编：《粤北十县市粤方言调查报告》，暨南大学出版社1994年版。

[④] 詹伯慧、张日升主编：《粤西十县市粤方言调查报告》，暨南大学出版社1998年版。

[⑤] 詹伯慧主编：《广东粤方言概要》，暨南大学出版社2002年版。

学方面的研究成果也不多，专门的方言特征图集更是阙如。究其原因，一方面是进行地理类型学研究需要比较多的方言点材料，需要做大量的田野调查和数据整理工作，历时较长；另一方面是国家对地图出版物的要求非常严格，地图绘制工作技术性强，往往需要专业人员完成，因此，即使是期刊论文中的方言特征图也不多见。

为了弥补广东闽方言研究在地理语言学特别是方言地图绘制方面的缺憾，从2010年开始，作者就开始着手编写《广东东部闽方言语音地图集》。其间，我们选取了广东东部五市中使用闽方言的地区（包括汕头、潮州、揭阳全域和汕尾城区、海丰、陆丰3个闽方言县区，梅州丰顺3个闽方言镇[1]），综合考虑地理面积、语言复杂程度、内部差异等因素，从中挑选出77个方言点[2]的闽方言语音作为研究对象，共计调查78名发音人（部分地区根据发音人的具体情况及当地闽方言的复杂程度，同时调查了不同年龄层的发音人）。按照方言学田野调查的研究方法，采录他们的方言字音资料，精确记音，历时4年完成了语音素材的"原始积累"。

在积累了大量的广东东部闽方言语音的调查素材之后，我们特别希望能以生动形象的彩色方言特征图将我们的研究成果展示出来，而不仅仅是保持传统的做法采用枯燥的表格来罗列材料；希望能通过方言特征图的视角，去审视我们收集到的语音材料，看看能发现些什么规律性的现象、有哪些在表格中不能发现的新问题；希望在众多研究材料中导入时空元素，为研究者另辟

---

[1] 本地图集的语料为2010年10月至2014年5月之间调查所得，2020年8月进行地图绘制时，根据最新行政区划变化情况对调查点所属的行政区划进行了调整，与地图呈现保持一致。

[2] 个别方言点为相同地点不同年龄层的发音人，也作为一项方言点的材料标示出来。

蹊径，提供一个全新的地理语言学研究视角。最初，我们采用专业地图绘制软件ARCGIS进行语音地图的制作。ARCGIS是美国环境系统研究所开发的一款集地理信息开发、分析、地图数字化、地理信息采集等功能于一体的软件，通过后台数据编辑可以大大提高画图效率，提高方言地图的科学性、精密性和层次性。ARCGIS地图可感性强、表现力丰富，通过地图就可以让人直观感受到各方言点的发音情况、发音特征的分布情况，研究者甚至可以从地图中图形的分布特点去分析推测语音层次的过渡和发展趋势、方言传播迁徙的走向、方言与方言互相接触的情形，进一步拓展研究视野，启发研究灵感。

我们总共绘制了700多张方言特征图，从中挑选出区别度高的252幅，集成本书，其中包括72幅声母图、160幅韵母图、16幅声调图，并在此基础上绘制了4幅分区图，分别对77个方言点的材料进行方言分区的理论探讨。

考虑到方言语音是一个涉及声、韵、调、文白异读、连读变调等多方面的综合庞大的系统，以往研究中对方言或次方言的分区基本上针对整体语音面貌，同时考量词汇、语法的特点，作为方言分区的依据。为了更加详细地呈现广东东部闽方言各点之间的差异，本地图集从声母、韵母和声调三个方面的语音特征归纳出闽方言语音声母分区图、韵母分区图和声调分区图，权衡差异情况后再进行方言整体语音的分区。从声韵调三个方言分区图到语音分区总图，既有分又有合；既兼顾了声韵调各自的分布特征，又综合考虑语音的分区实际。这是我们的一些探索和思考。同时，我们在调查和语音整理中也有不少新发现。例如，双唇清擦音[ɸ]、齿唇塞擦音[pf]和擦音声母[f]的分布；前鼻音韵尾[n]、舌尖前塞音韵尾[t]的消变；等等，这些现象都将在方言特征图中一一展示。希望这些能为广东东部闽方言语音的历史层次研究以及广东东部闽方言语音的理论建构与发展提供支持。

在粤东闽方言调查的过程中，我们非常真切地感受到，在现代传媒、强势语言或方言的巨大影响下，随着社会交往日益频繁，方言这一相当重要的非物质文化遗产正在加速变化和消失。如近十年来，汕头云澳话中的[n/t]韵尾正逐渐消失、海丰话文白异读的融合正在加强等。所以，我们希望这77个方言点的语音材料，能为广东东部闽方言语音研究留下一些宝贵的素材，为广东闽方言的保护尽绵薄之力。

囿于篇幅和对本地图集的主题定位，本书未能对每一幅图一一作出解释，未能对特征图呈现的语音共时分布特征和历时语音层次进行深入细致的分析，这项工作将留待以后进行。

另外，为保证地图规范准确、符合有关地图出版法规的要求，本书所有地图在出版时由广东省地图院制图部重新绘制。合作中，他们严谨细致的工作态度，让我们无比敬佩和感动，他们从地图专业的角度，纠正了地图中的许多错误。在此谨致诚挚的谢意。

本地图集是广东省哲学社会科学"十三五"规划2020年度后期资助项目"粤东闽语语音地图集"（GD20HZY01）的成果。同时得到该项目以及广东技术师范大学、广东技术师范大学民族学院、暨南大学汉语方言中心的出版资助。在此一并致谢。

由于调查还未及细致，以及专业水平所限，本地图集一定存在不少缺陷，敬请广大读者不吝指正。

林春雨　甘于恩
2021年1月于羊城

目 录

调查点分布图 ·················· 2-3

第一部分　声母图组

声母图S001—搬帮 ·················· 4-5
声母图S002—半帮 ·················· 6-7
声母图S003—拨帮 ·················· 8-9
声母图S004—盘並 ·················· 10-11
声母图S005—赔並 ·················· 12-13
声母图S006—皮並 ·················· 14-15
声母图S007—妹明 ·················· 16-17
声母图S008—梦明 ·················· 18-19
声母图S009—磨（磨刀）明 ·················· 20-21
声母图S010—墨明 ·················· 22-23
声母图S011—飞（文读，岳飞）非 ·················· 24-25
声母图S012—飞（白读，飞机）非 ·················· 26-27
声母图S013—分（文读，分数）非 ·················· 28-29
声母图S014—分（白读，分开）非 ·················· 30-31
声母图S015—肺敷 ·················· 32-33
声母图S016—副敷 ·················· 34-35

声母图S017—饭（文读）奉 ……………………………36-37
声母图S018—肥奉 ……………………………38-39
声母图S019—浮奉 ……………………………40-41
声母图S020—袜微 ……………………………42-43
声母图S021—万微 ……………………………44-45
声母图S022—物微 ……………………………46-47
声母图S023—南泥 ……………………………48-49
声母图S024—嫩泥 ……………………………50-51
声母图S025—脓泥 ……………………………52-53
声母图S026—暖（文读，温暖）泥 ……………54-55
声母图S027—蓝（白读，姓）来 ………………56-57
声母图S028—冷来 ……………………………58-59
声母图S029—莲来 ……………………………60-61
声母图S030—林来 ……………………………62-63
声母图S031—糙清 ……………………………64-65
声母图S032—罪从 ……………………………66-67
声母图S033—碎心 ……………………………68-69
声母图S034—祠邪 ……………………………70-71
声母图S035—谢（白读，姓）邪 ………………72-73
声母图S036—徐邪 ……………………………74-75
声母图S037—迟澄 ……………………………76-77
声母图S038—传（文读，传达）澄 ……………78-79
声母图S039—传（传记）澄 …………………80-81
声母图S040—皱（衣服皱）庄 …………………82-83
声母图S041—初初 ……………………………84-85
声母图S042—愁崇 ……………………………86-87
声母图S043—床崇 ……………………………88-89
声母图S044—生（白读，生疏）生 ……………90-91

目 录

声母图S045—师（文读，老师）生 ········· 92-93
声母图S046—刷（白读，刷一下）生 ········· 94-95
声母图S047—章（白读，姓）章 ········· 96-97
声母图S048—章（白读，文章）章 ········· 98-99
声母图S049—试（考试）书 ········· 100-101
声母图S050—书书 ········· 102-103
声母图S051—日日 ········· 104-105
声母图S052—肉日 ········· 106-107
声母图S053—闰日 ········· 108-109
声母图S054—挂（白读，挂起来）见 ········· 110-111
声母图S055—急见 ········· 112-113
声母图S056—浇见 ········· 114-115
声母图S057—阔溪 ········· 116-117
声母图S058—拳群 ········· 118-119
声母图S059—熬疑 ········· 120-121
声母图S060—牛疑 ········· 122-123
声母图S061—外疑 ········· 124-125
声母图S062—五疑 ········· 126-127
声母图S063—眼疑 ········· 128-129
声母图S064—银疑 ········· 130-131
声母图S065—玉疑 ········· 132-133
声母图S066—月疑 ········· 134-135
声母图S067—花晓 ········· 136-137
声母图S068—灰晓 ········· 138-139
声母图S069—王（白读，姓）云 ········· 140-141
声母图S070—雨（文读，谷雨）云 ········· 142-143
声母图S071—痒（白读）以 ········· 144-145
声母图S072—叶（姓）以 ········· 146-147

第二部分 韵母图组

韵母图Y001—歌歌·············148-149
韵母图Y002—茄（茄子）戈·············150-151
韵母图Y003—火果·············152-153
韵母图Y004—坐果·············154-155
韵母图Y005—瓜麻·············156-157
韵母图Y006—箍模·············158-159
韵母图Y007—五姥·············160-161
韵母图Y008—故（表故事，听故）暮·············162-163
韵母图Y009—锄（文读，锄地）鱼·············164-165
韵母图Y010—鱼鱼·············166-167
韵母图Y011—猪鱼·············168-169
韵母图Y012—雨（文读，谷雨）麌·············170-171
韵母图Y013—柱麌·············172-173
韵母图Y014—开（文读，开心）咍·············174-175
韵母图Y015—袋代·············176-177
韵母图Y016—盖（动词，盖上）泰·············178-179
韵母图Y017—盖（名词，盖子）泰·············180-181
韵母图Y018—柴佳·············182-183
韵母图Y019—买蟹·············184-185
韵母图Y020—灰（红毛灰）灰·············186-187
韵母图Y021—罪贿·············188-189
韵母图Y022—妹队·············190-191
韵母图Y023—梨脂·············192-193
韵母图Y024—师（文读，老师）脂·············194-195
韵母图Y025—丝之·············196-197
韵母图Y026—几（白读，有几个？）尾·············198-199
韵母图Y027—紫纸·············200-201

韵母图Y028—寄_寘 ················· 202-203
韵母图Y029—高（白读，姓）_豪 ········· 204-205
韵母图Y030—糙（粗糙，糙米）_号 ······ 206-207
韵母图Y031—罩（文读，笼罩）_效 ······ 208-209
韵母图Y032—照_笑 ················· 210-211
韵母图Y033—钓_啸 ················· 212-213
韵母图Y034—料_啸 ················· 214-215
韵母图Y035—区（白读，姓）_侯 ········ 216-217
韵母图Y036—后（文读，王后）_厚 ······ 218-219
韵母图Y037—皱（衣服皱）_宥 ········· 220-221
韵母图Y038—皱（皱眉）_宥 ·········· 222-223
韵母图Y039—蚕_覃 ················· 224-225
韵母图Y040—南_覃 ················· 226-227
韵母图Y041—贪_覃 ················· 228-229
韵母图Y042—鸽_合 ················· 230-231
韵母图Y043—盒（烟盒）_合 ·········· 232-233
韵母图Y044—咸（白读，咸淡）_咸 ····· 234-235
韵母图Y045—夹_洽 ················· 236-237
韵母图Y046—接（文读，绳子相接）_叶 ·· 238-239
韵母图Y047—叶（姓）_叶 ············ 240-241
韵母图Y048—甜_添 ················· 242-243
韵母图Y049—犯_范 ················· 244-245
韵母图Y050—法（方法）_乏 ·········· 246-247
韵母图Y051—参（参差）_侵 ·········· 248-249
韵母图Y052—参（人参）_侵 ·········· 250-251
韵母图Y053—心_侵 ················· 252-253
韵母图Y054—急_缉 ················· 254-255
韵母图Y055—立_缉 ················· 256-257

韵母图Y056—粒 缉 ·············· 258-259

韵母图Y057—十 缉 ·············· 260-261

韵母图Y058—安（白读，安全）寒 ·············· 262-263

韵母图Y059—兰 寒 ·············· 264-265

韵母图Y060—间（白读，量词）山 ·············· 266-267

韵母图Y061—颜（颜色）删 ·············· 268-269

韵母图Y062—产 产 ·············· 270-271

韵母图Y063—办 裥 ·············· 272-273

韵母图Y064—八 黠 ·············· 274-275

韵母图Y065—拔 黠 ·············· 276-277

韵母图Y066—杀 黠 ·············· 278-279

韵母图Y067—连 仙 ·············· 280-281

韵母图Y068—面（脸面）线 ·············· 282-283

韵母图Y069—热（文读，热门）薛 ·············· 284-285

韵母图Y070—歇 月 ·············· 286-287

韵母图Y071—肩 先 ·············· 288-289

韵母图Y072—莲 先 ·············· 290-291

韵母图Y073—烟 先 ·············· 292-293

韵母图Y074—辫（辫子）铣 ·············· 294-295

韵母图Y075—片 霰 ·············· 296-297

韵母图Y076—节（文读，节约）屑 ·············· 298-299

韵母图Y077—结 屑 ·············· 300-301

韵母图Y078—官 桓 ·············· 302-303

韵母图Y079—酸 桓 ·············· 304-305

韵母图Y080—短 缓 ·············· 306-307

韵母图Y081—管 缓 ·············· 308-309

韵母图Y082—暖（文读，温暖）缓 ·············· 310-311

韵母图Y083—拨 末 ·············· 312-313

目录	
韵母图Y084—脱（文读，脱产）末	314-315
韵母图Y085—滑黠	316-317
韵母图Y086—还（文读，还原）删	318-319
韵母图Y087—还（白读，还有）删	320-321
韵母图Y088—还（白读，还钱）删	322-323
韵母图Y089—刷（文读，洗刷）鎋	324-325
韵母图Y090—船仙	326-327
韵母图Y091—铅仙	328-329
韵母图Y092—权仙	330-331
韵母图Y093—传（传记）线	332-333
韵母图Y094—雪薛	334-335
韵母图Y095—园元	336-337
韵母图Y096—远（文读，遥远）阮	338-339
韵母图Y097—饭（文读）愿	340-341
韵母图Y098—饭（白读）愿	342-343
韵母图Y099—万愿	344-345
韵母图Y100—罚月	346-347
韵母图Y101—县霰	348-349
韵母图Y102—恩痕	350-351
韵母图Y103—根痕	352-353
韵母图Y104—恨恨	354-355
韵母图Y105—民真	356-357
韵母图Y106—身真	358-359
韵母图Y107—银真	360-361
韵母图Y108—笔质	362-363
韵母图Y109—一（第一）质	364-365
韵母图Y110—门魂	366-367
韵母图Y111—骨没	368-369

韵母图Y112—橘{术} ·········· 370–371

韵母图Y113—云{文} ·········· 372–373

韵母图Y114—物{物} ·········· 374–375

韵母图Y115—糠{唐} ·········· 376–377

韵母图Y116—恶{铎} ·········· 378–379

韵母图Y117—章（白读，文章）{阳} ·········· 380–381

韵母图Y118—装{阳} ·········· 382–383

韵母图Y119—想（文读，思想）{养} ·········· 384–385

韵母图Y120—痒（白读）{养} ·········· 386–387

韵母图Y121—唱{漾} ·········· 388–389

韵母图Y122—削{药} ·········· 390–391

韵母图Y123—箬（树叶）{药} ·········· 392–393

韵母图Y124—药{药} ·········· 394–395

韵母图Y125—光（白读，天光）{唐} ·········· 396–397

韵母图Y126—黄{唐} ·········· 398–399

韵母图Y127—王（文读，国王）{阳} ·········· 400–401

韵母图Y128—王（白读，姓）{阳} ·········· 402–403

韵母图Y129—窗{江} ·········· 404–405

韵母图Y130—讲{讲} ·········· 406–407

韵母图Y131—撞{绛} ·········· 408–409

韵母图Y132—角{觉} ·········· 410–411

韵母图Y133—学（文读，学习）{觉} ·········· 412–413

韵母图Y134—增{登} ·········· 414–415

韵母图Y135—肯{等} ·········· 416–417

韵母图Y136—冰{蒸} ·········· 418–419

韵母图Y137—侧{职} ·········· 420–421

韵母图Y138—力{职} ·········· 422–423

韵母图Y139—织{职} ·········· 424–425

韵母图Y140—直职·················426-427

韵母图Y141—国德·················428-429

韵母图Y142—生（白读，生产）庚·········430-431

韵母图Y143—策麦·················432-433

韵母图Y144—轻（轻重）清············434-435

韵母图Y145—劲劲·················436-437

韵母图Y146—石昔·················438-439

韵母图Y147—踢锡·················440-441

韵母图Y148—横（横线）庚············442-443

韵母图Y149—荣庚·················444-445

韵母图Y150—凤东·················446-447

韵母图Y151—木屋·················448-449

韵母图Y152—中（文读，中间）东········450-451

韵母图Y153—宫东·················452-453

韵母图Y154—蜂钟·················454-455

韵母图Y155—中（白读，中状元）送······456-457

韵母图Y156—肉屋·················458-459

韵母图Y157—叔屋·················460-461

韵母图Y158—宿屋·················462-463

韵母图Y159—足烛·················464-465

韵母图Y160—蜀（表数量一，蜀人）烛····466-467

第三部分　声调图组

声调图D001—阴平调值图·············468-469

声调图D002—阳平调值图·············470-471

声调图D003—阴上调值图·············472-473

声调图D004—阳上调值图·············474-475

声调图D005—阴去调值图·············476-477

声调图D006—阳去调值图 …………………………………… 478-479
声调图D007—阴入调值图 …………………………………… 480-481
声调图D008—阳入调值图 …………………………………… 482-483
声调图D009—中古全清上声今读图 ………………………… 484-485
声调图D010—中古次清上声今读图 ………………………… 486-487
声调图D011—中古全浊上声今读图 ………………………… 488-489
声调图D012—中古次浊上声今读图 ………………………… 490-491
声调图D013—中古全清去声今读图 ………………………… 492-493
声调图D014—中古次清去声今读图 ………………………… 494-495
声调图D015—中古全浊去声今读图 ………………………… 496-497
声调图D016—中古次浊去声今读图 ………………………… 498-499

第四部分 分区图组

声母分区图 …………………………………………………… 500-501
韵母分区图 …………………………………………………… 502-503
声调分区图 …………………………………………………… 504-505
语音分区图 …………………………………………………… 506-507

广东东部闽方言语音地图集

调查点分布图

4 广东东部闽方言语音地图集

声母图S001—搬帮

广东东部闽方言语音地图集

图 例

频数	调查点	音标
多	🔴	p
↓	🔵	pf
少	🟡	f

比例尺 1:1 000 000

声母图S002—半帮

广东东部闽方言语音地图集

图例

频数	调查点	音标
多	● (红)	ph
↓	● (蓝)	p
	● (黄)	pf
	● (绿)	b
少	● (深蓝)	pfh

比例尺 1:1 000 000

声母图S003—拨 帮

9

广东东部闽方言语音地图集

图 例

频数	调查点	音标
多	●	p
↓	●	pf
少	●	f

比例尺 1:1 000 000

声母图S004—盘 並

广东东部闽方言语音地图集

图 例

频数	调查点	音标
多	●	p
↓	●	pf
少	●	f

比例尺 1:1 000 000

声母图S005—赔 並

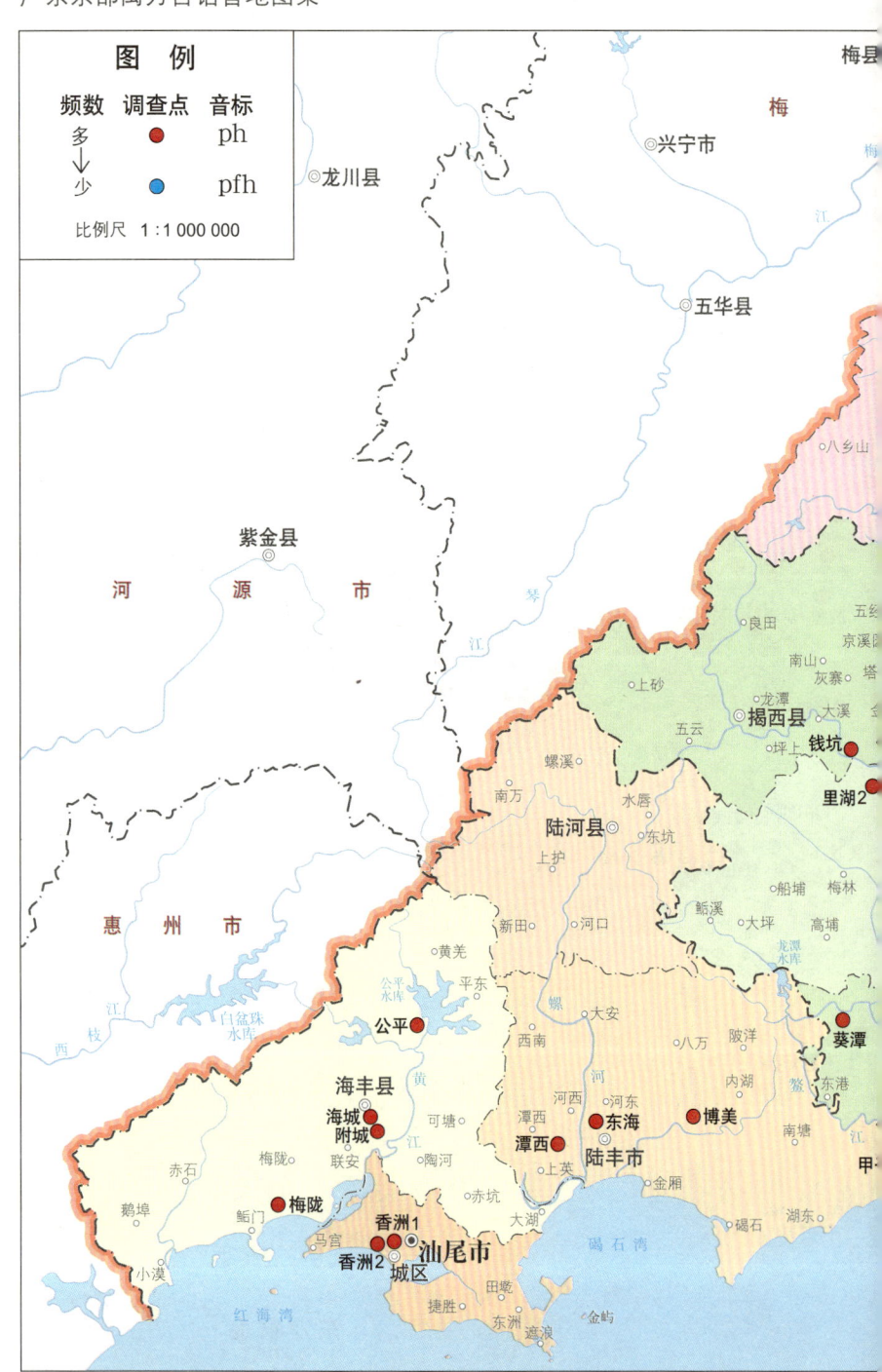

14 广东东部闽方言语音地图集

声母图S006—皮 並

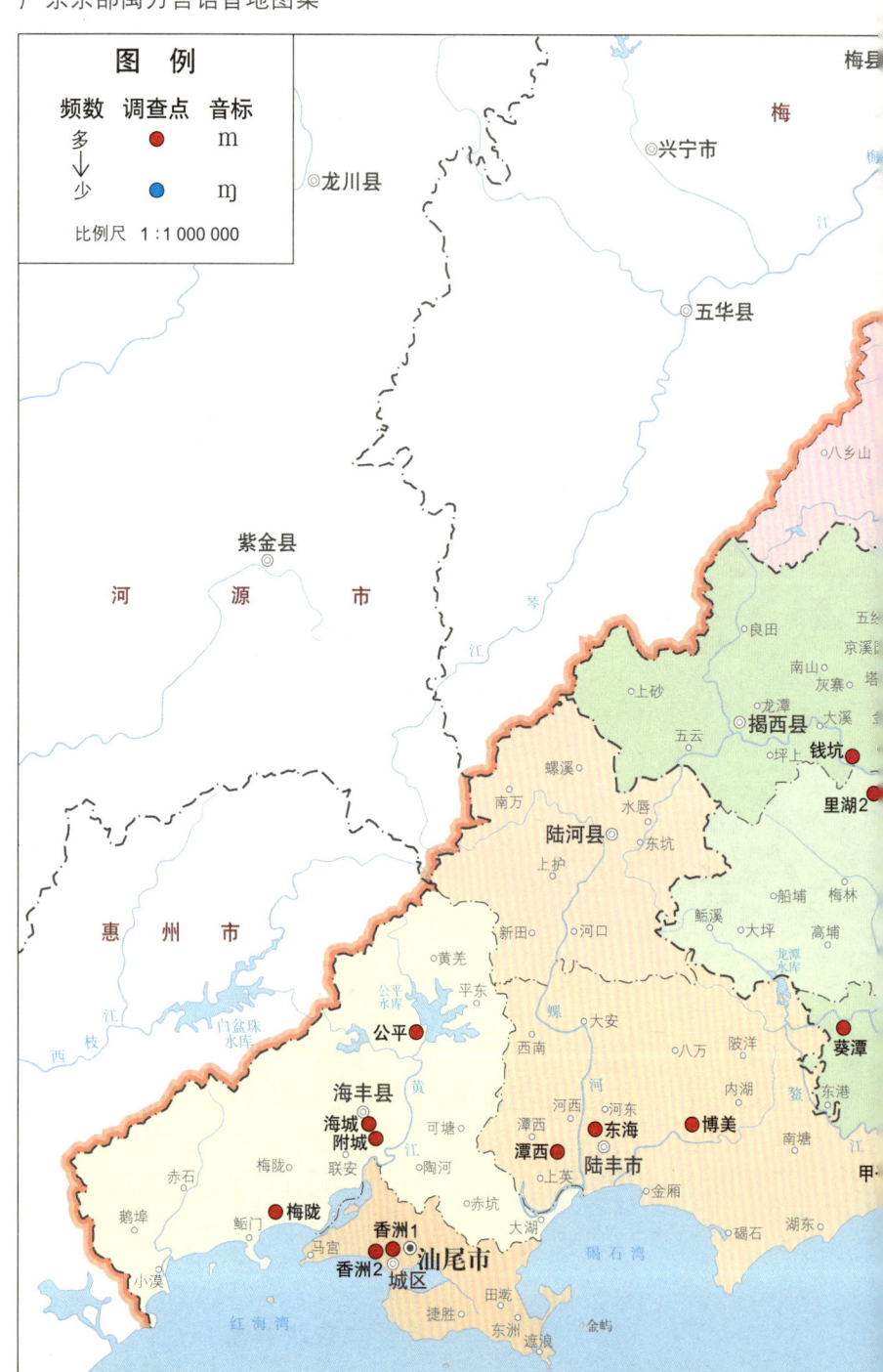

广东东部闽方言语音地图集

图例

频数	调查点	音标
多	🔴	m
↓		
少	🔵	ŋ

比例尺 1:1 000 000

声母图S007—妹明 17

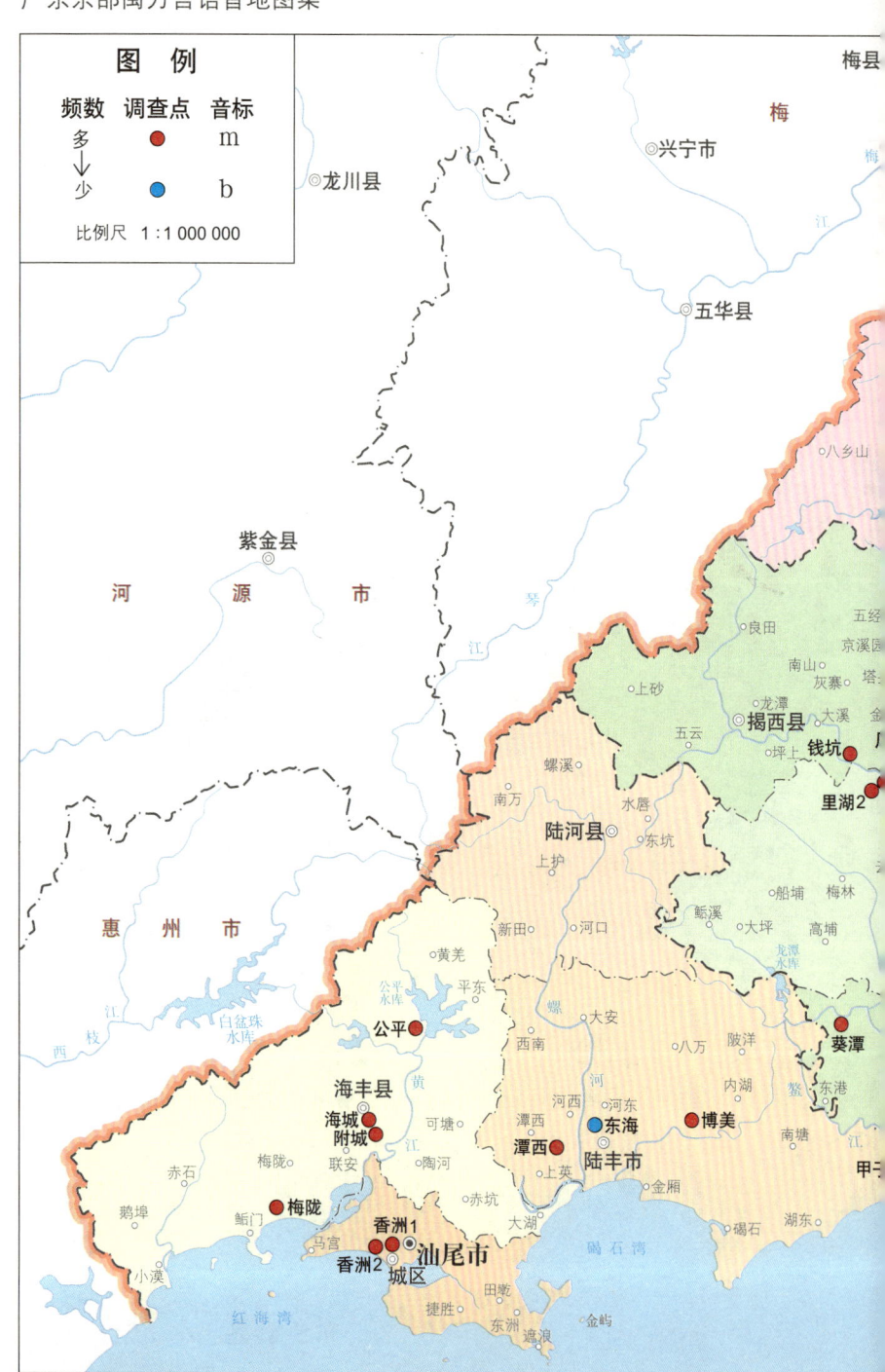

广东东部闽方言语音地图集

图例

频数	调查点	音标
多↓少	●	m
	●	b

比例尺 1:1 000 000

声母图S008—梦 明

广东东部闽方言语音地图集

声母图S009—磨(磨刀)明

广东东部闽方言语音地图集

图例

频数	调查点	音标
多	●	b
↓	●	m
	◐	m/b
少	◐	p/b

比例尺 1:1 000 000

声母图S010—墨明

广东东部闽方言语音地图集

图例

频数	调查点	音标
多	🔴	h
↓	🔵	p
	🟡	pf
	🟢	f
少	🟣	ɸ

比例尺 1:1 000 000

声母图S011—飞(文读,岳飞)非

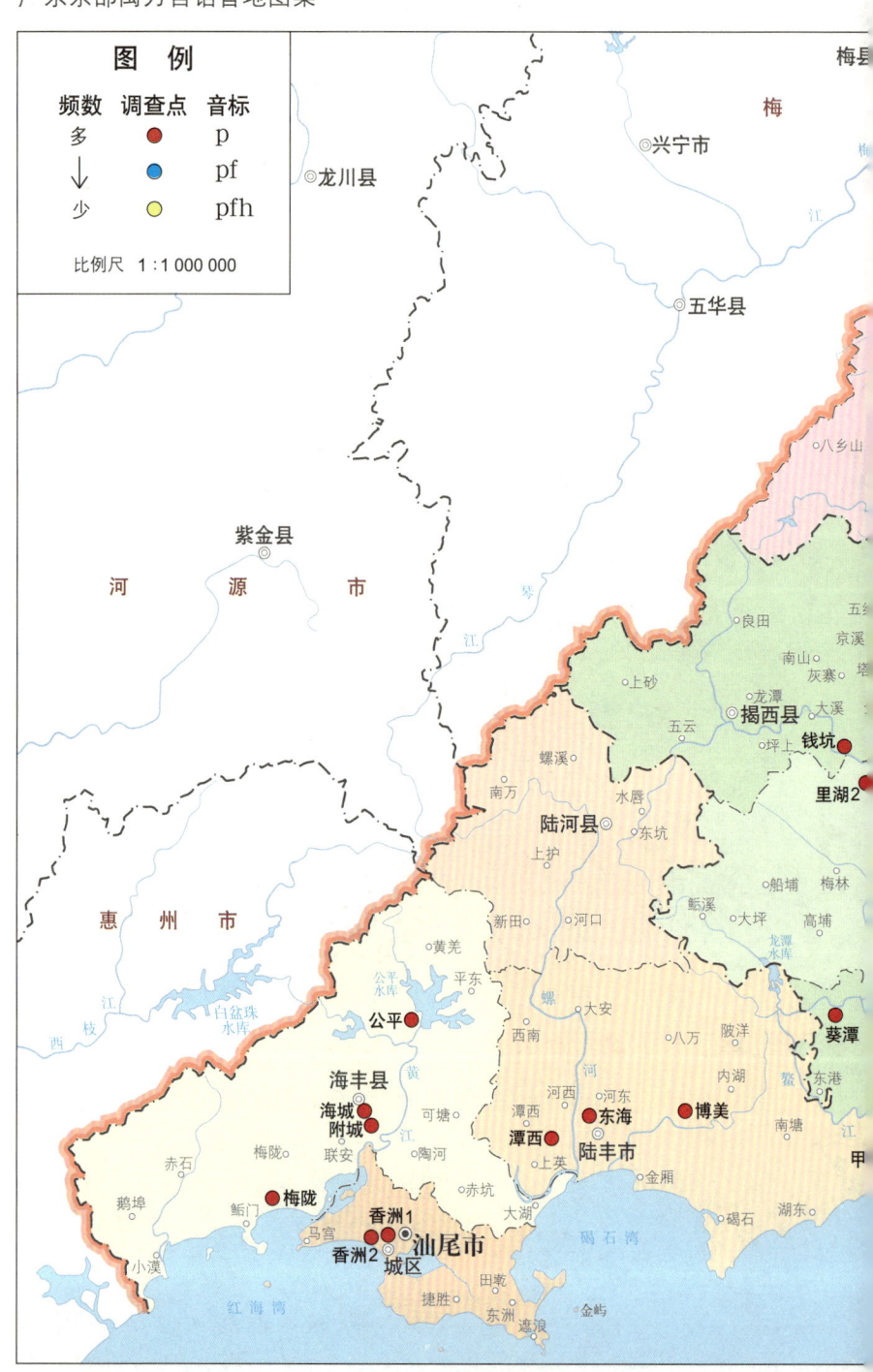

广东东部闽方言语音地图集

图例

频数	调查点	音标
多	●	p
↓	●	pf
少	●	pfh

比例尺 1:1 000 000

声母图S012—飞(白读，飞机)非

广东东部闽方言语音地图集

声母图S013—分(文读，分数)非

广东东部闽方言语音地图集

图 例		
频数	调查点	音标
多	🔴	p
↓	🔵	pf
少	🟡	h

比例尺 1:1 000 000

声母图S014—分(白读，分开)非

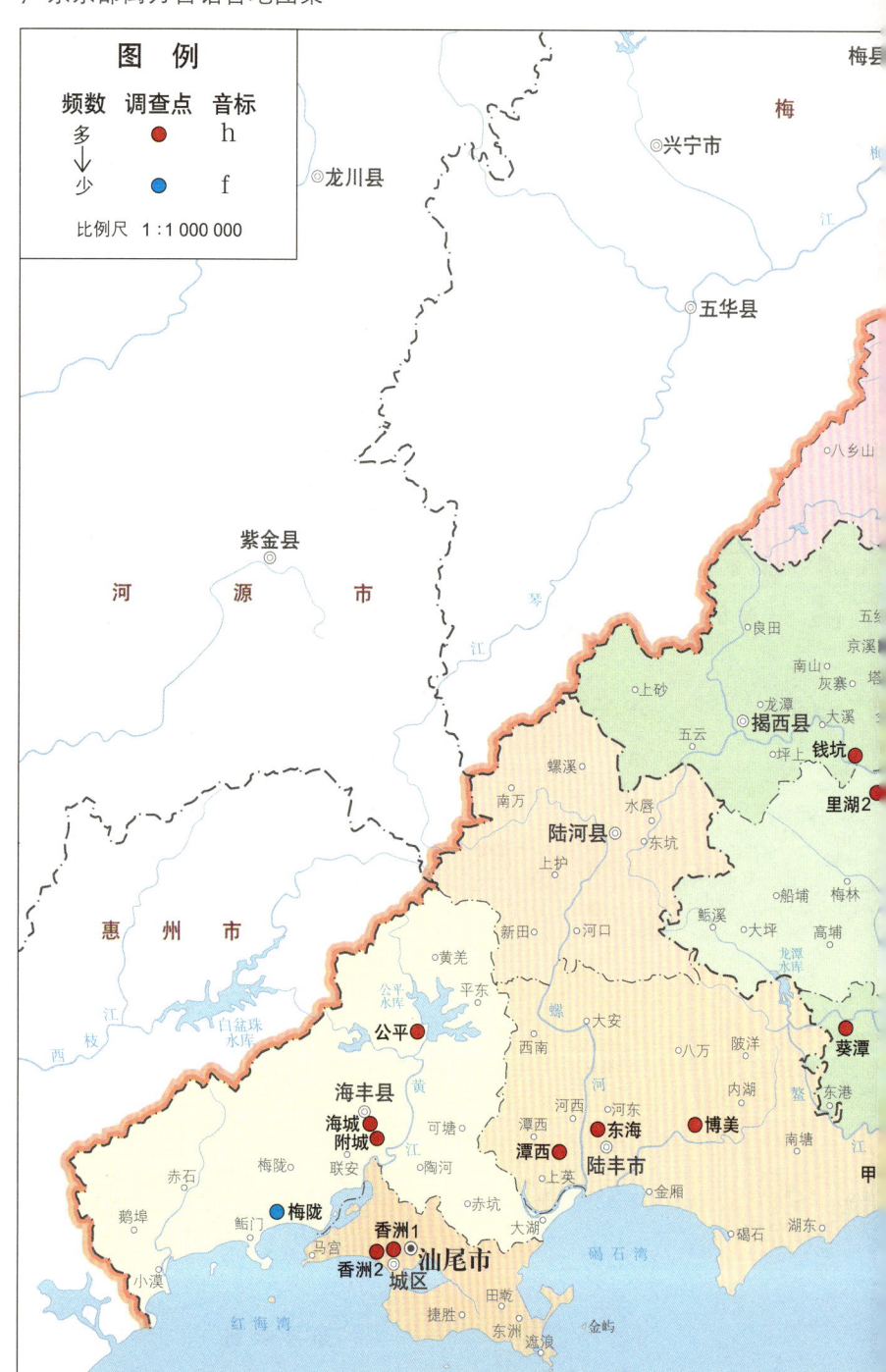

广东东部闽方言语音地图集

图例

频数	调查点	音标
多 ↓ 少	●	h
	●	f

比例尺 1:1 000 000

声母图S015—肺 敷

广东东部闽方言语音地图集

图 例		
频数	调查点	音标
多	🔴	h
↓	🔵	ɸ
少	🟡	f

比例尺 1:1 000 000

声母图S016—副 敉

35

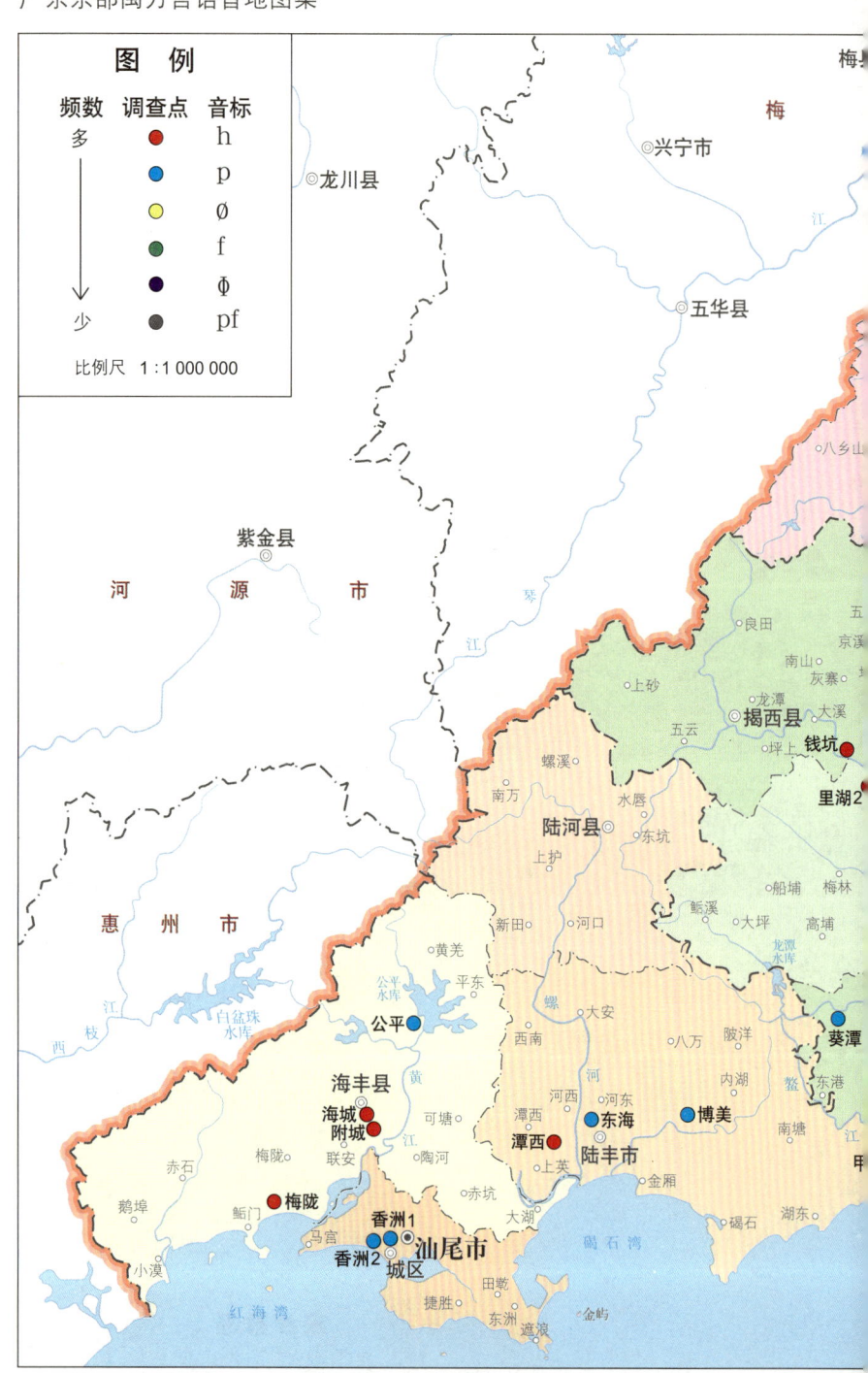

广东东部闽方言语音地图集

图例

频数	调查点	音标
多	●	h
↓	●	p
↓	●	∅
↓	●	f
↓	●	ɸ
少	●	pf

比例尺 1:1 000 000

声母图S017—饭(文读)奉

广东东部闽方言语音地图集

图例

频数	调查点	音标
多	●	p
	●	pf
↓	●	∅
	●	ph
少	●	v

比例尺 1:1 000 000

声母图S018—肥奉

广东东部闽方言语音地图集

图例

频数	调查点	音标
多	● 红	pʰ
↓	● 蓝	pfʰ
↓	● 黄	p
少	● 绿	h

比例尺 1:1 000 000

声母图S019—浮奉

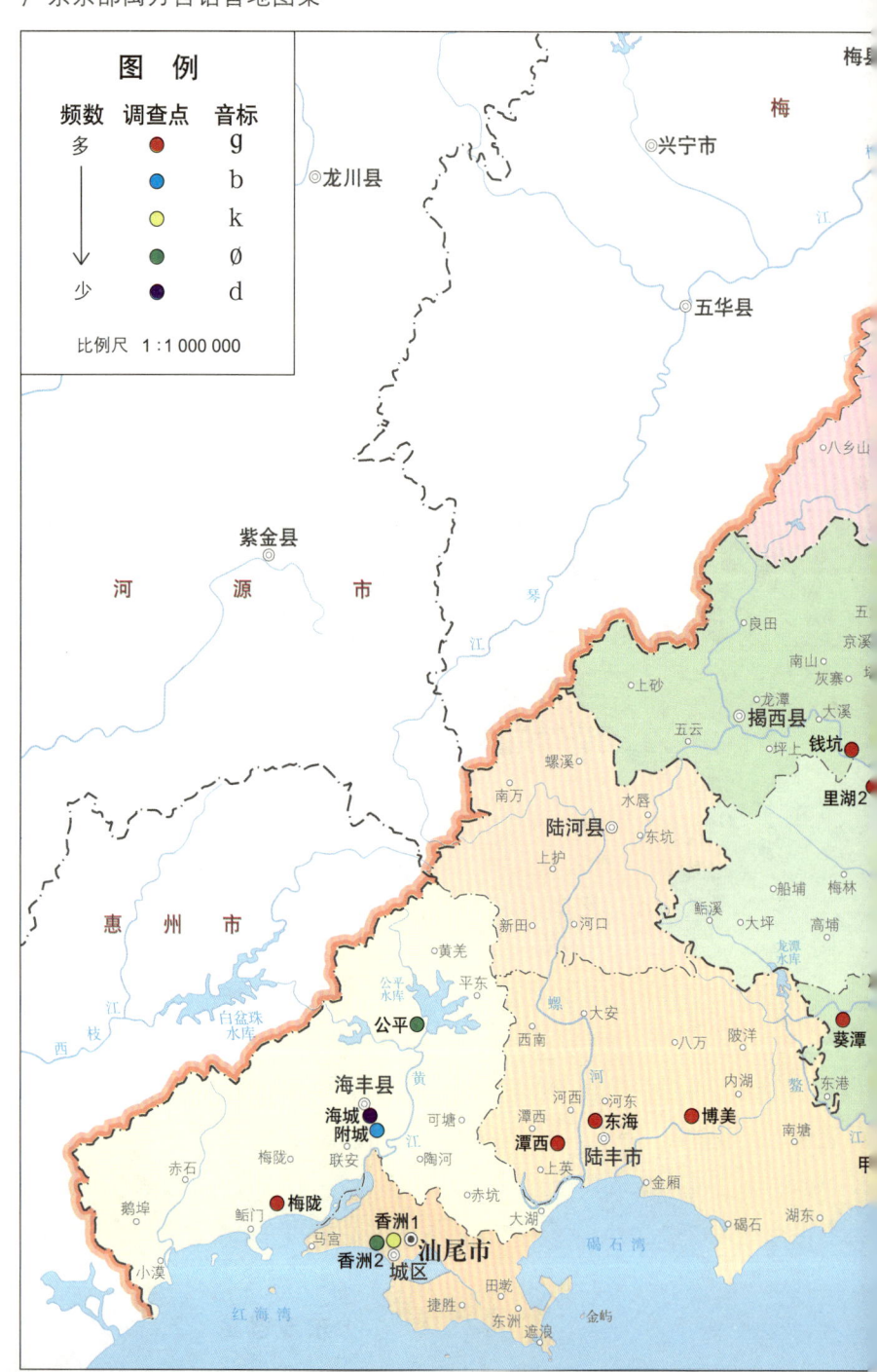

广东东部闽方言语音地图集

图例

频数	调查点	音标
多	● 红	g
↓	● 蓝	b
	● 黄	k
	● 绿	ø
少	● 紫	d

比例尺 1:1 000 000

声母图S020—袜微

广东东部闽方言语音地图集

图 例

频数	调查点	音标
多	● 红	b
↓	● 蓝	m
	● 黄	v
少	● 绿	bv

比例尺 1:1 000 000

声母图S021—万微

广东东部闽方言语音地图集

图 例

频数	调查点	音标
多	●	m
↓	●	ŋ
少	●	b

比例尺 1:1 000 000

声母图S022—物微

广东东部闽方言语音地图集

图 例

频数	调查点	音标
多	●	n
↓	●	l
少	◐	n/l

比例尺 1:1 000 000

声母图S023—南泥

广东东部闽方言语音地图集

声母图S024—嫩泥

广东东部闽方言语音地图集

图　例

频数	调查点	音标
多↓少	●	l
	●	n

比例尺 1:1 000 000

声母图S025—脓 泥

广东东部闽方言语音地图集

图 例

频数	调查点	音标
多	🔴	n
↓	🔵	l
少	🟡	∅

比例尺 1:1 000 000

声母图S026—暖(文读，温暖)泥

56　广东东部闽方言语音地图集

声母图S027—蓝(白读，姓)来

广东东部闽方言语音地图集

图例

频数	调查点	音标
多 ↓ 少	●	n
	●	l

比例尺 1:1 000 000

声母图S028—冷 来

广东东部闽方言语音地图集

图例

频数	调查点	音标
多	●	n
↓		
少	●	l

比例尺 1:1 000 000

声母图S029—莲来

广东东部闽方言语音地图集

图例

频数	调查点	音标
多↓少	●	l
	●	n

比例尺 1:1 000 000

声母图S030—林 来

广东东部闽方言语音地图集

图例

频数	调查点	音标
多 ↓ 少	●	tsh
	●	ts

比例尺 1:1 000 000

声母图S031—槌清

广东东部闽方言语音地图集

图例

频数	调查点	音标
多↓少	●	ts
	●	z

比例尺 1:1 000 000

声母图S032—罪从

广东东部闽方言语音地图集

图例

频数	调查点	音标
多	●	tsh
↓	●	s
少	●	tʃh

比例尺 1:1 000 000

声母图S033—碎心

广东东部闽方言语音地图集

图 例		
频数	调查点	音标
多↓少	●	s
	●	tsh

比例尺 1:1 000 000

声母图S034—祠 邪

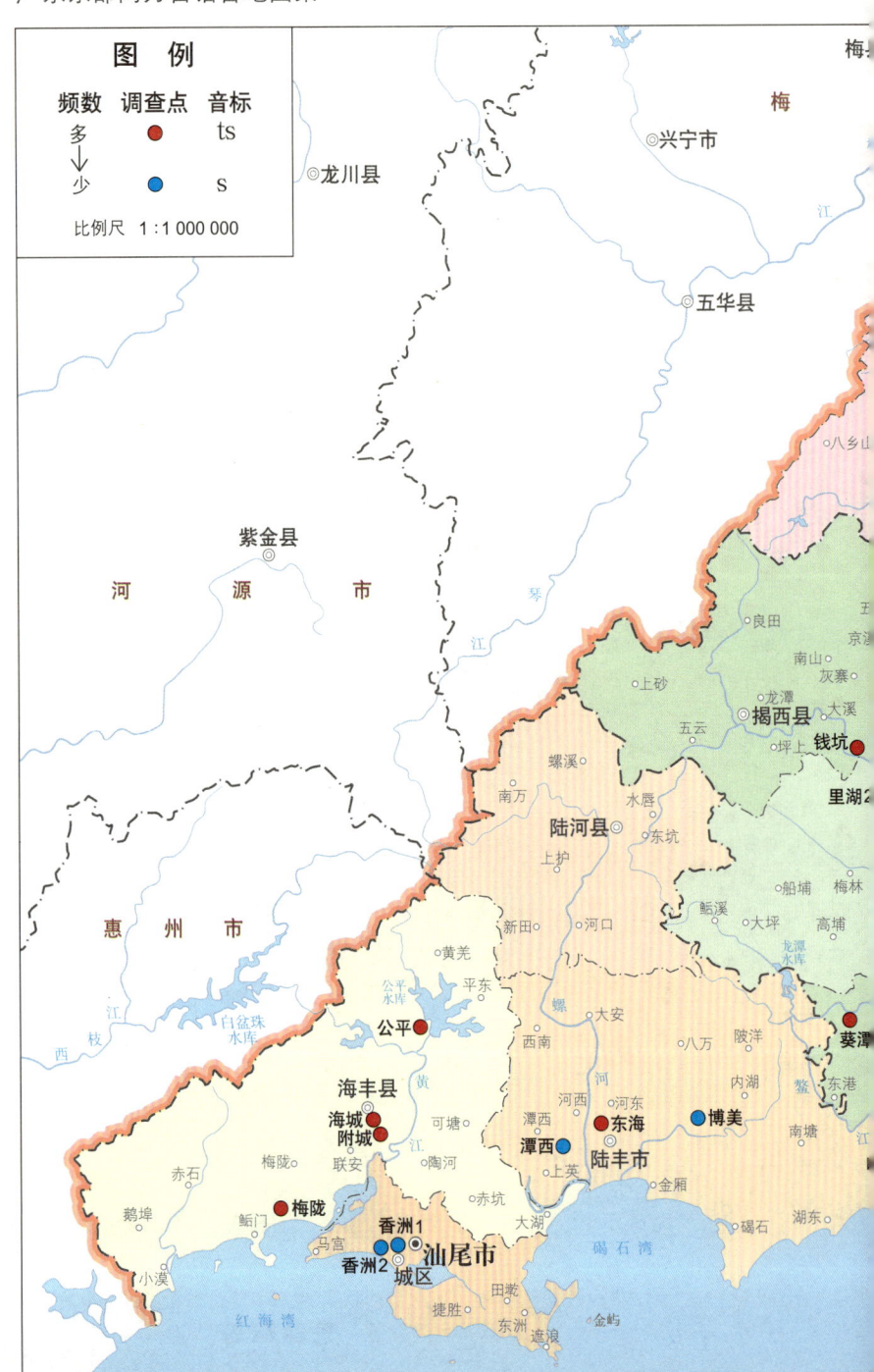

广东东部闽方言语音地图集

图例

频数	调查点	音标
多 ↓ 少	●	ts
	●	s

比例尺 1:1 000 000

声母图S035—谢(白读，姓)邪

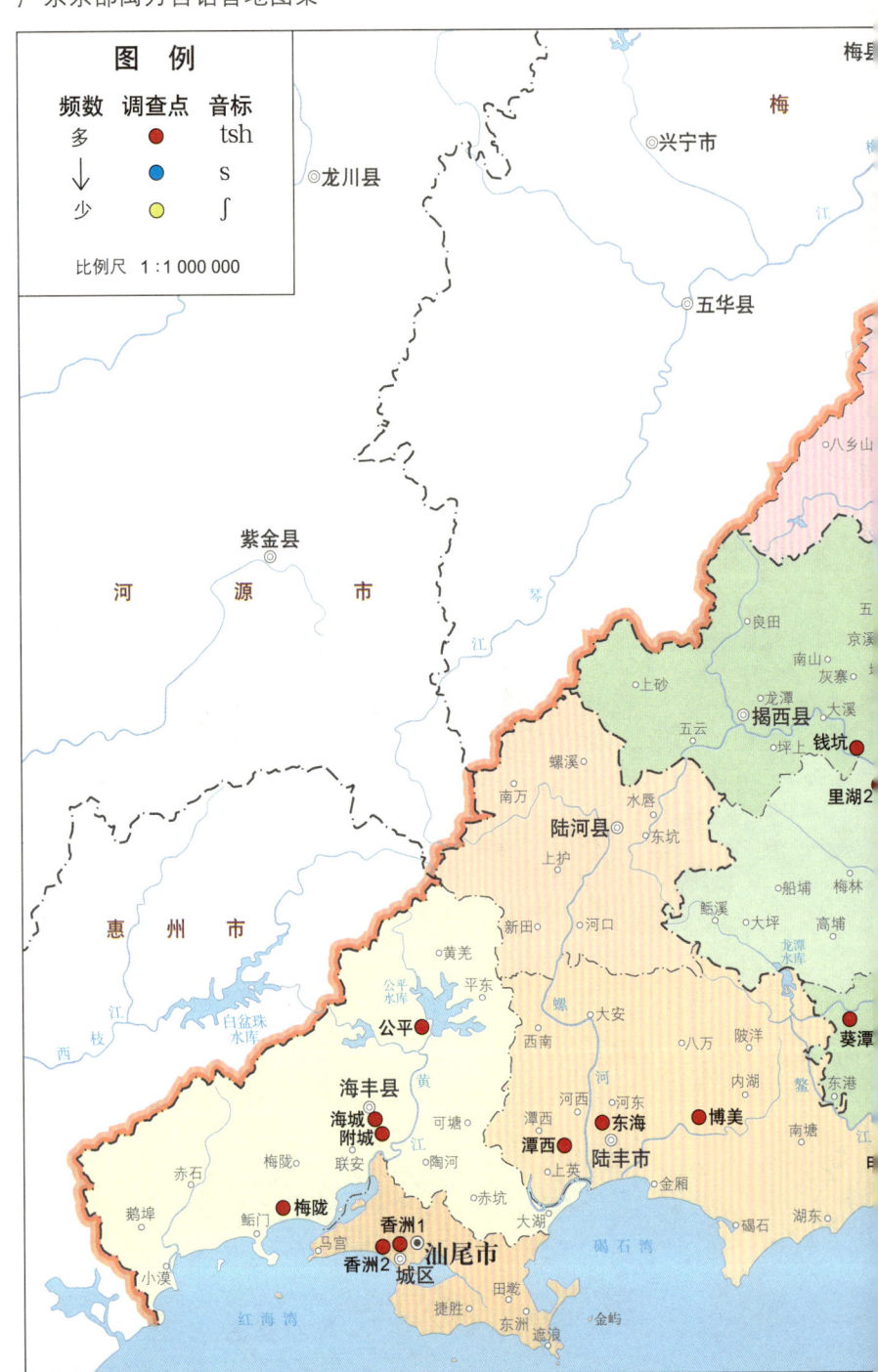

广东东部闽方言语音地图集

图 例
频数 调查点 音标
多 ● tsh
↓ ● s
少 ● ʃ
比例尺 1:1 000 000

声母图S036—徐邪

广东东部闽方言语音地图集

图例

频数	调查点	音标
多	🔴	tsh
↓	🔵	t
少	🟡	kh

比例尺 1:1 000 000

声母图S037—迟澄

广东东部闽方言语音地图集

声母图S038—传(文读，传达)澄

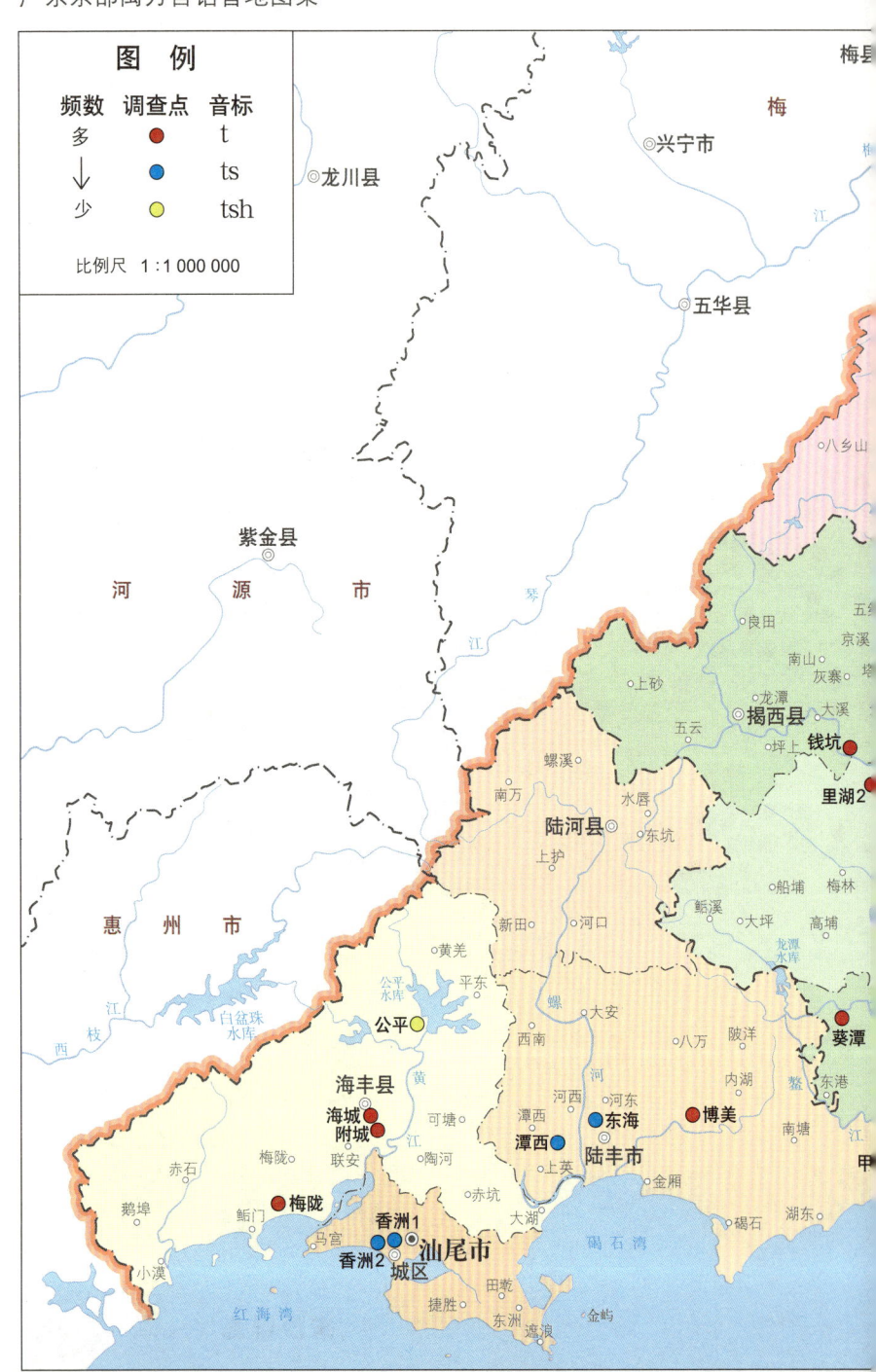

广东东部闽方言语音地图集

图 例

频数	调查点	音标
多	●	t
↓	●	ts
少	●	tsh

比例尺 1:1 000 000

声母图S039—传(传记)澄

广东东部闽方言语音地图集

图例

频数	调查点	音标
多	红	z
↓	蓝	n
少	黄	ts

比例尺 1:1 000 000

声母图S040—皱(衣服皱)庄

广东东部闽方言语音地图集

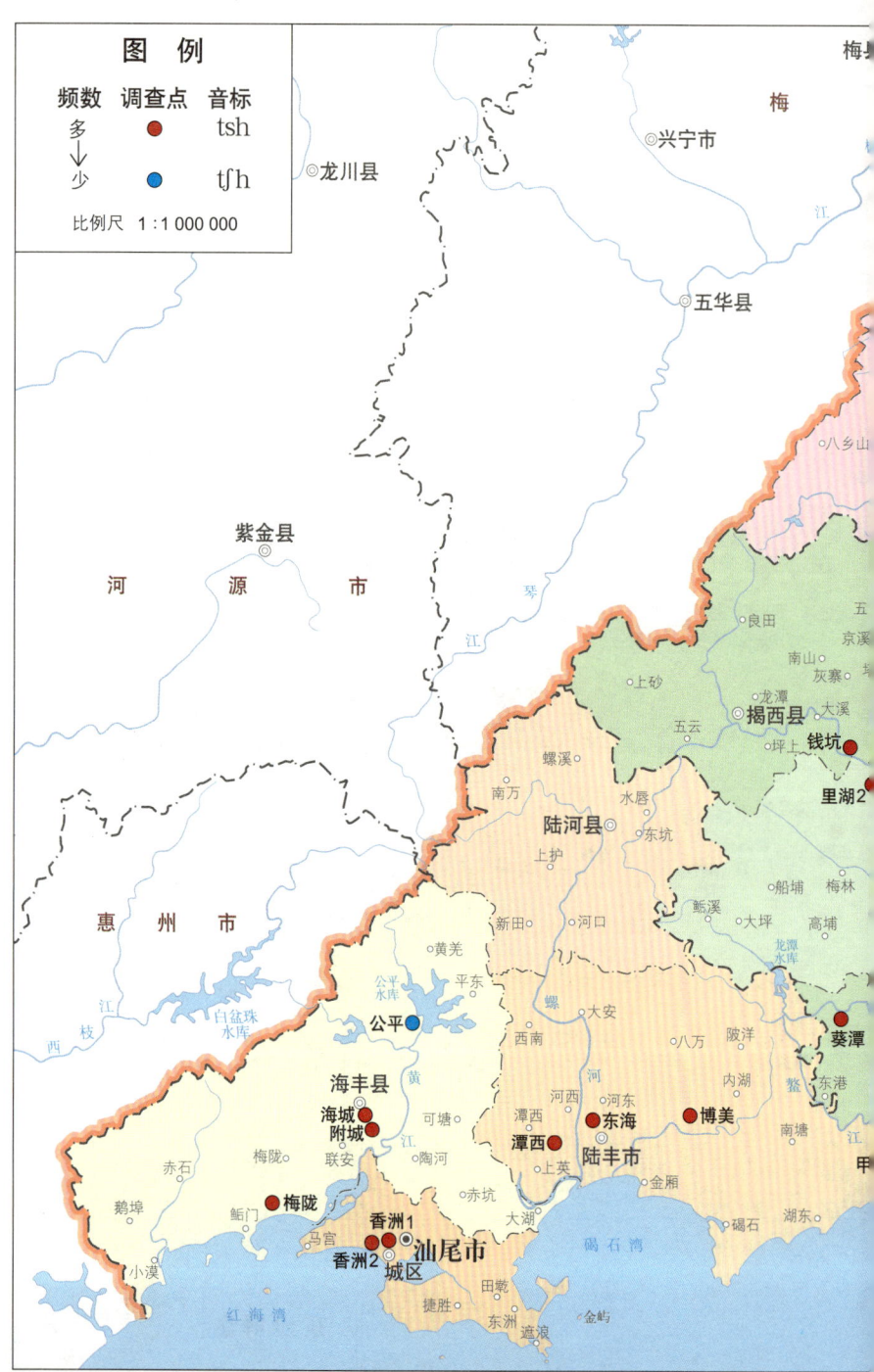

图　例

频数	调查点	音标
多	●	tsh
↓ 少	●	tʃh

比例尺 1:1 000 000

声母图S041—初

广东东部闽方言语音地图集

图 例

频数	调查点	音标
多	🔴	tsh
↓ 少	🔵	th

比例尺 1:1 000 000

声母图S042—愁崇

广东东部闽方言语音地图集

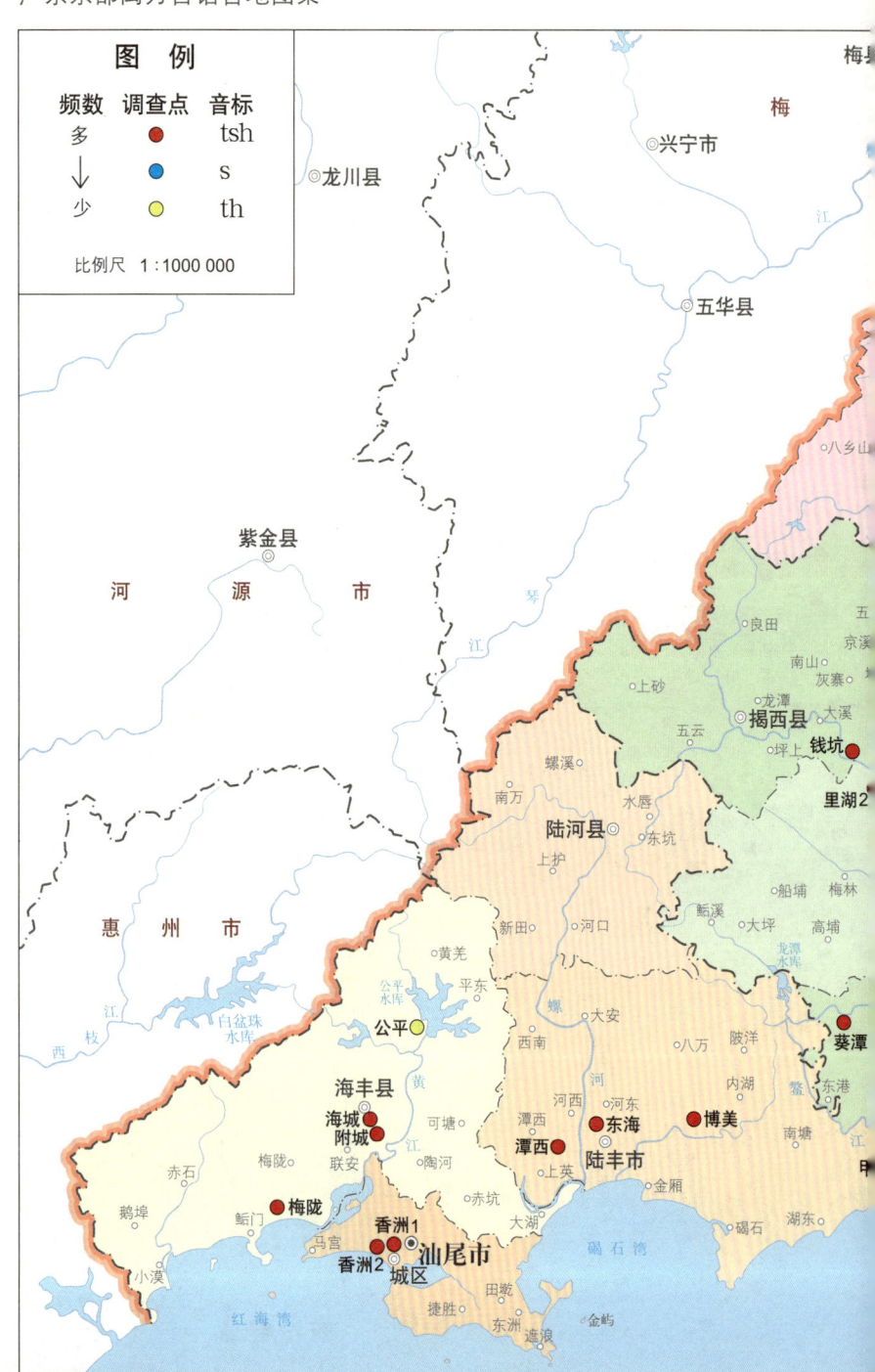

图 例

频数	调查点	音标
多	●	tsh
↓	●	s
少	●	th

比例尺 1:1 000 000

声母图S043—床崇

广东东部闽方言语音地图集

图例

频数	调查点	音标
多 ↓ 少	🔴 🔵	tsh s

比例尺 1:1 000 000

声母图S044—生(白读，生疏)生

广东东部闽方言语音地图集

图 例		
频数	调查点	音标
多	🔴	s
↓	🔵	ʃ
少	🟡	ts

比例尺 1:1 000 000

声母图S045—师(文读，老师)生

广东东部闽方言语音地图集

图例

频数	调查点	音标
多	🔴	tsh
↓	🔵	s
少	🟡	ts

比例尺 1:1 000 000

声母图S046—刷(白读，刷一下)生

广东东部闽方言语音地图集

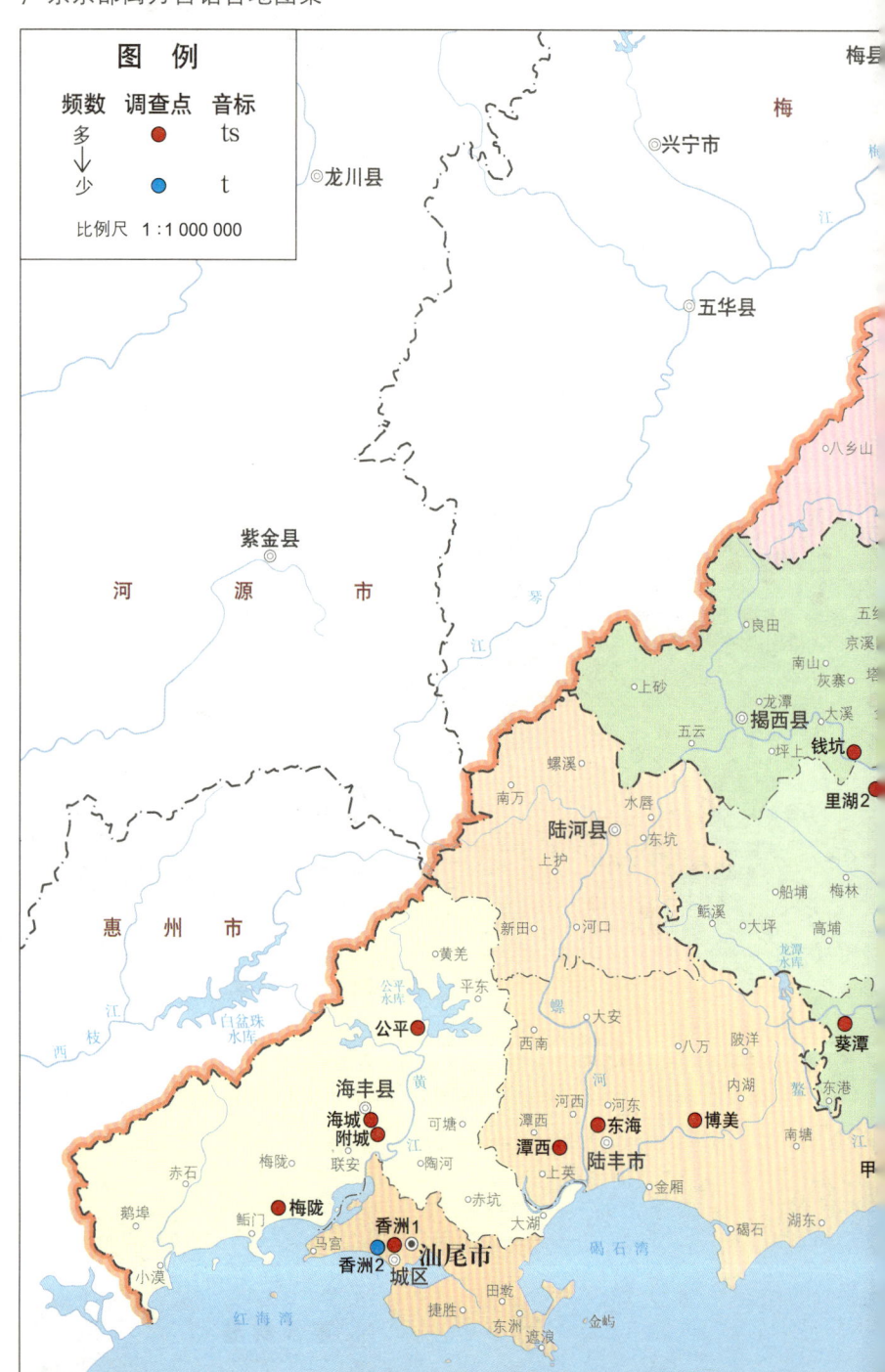

图例

频数	调查点	音标
多 ↓ 少	●	ts
	●	t

比例尺 1:1 000 000

声母图S047—章(白读，姓)章

广东东部闽方言语音地图集

图例

频数	调查点	音标
多↓少	●	ts
	●	t

比例尺 1:1 000 000

声母图S048—章(白读，文章)章

广东东部闽方言语音地图集

图 例

频数	调查点	音标
多	🔴	tsh
↓	🔵	s
少	🟡	∅

比例尺 1:1 000 000

声母图S049—试(考试)书 101

102　广东东部闽方言语音地图集

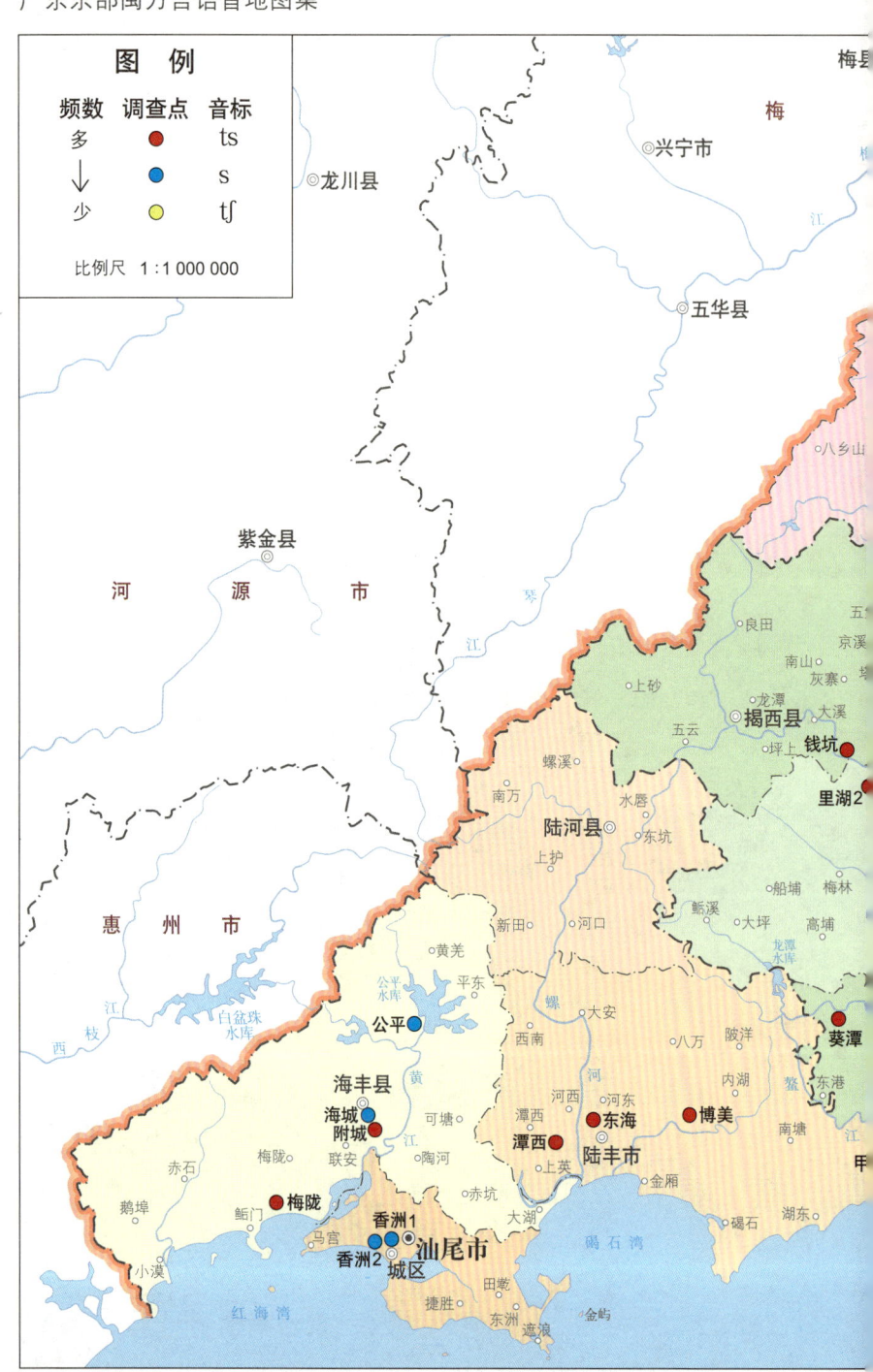

声母图S050—书 书

广东东部闽方言语音地图集

图例

频数	调查点	音标
多	🔴	z
↓	🔵	l
少	🟡	ts

比例尺 1:1 000 000

调查点：

梅州市：兴宁市、五华县、龙川县

河源市：紫金县

惠州市

揭西县：钱坑、里湖2、葵潭、博美

陆河县：螺溪、上护、新田、河口、东坑、船埔、梅林、鲇溪、大坪、高埔

陆丰市：大安、西南、河西、河东、东海、潭西、上英、内湖、陵洋

海丰县：海城、附城、梅陇、公平、黄羌、平东、可塘、陶河、联安、赤坑、鲘门、马宫

汕尾市：香洲1、香洲2、城区、田墘、捷胜、东洲、遮浪、金屿、碣石、湖东

声母图S051—日 日

广东东部闽方言语音地图集

图 例

频数	调查点	音标
多	● (红)	n
↓	● (蓝)	b
↓	◐ (红/蓝)	n/b
少	◐ (黄/蓝)	n/l

比例尺 1:1 000 000

声母图S052—肉 日

广东东部闽方言语音地图集

声母图S053—闽 日

广东东部闽方言语音地图集

图 例

频数	调查点	音标
多↓少	●	k
	●	kh

比例尺 1:1 000 000

声母图S054—挂(白读，挂起来)见

广东东部闽方言语音地图集

图例

频数	调查点	音标
多	●	k
↓	●	kh
少	◐	k/kh

比例尺 1:1 000 000

声母图S055—急见

114　广东东部闽方言语音地图集

图例

频数	调查点	音标
多	● (红)	∅
↓	● (蓝)	n
↓	● (黄)	ts
↓	● (绿)	k
少	● (紫)	ŋ

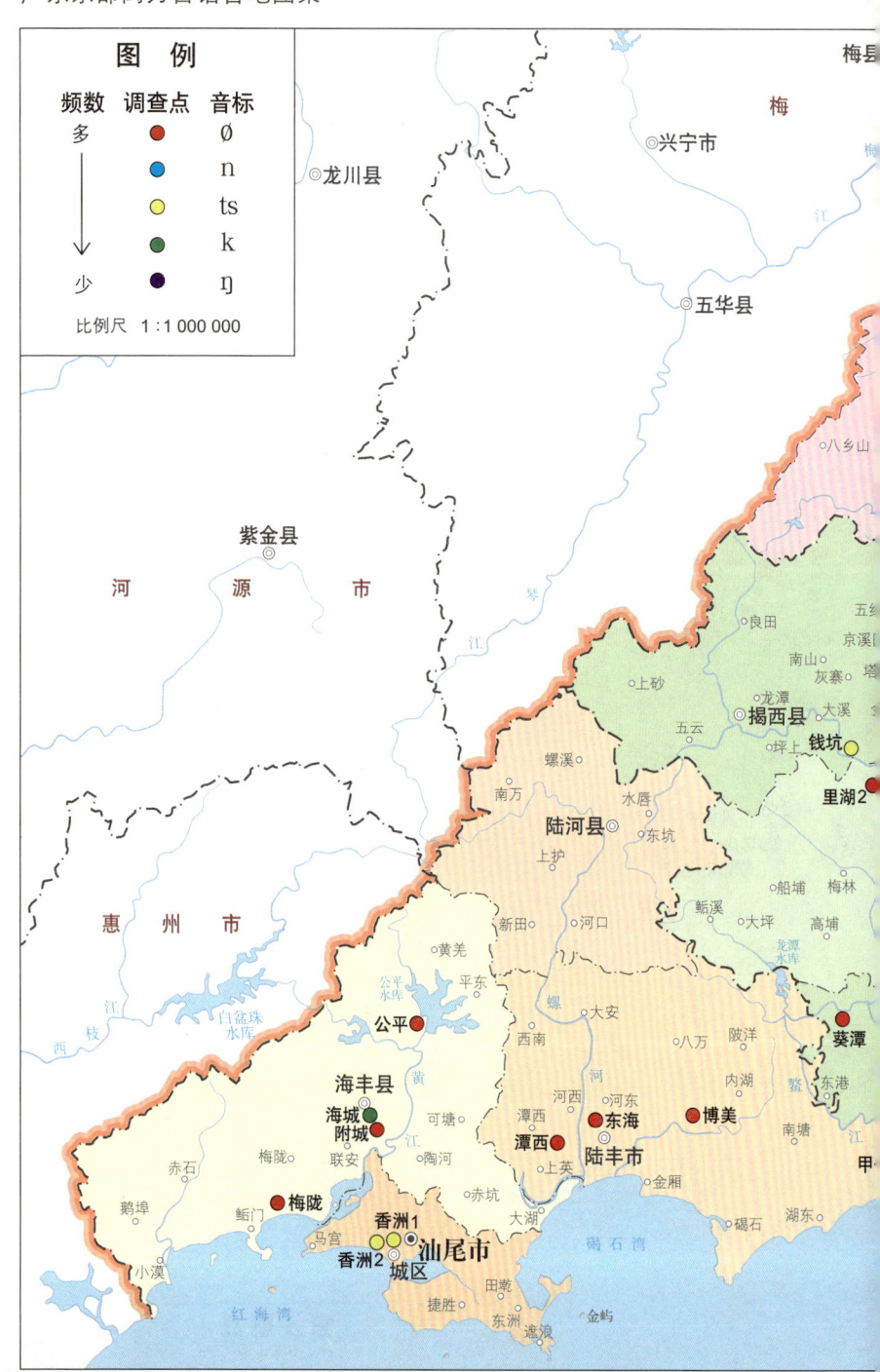

比例尺 1:1 000 000

声母图S056—浇见
115

广东东部闽方言语音地图集

图例

频数	调查点	音标
多	●	kh
↓		
少	●	h

比例尺 1:1 000 000

声母图S057—阔溪

118　广东东部闽方言语音地图集

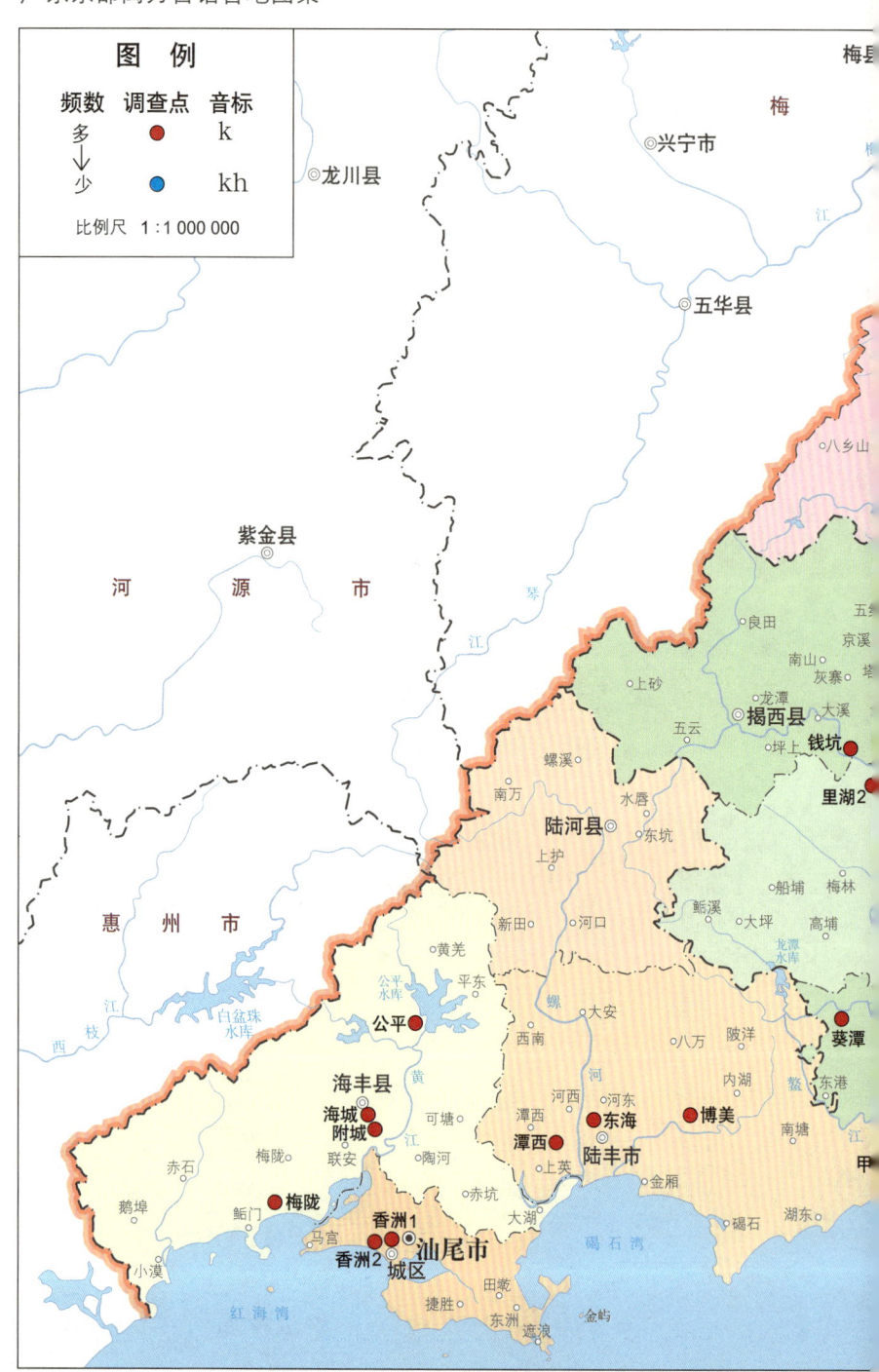

声母图S058—拳群

广东东部闽方言语音地图集

声母图S059—敖疑

广东东部闽方言语音地图集

图例

频数	调查点	音标
多	🔴	g
↓		
少	🔵	∅

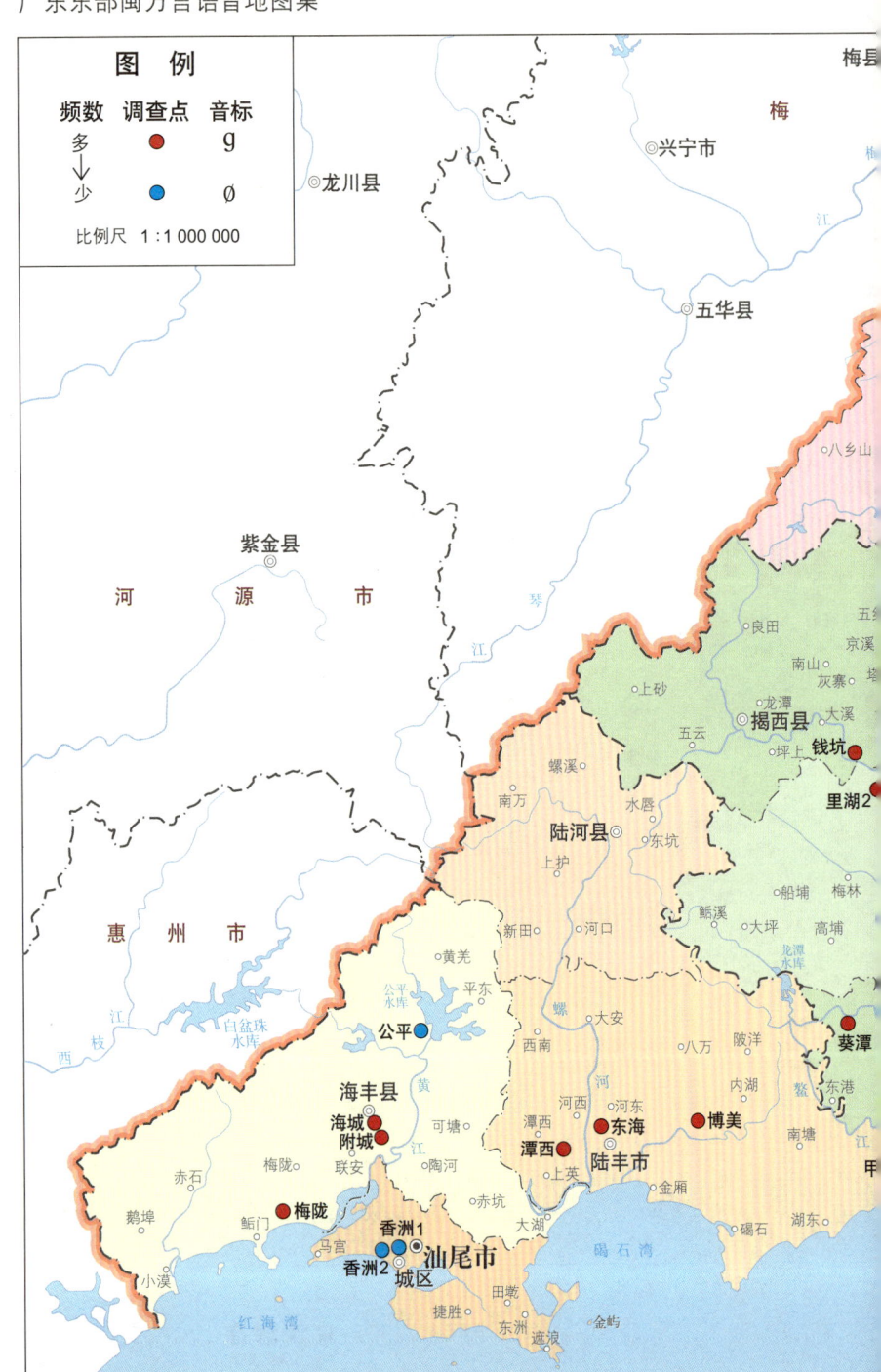

比例尺 1:1 000 000

声母图S060—牛 疑

广东东部闽方言语音地图集

图 例

频数	调查点	音标
多	●	g
↓	●	∅
少	●	k

比例尺 1:1 000 000

声母图S061—外疑

广东东部闽方言语音地图集

图例

频数	调查点	音标
多 ↓ 少	●	ŋ
	●	g

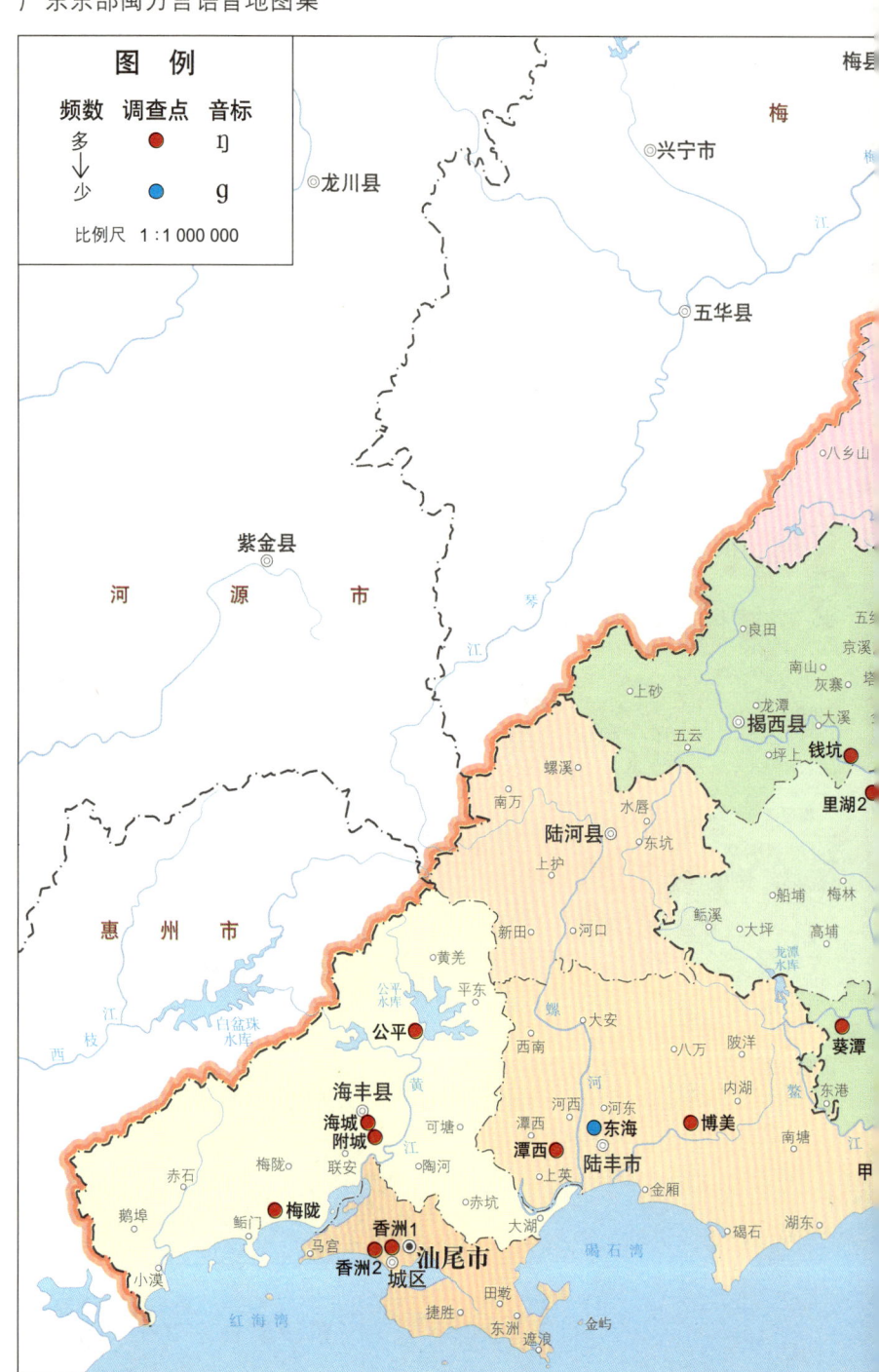

比例尺 1:1 000 000

声母图S062—五疑

128　广东东部闽方言语音地图集

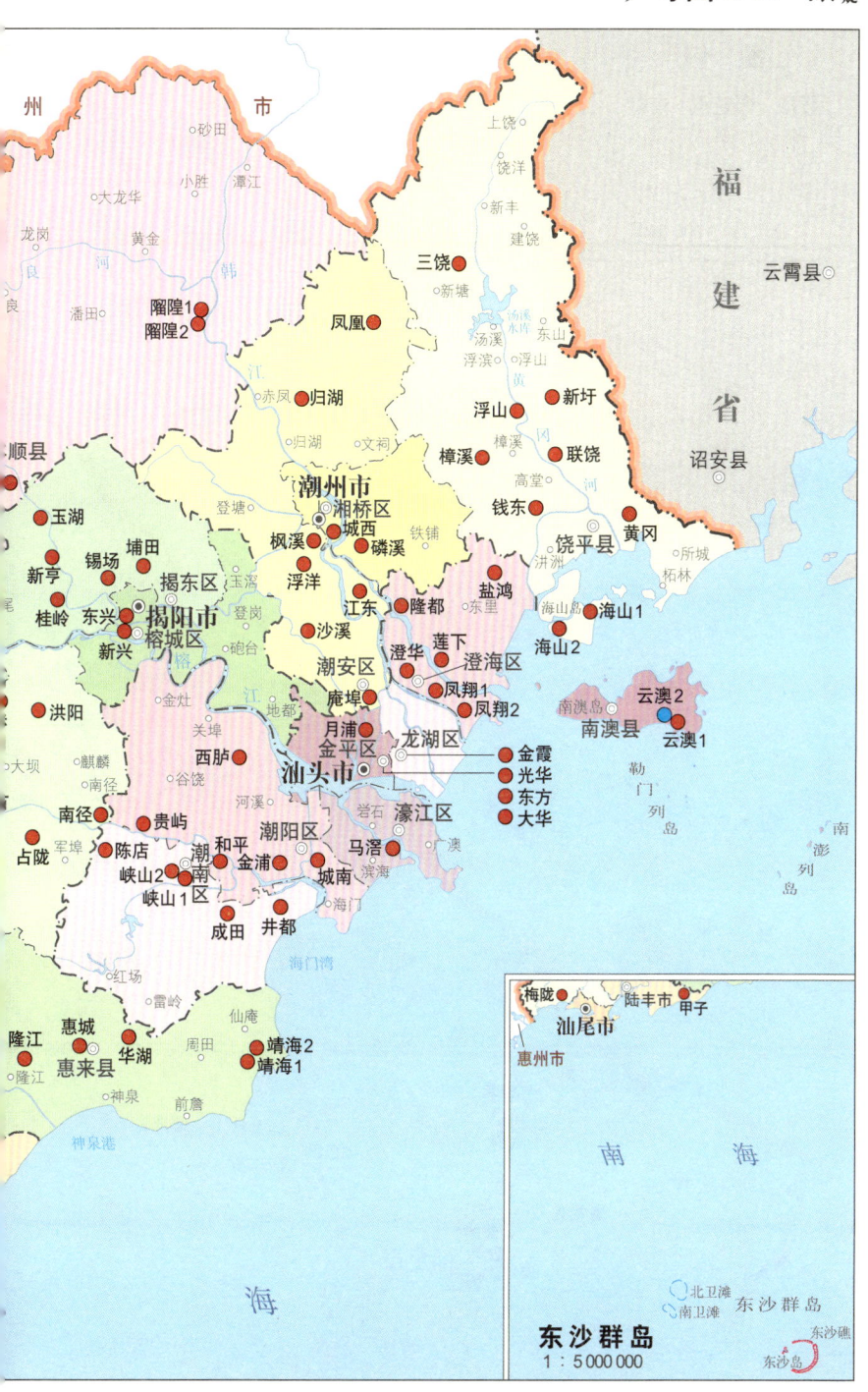

声母图S063—眼疑

广东东部闽方言语音地图集

图 例

频数	调查点	音标
多	●	ŋ
↓少	●	g

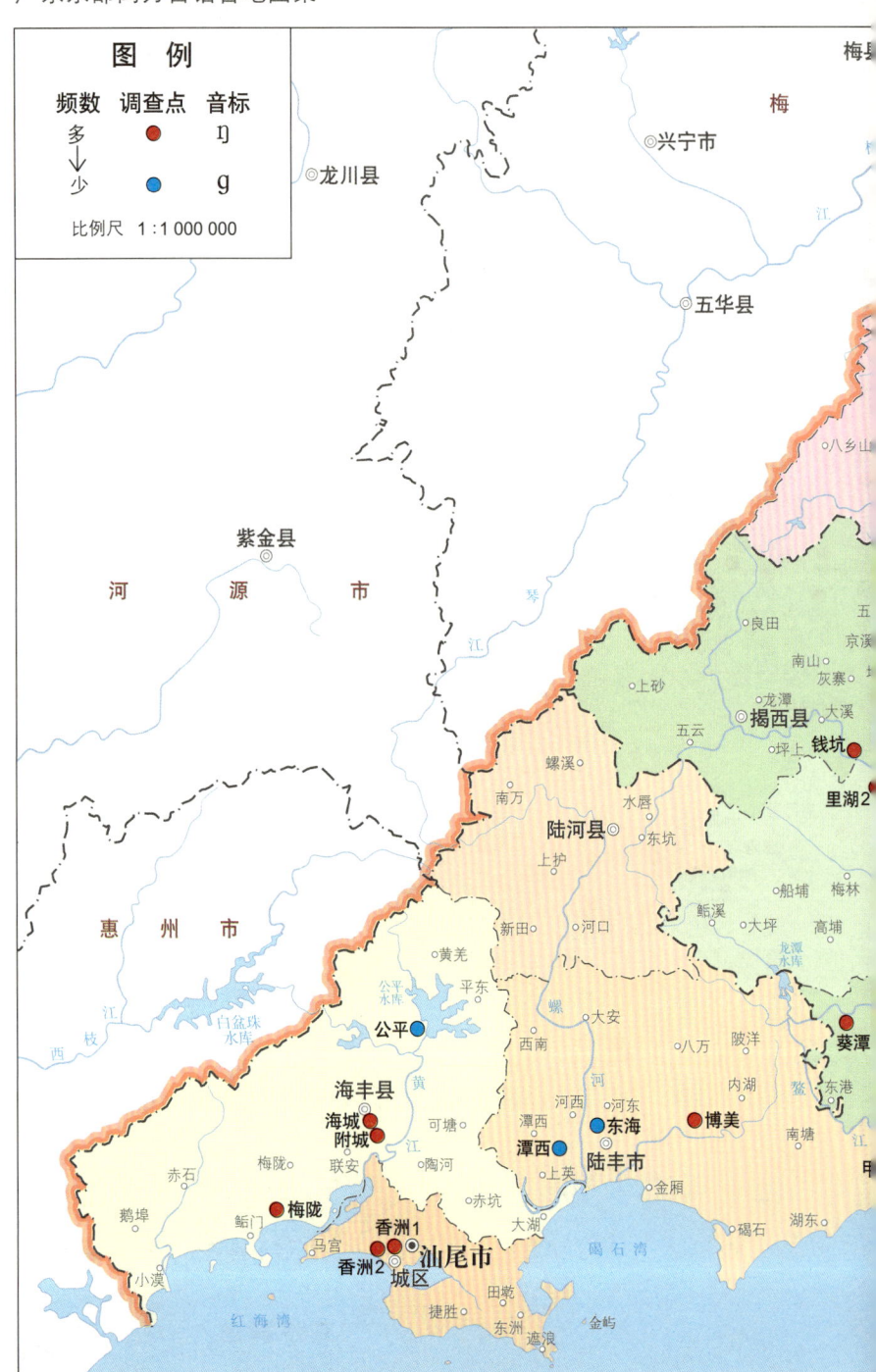

比例尺 1:1 000 000

声母图S064—银疑

广东东部闽方言语音地图集

图例

频数	调查点	音标
多	🔴	g
↓	🔵	k
少	🟡	∅

比例尺 1:1 000 000

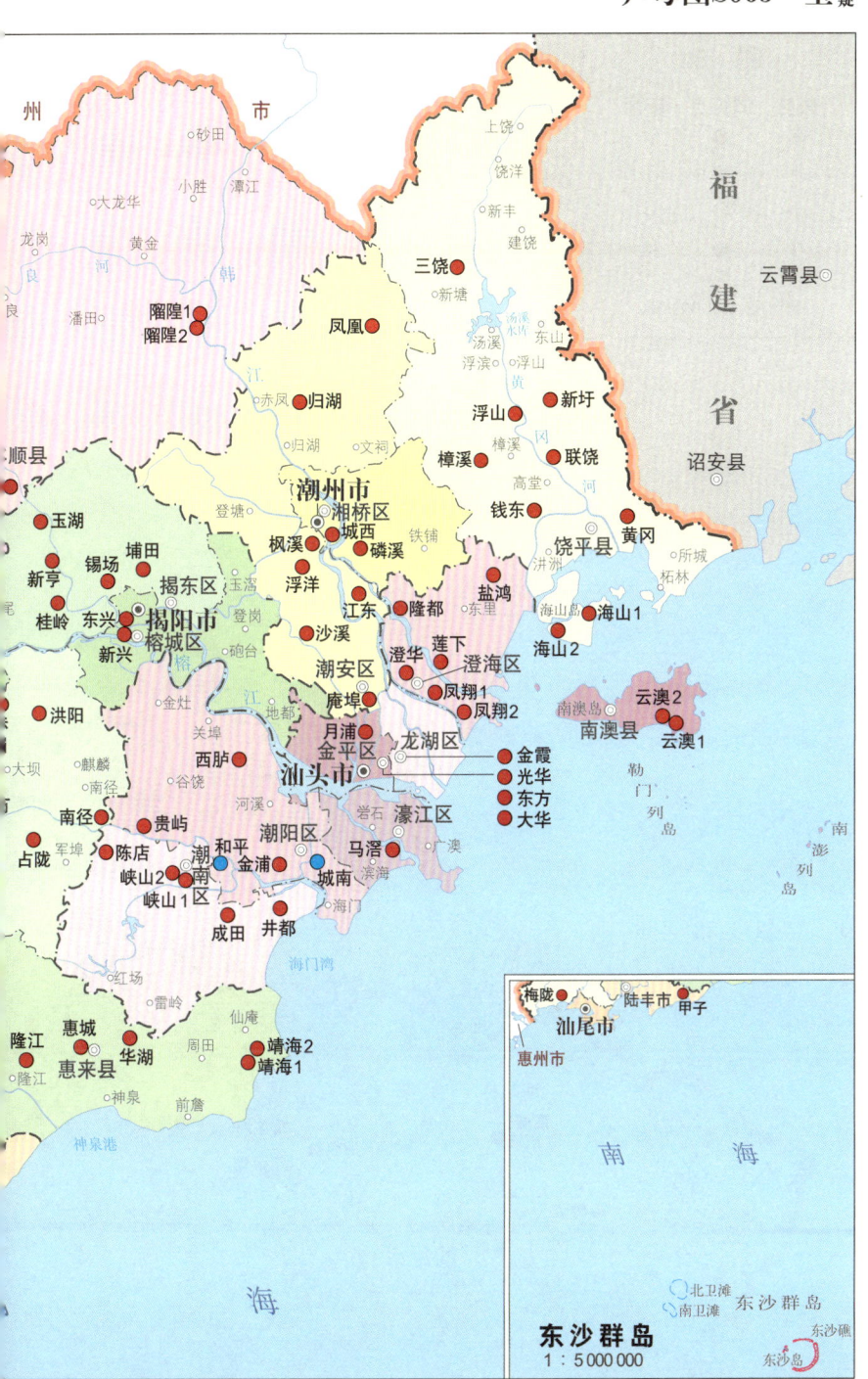

声母图S065—玉疑 133

134 广东东部闽方言语音地图集

图　例

频数	调查点	音标
多	●	g
	●	ø
	●	b
少	●	k

比例尺 1:1 000 000

声母图S066—月 疑

广东东部闽方言语音地图集

图 例

频数	调查点	音标
多 ↓ 少	● ●	h ɸ

比例尺 1:1 000 000

声母图S067—花晓

广东东部闽方言语音地图集

图例

频数	调查点	音标
多	🔴	h
↓	🔵	p
少	🟡	ɸ

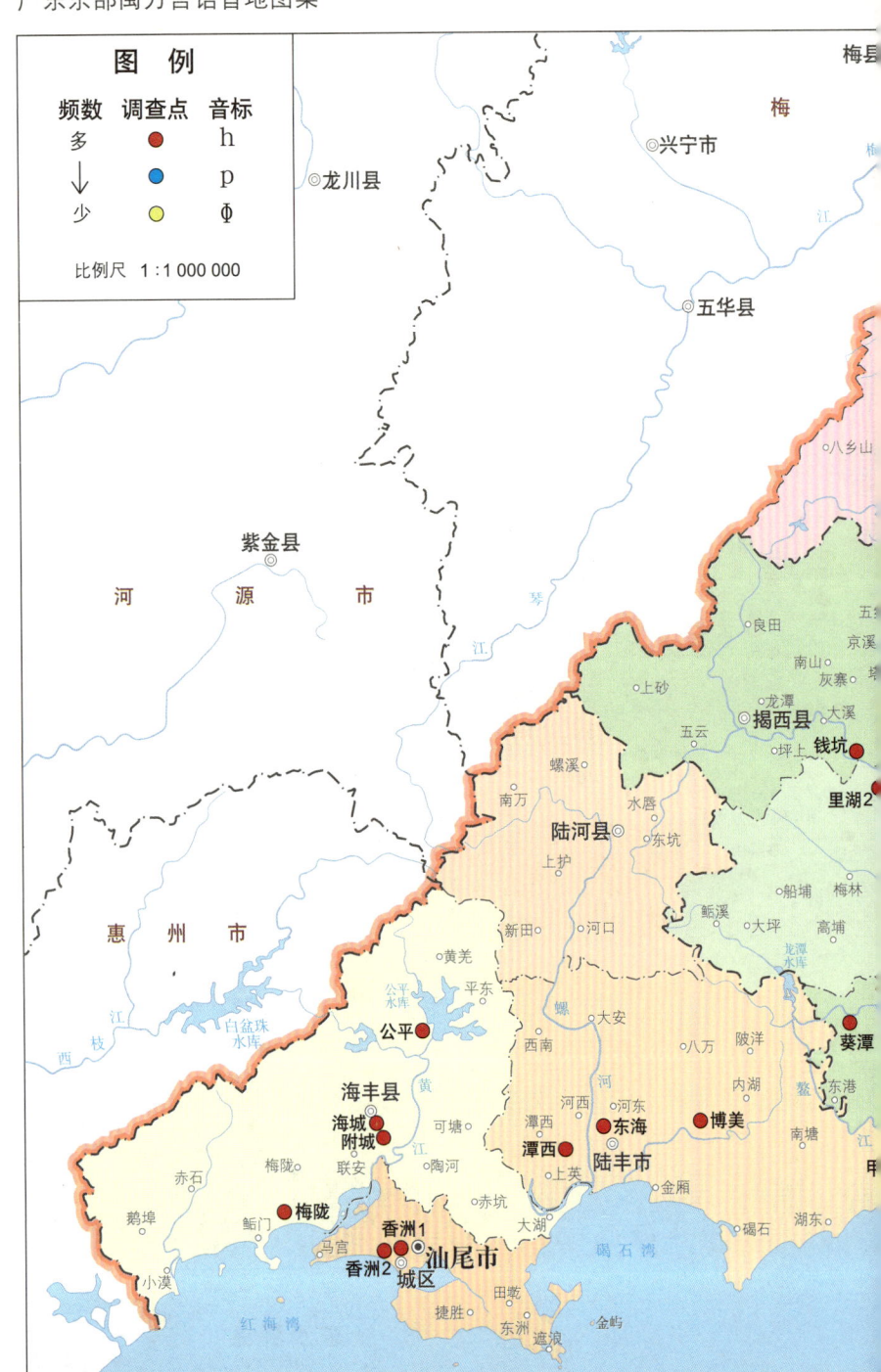

比例尺 1:1 000 000

声母图S068—灰晓

140　广东东部闽方言语音地图集

声母图S069—王(白读，姓)云

广东东部闽方言语音地图集

图 例

频数	调查点	音标
多	●	∅
↓		
少	●	h

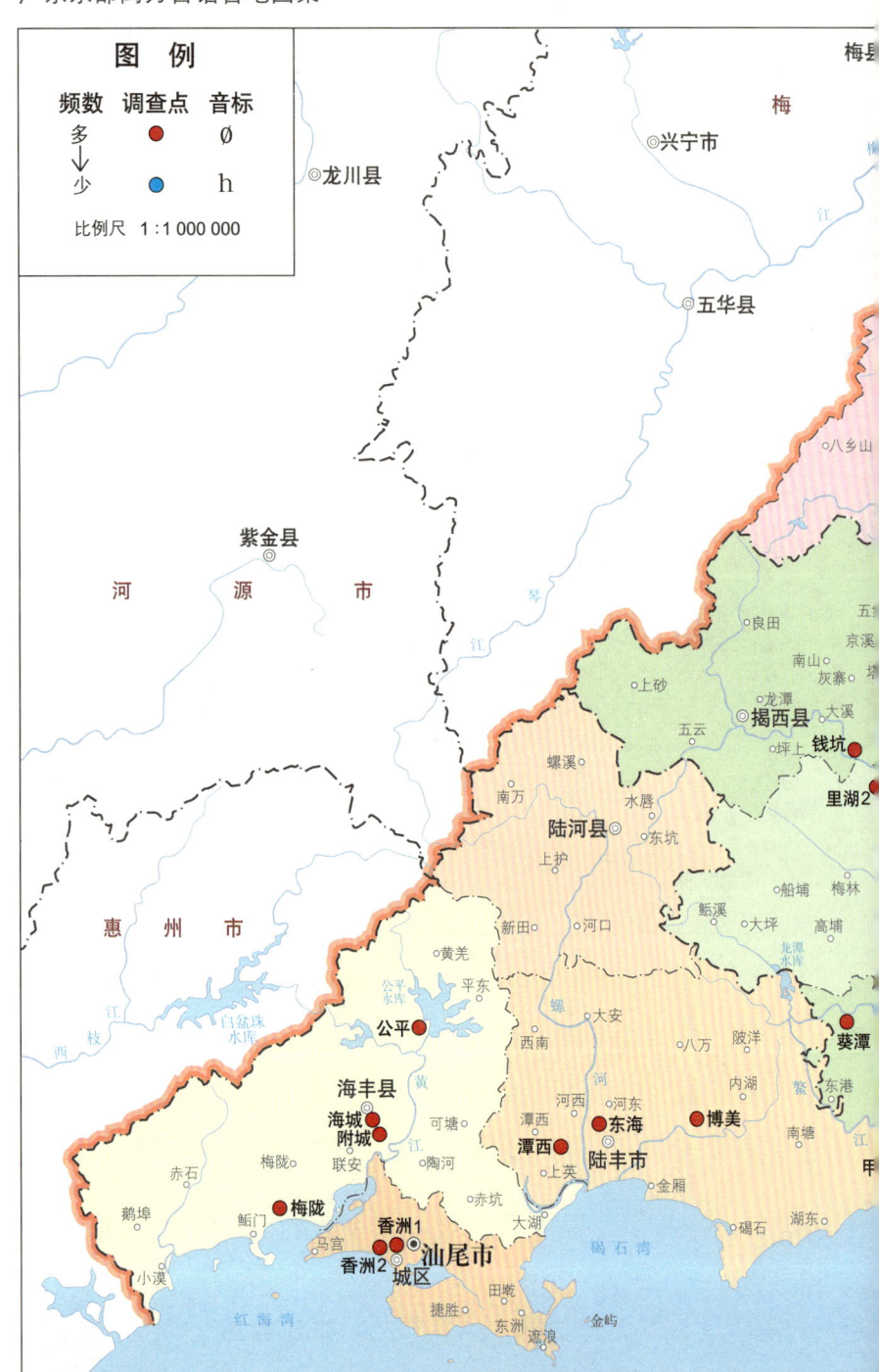

比例尺 1:1 000 000

声母图S070—雨(文读，谷雨)云

广东东部闽方言语音地图集

图例

频数	调查点	音标
多 ↓ 少	●	ts
	●	h

比例尺 1:1 000 000

声母图S071—痒(白读)以

广东东部闽方言语音地图集

图 例

频数	调查点	音标
多	🔴	∅
↓	🔵	h
少	🟡	g

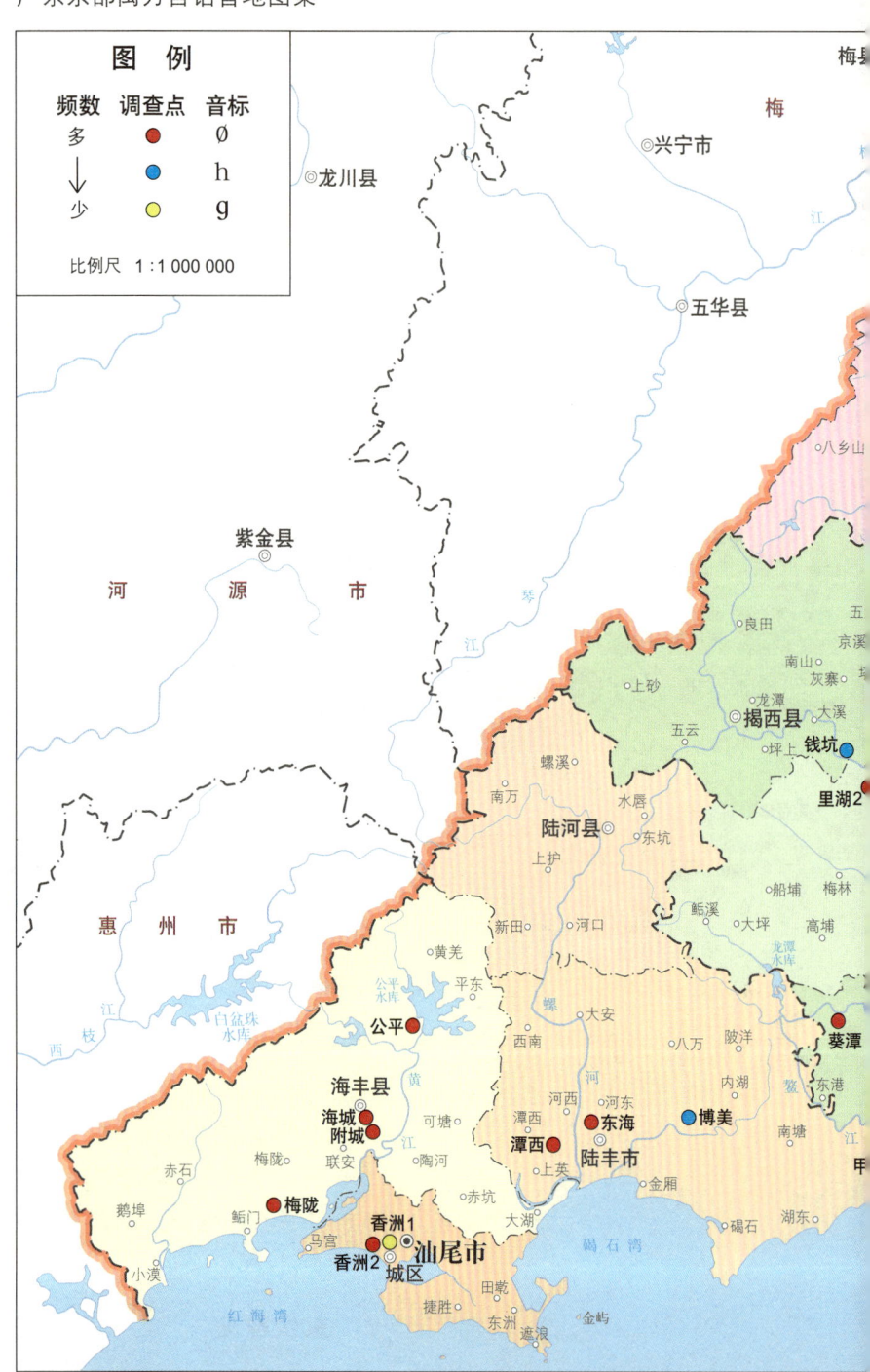

比例尺 1:1 000 000

声母图S072—叶(姓)以 147

广东东部闽方言语音地图集

图例

频数	调查点	音标
多↓少	●	o
	●	ua

比例尺 1:1 000 000

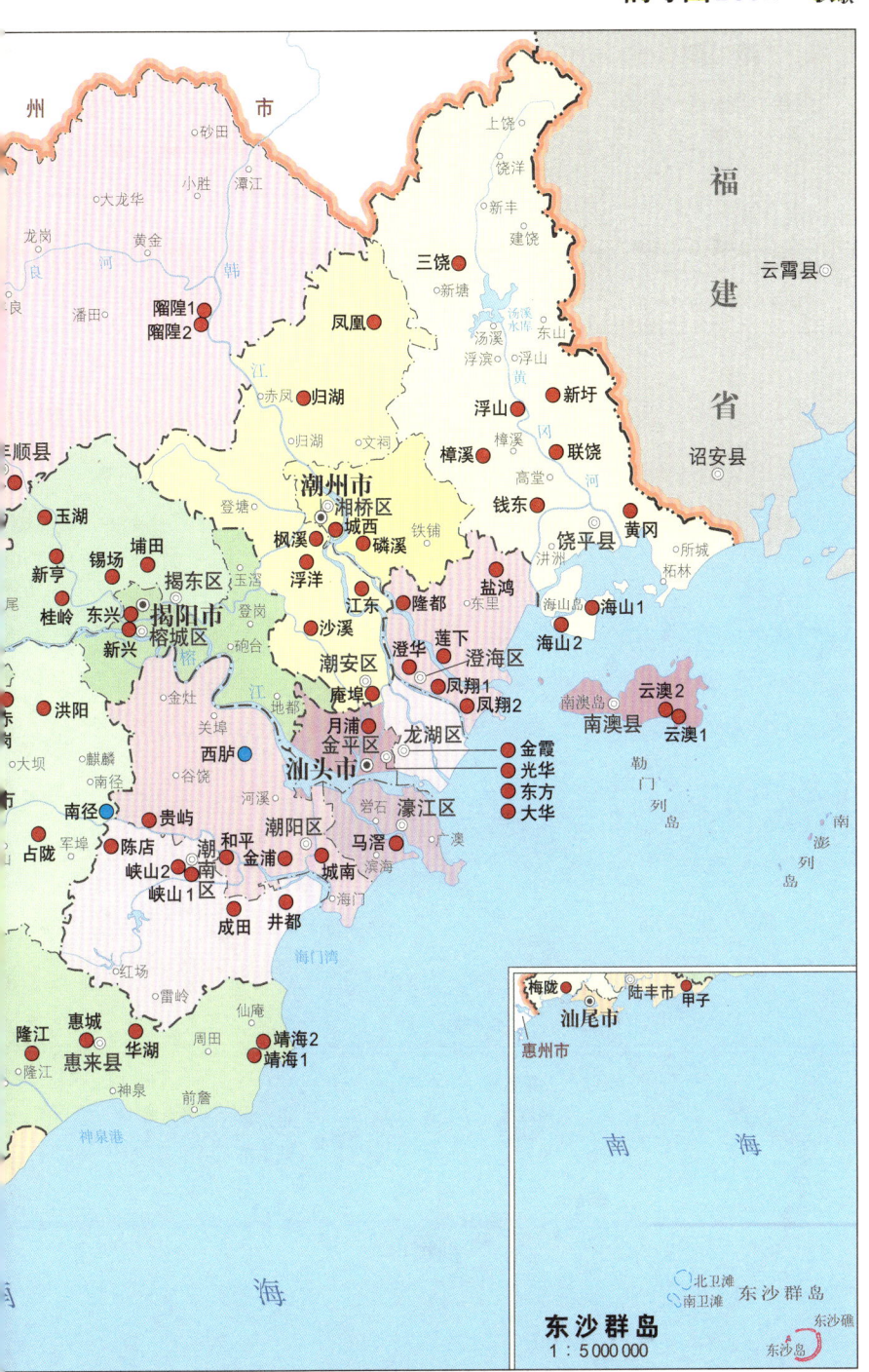

韵母图Y001—歌

广东东部闽方言语音地图集

图例

频数	调查点	音标
多	🔴	io
↓	🔵	ie
	🟡	e
少	🟢	ia

比例尺 1:1 000 000

韵母图Y002—茄(茄子)戈

广东东部闽方言语音地图集

图 例

频数	调查点	音标
多	🔴	ue
↓	🔵	uei
少	🟡	oi

比例尺 1:1 000 000

韵母图Y003—火果

154　广东东部闽方言语音地图集

韵母图Y004—坐果

广东东部闽方言语音地图集

图例

频数	调查点	音标
多	●	ue
	●	uei
	●	oi
少	●	ua

比例尺 1:1 000 000

韵母图Y005—瓜麻

广东东部闽方言语音地图集

图例

频数	调查点	音标
多	●	ou
↓	●	u
少	●	au

比例尺 1:1 000 000

韵母图Y006—箍模

160　广东东部闽方言语音地图集

图例

频数	调查点	音标
多	●	ou
↓	●	om
少	●	au
	●	ou/om

比例尺 1:1 000 000

韵母图Y007—五姥

广东东部闽方言语音地图集

韵母图Y008—故(表故事，听故)暮

163

164　广东东部闽方言语音地图集

韵母图Y009—锄(文读，锄地)鱼

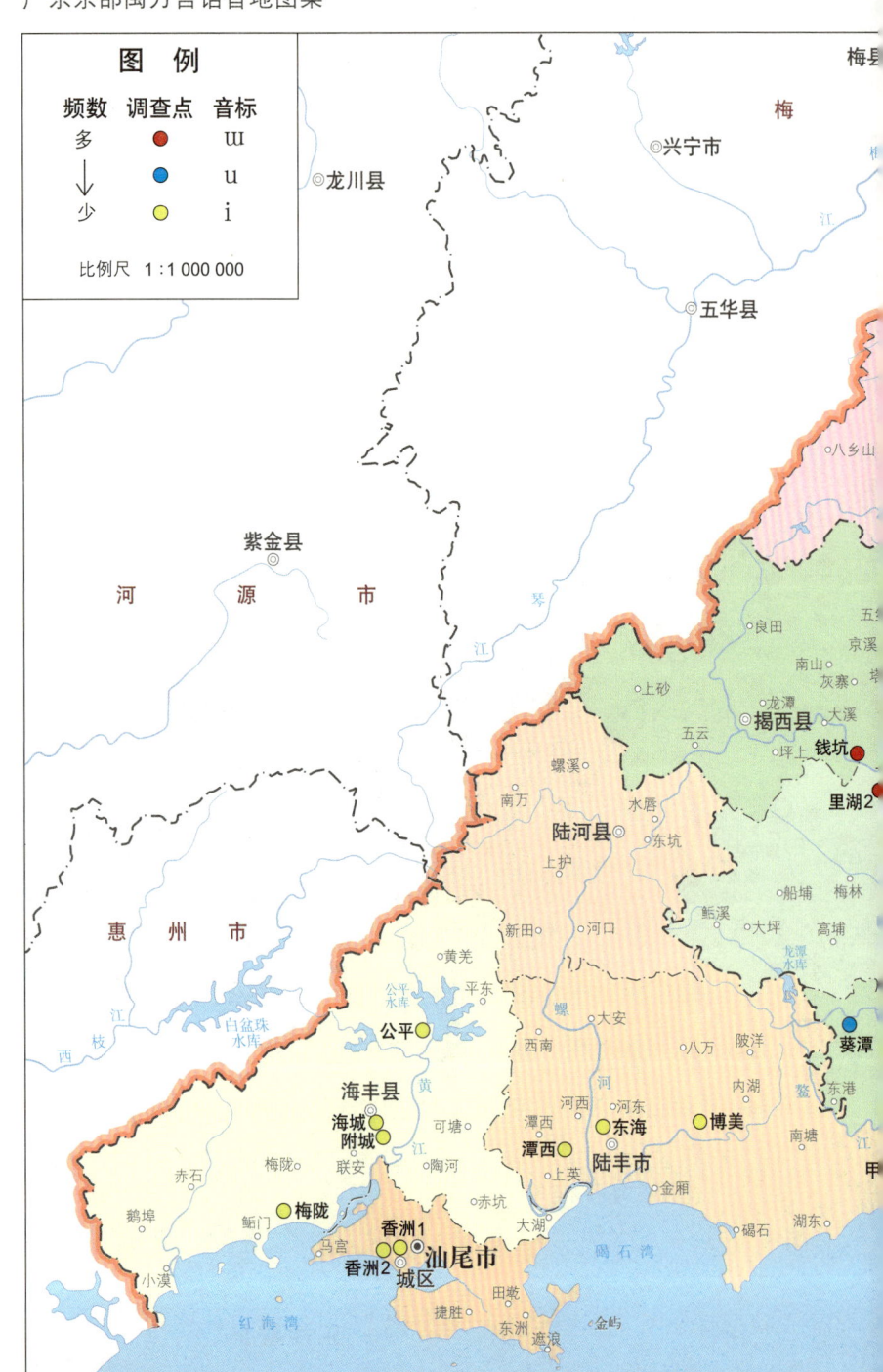

广东东部闽方言语音地图集

图　例

频数	调查点	音标
多	🔴	ɯ
↓	🔵	u
少	🟡	i

比例尺　1:1 000 000

韵母图Y010—鱼鱼

广东东部闽方言语音地图集

图例

频数	调查点	音标
多	🔴	ɯ
↓	🔵	u
少	🟡	i

比例尺 1:1 000 000

韵母图Y011—猪鱼

广东东部闽方言语音地图集

图例

频数	调查点	音标
多	●	u
↓	●	i
少	●	ou

比例尺 1:1 000 000

韵母图Y012—雨(文读，谷雨)麌

广东东部闽方言语音地图集

图 例

频数	调查点	音标
多↓少	🔴	iau
	🔵	iou

比例尺 1:1 000 000

韵母图Y013—柱虞

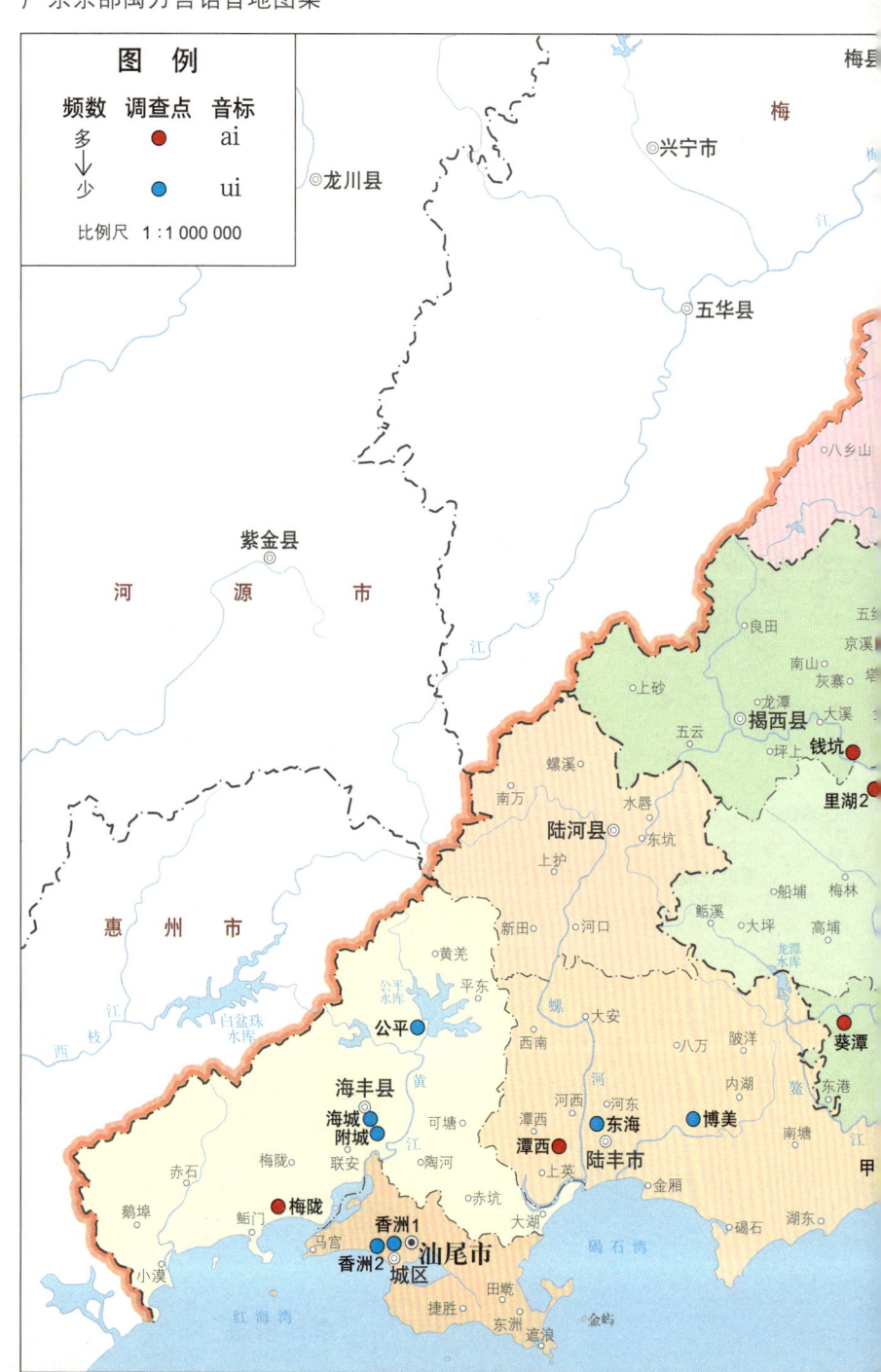

广东东部闽方言语音地图集

图例

频数	调查点	音标
多 ↓ 少	●	ai
	●	ui

比例尺 1:1 000 000

韵母图Y014—开(文读，开心)哈

广东东部闽方言语音地图集

图 例

频数	调查点	音标
多	●	o
↓	●	e
少	●	ɯ

比例尺 1:1 000 000

韵母图Y015—袋代

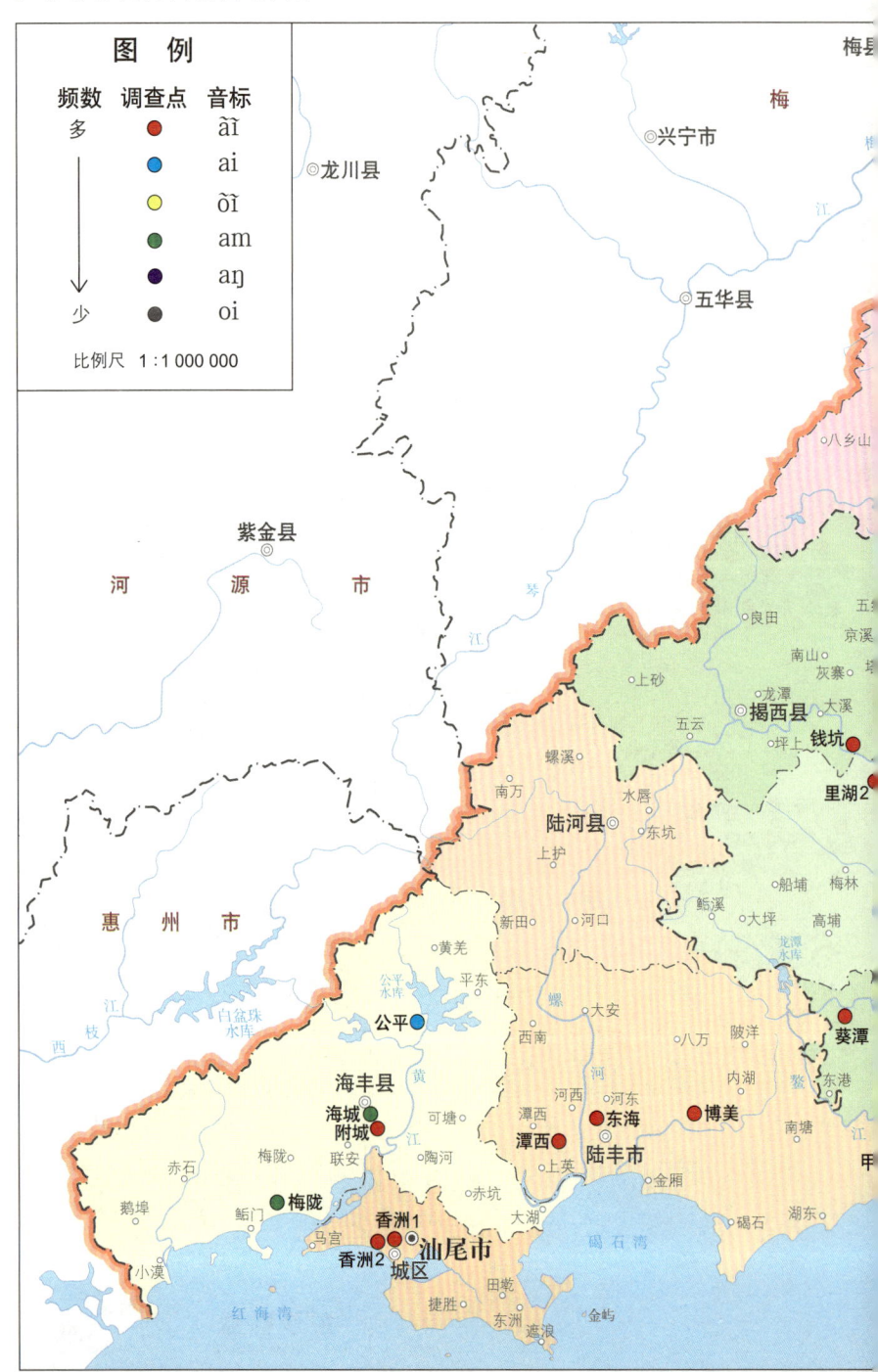

广东东部闽方言语音地图集

图 例

频数	调查点	音标
多	●	ãĩ
↓	●	ai
↓	●	õĩ
↓	●	am
↓	●	aŋ
少	●	oi

比例尺 1:1 000 000

韵母图Y016—盖(动词，盖上)泰

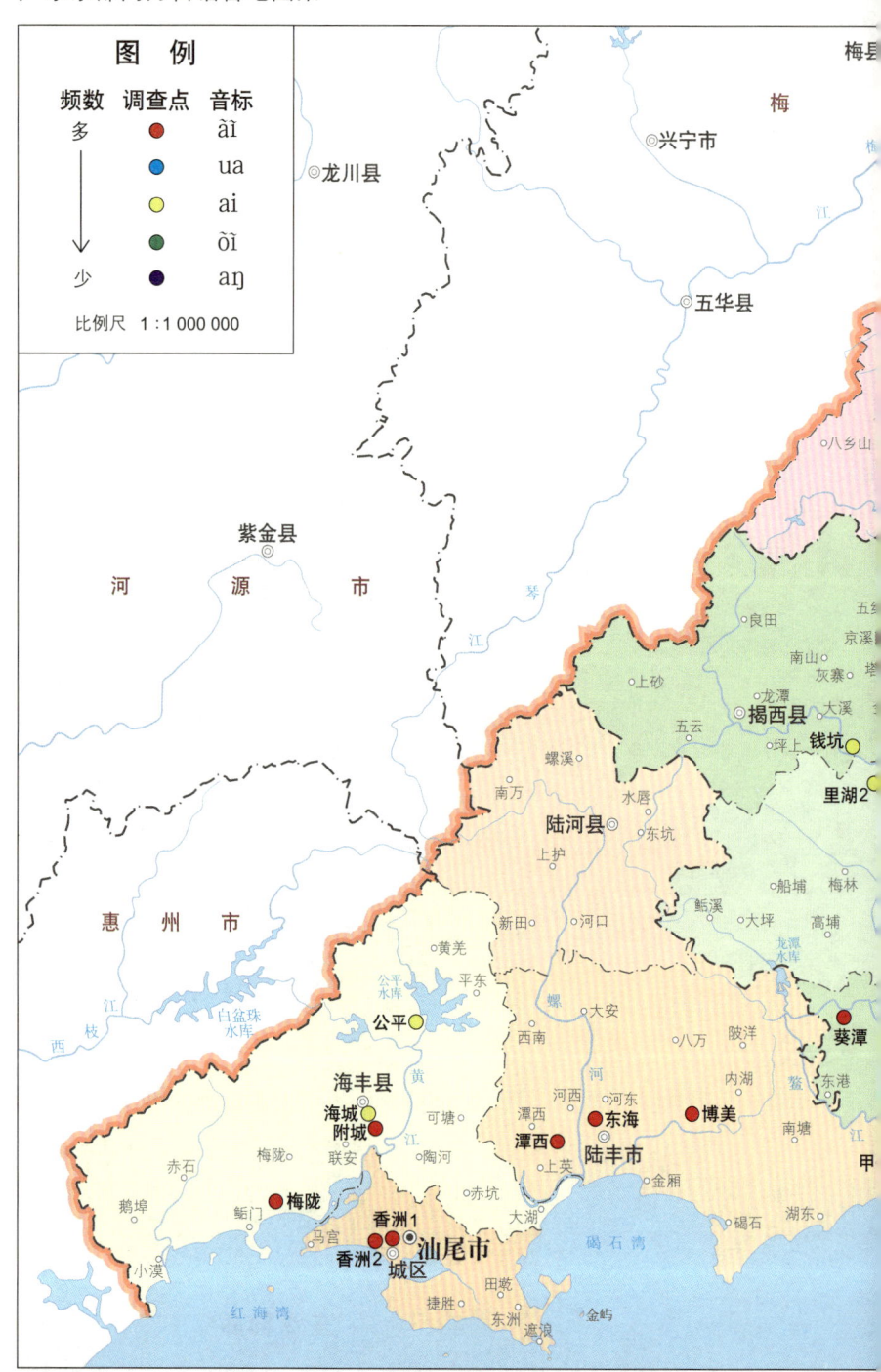

广东东部闽方言语音地图集

图例

频数	调查点	音标
多	🔴	ãĭ
↓	🔵	ua
	🟡	ai
	🟢	õĭ
少	🟣	aŋ

比例尺 1:1 000 000

韵母图Y017—盖(名词，盖子)泰　181

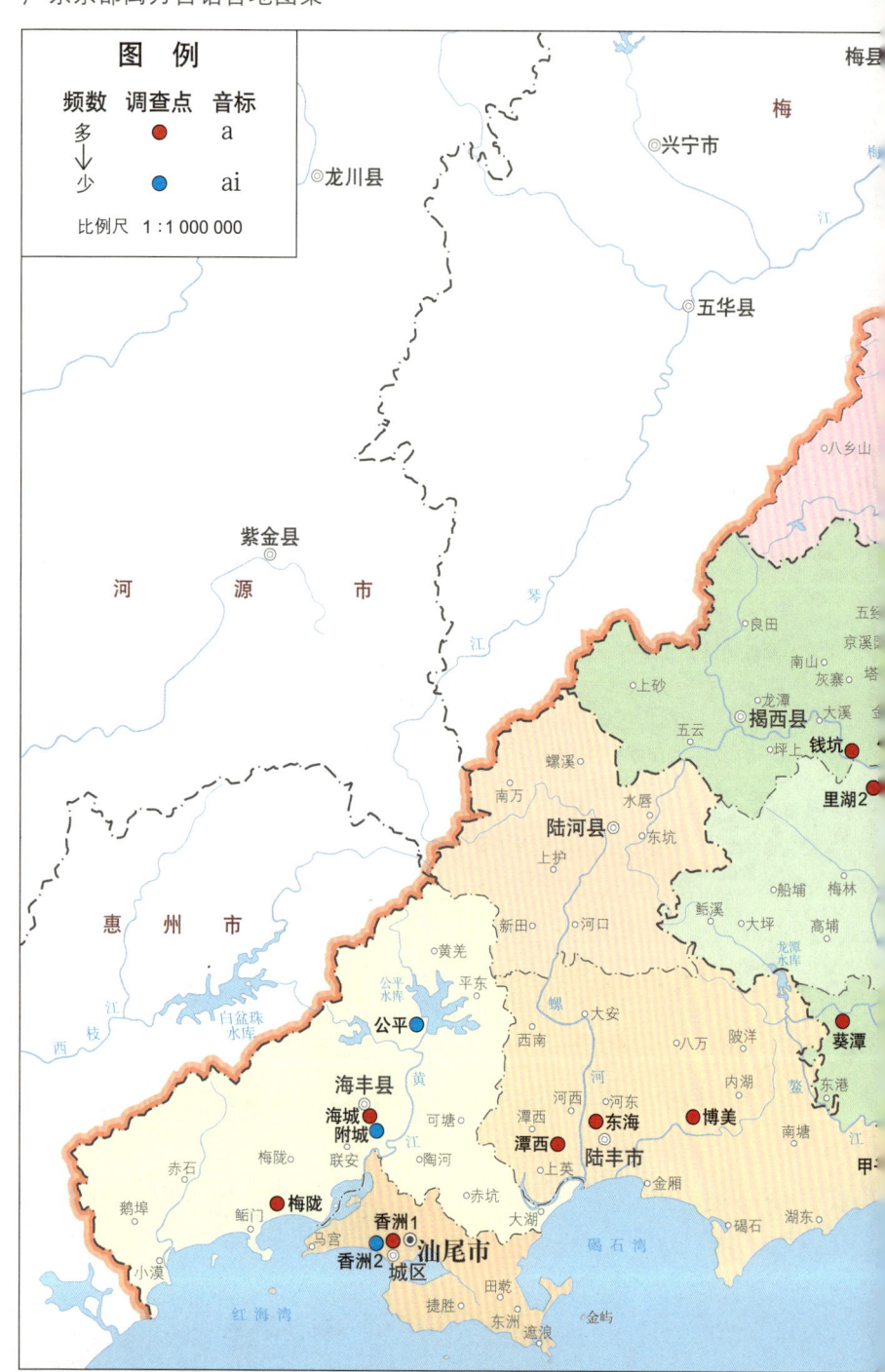

广东东部闽方言语音地图集

图例

频数	调查点	音标
多 ↓ 少	●	a
	●	ai

比例尺 1:1 000 000

韵母图Y018—柴佳

广东东部闽方言语音地图集

韵母图Y019—买蟹

广东东部闽方言语音地图集

图　例

频数	调查点	音标
多	●	ue
↓	●	ui
	●	oi
	●	u
少	●	uei

比例尺　1:1 000 000

韵母图Y020—灰(红毛灰)灰

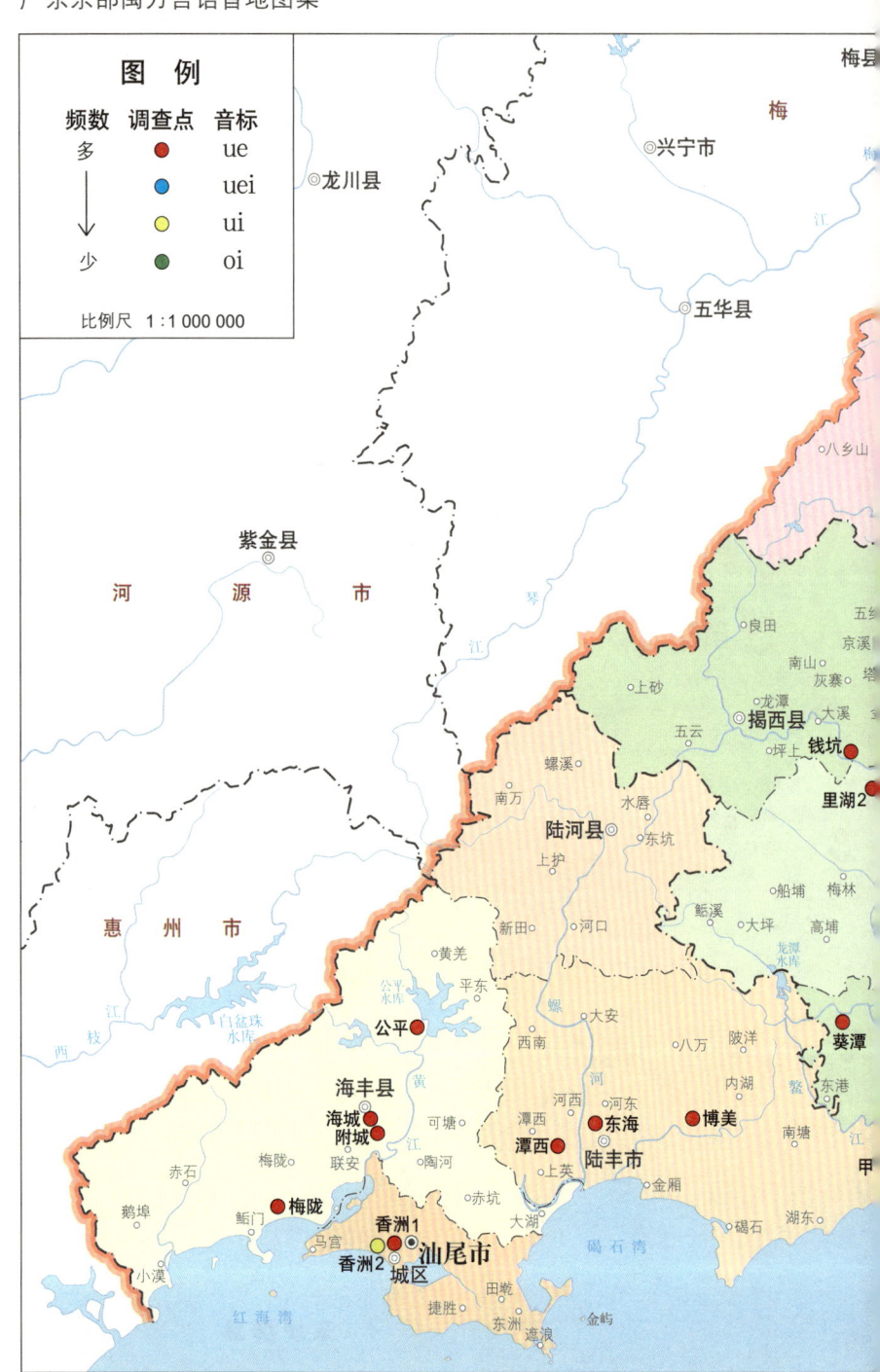

广东东部闽方言语音地图集

图 例

频数	调查点	音标
多	●	ue
↓	●	uei
	●	ui
少	●	oi

比例尺 1:1 000 000

韵母图Y021—罪贿

福建省
云霄县
诏安县

潮州市
湘桥区 城西 枫溪 磷溪 浮洋 江东 沙溪 潮安区 庵埠 凤凰 归湖 赤凤 文祠 登塘 铁铺 高堂 凤翔1 凤翔2 月浦

三饶 新塘 汤溪 浮滨 浮山 新圩 樟溪 联饶 钱东 饶平县 黄冈 所城 柘林 洪洋 建饶 东山

陶隆1 陶隆2 砂田 小胜 潭江 上饶 饶洋 新丰

揭阳市
榕城区 揭东区 玉湖 埔田 锡场 新亨 桂岭 东兴 新兴 洪阳 麒麟 谷饶 西胪 贵屿 陈店 和平 金浦 潮南 峡山 峡山1区 成田 井都 南径 占陇 大坝 军埠

汕头市
金平区 龙湖区 濠江区 潮阳区 金霞 光华 东方 大华 马滘 城南 海山1 海山2 盐鸿 隆都 澄华 澄海区 莲下

南澳县
云澳1 云澳2 南澳岛 勒门列岛

惠来县
隆江 惠城 华湖 靖海1 靖海2 周田 仙庵 雷岭 红场 神泉 前詹 神泉港 海门 海门湾

汕尾市
梅陇 陆丰市 甲子 惠州市

东沙群岛
北卫滩 南卫滩 东沙群岛 东沙岛 东沙礁
1:5 000 000

南 澎 列 岛

南 海

广东东部闽方言语音地图集

图例

频数	调查点	音标
多	● (红)	ue
	● (蓝)	oi
↓	● (黄)	uei
少	● (红/褐)	ue/ui

比例尺 1:1 000 000

韵母图Y022—妹队

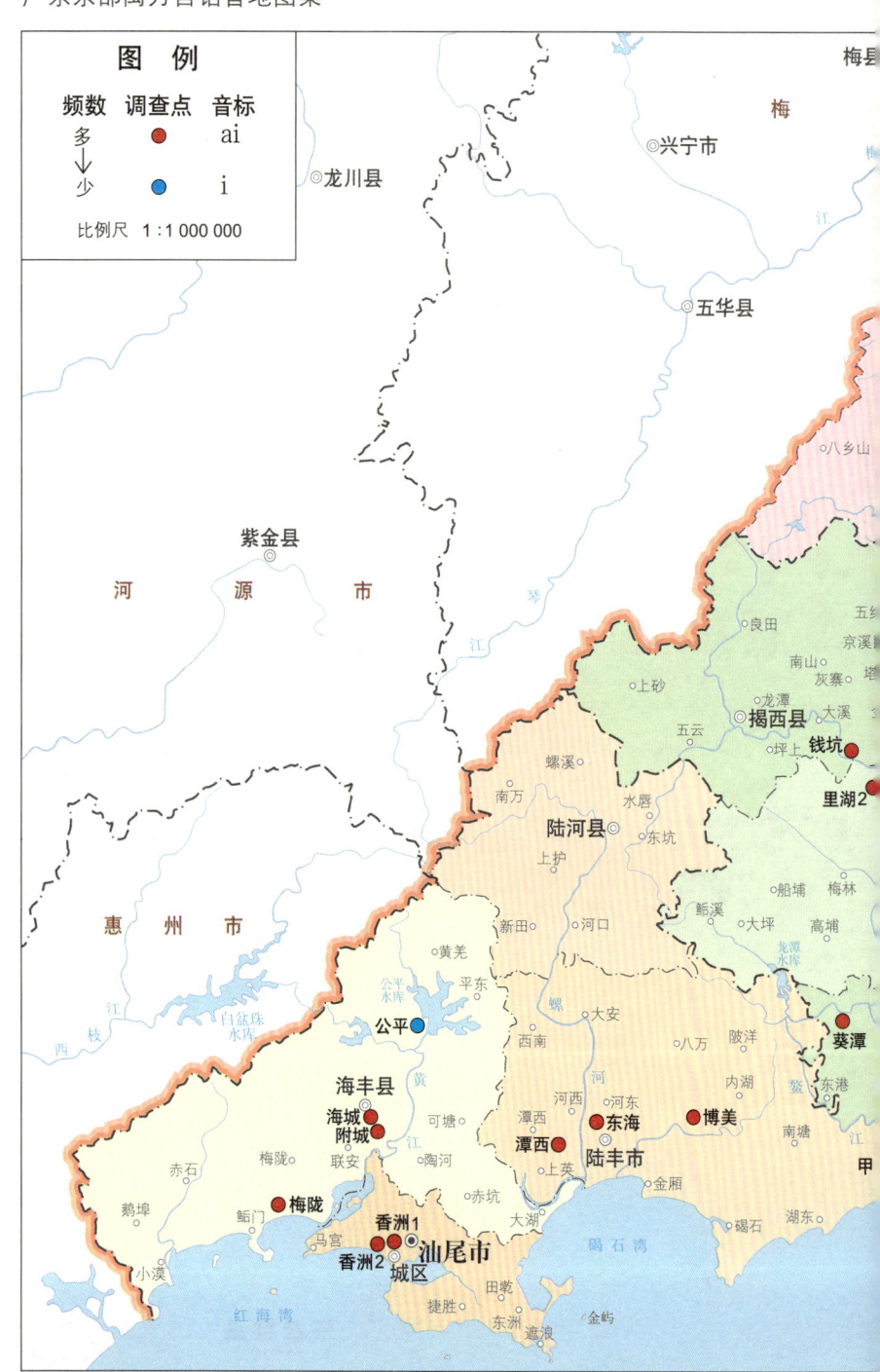

广东东部闽方言语音地图集

图例

频数	调查点	音标
多	●	ai
↓		
少	●	i

比例尺 1:1 000 000

韵母图Y023—梨脂

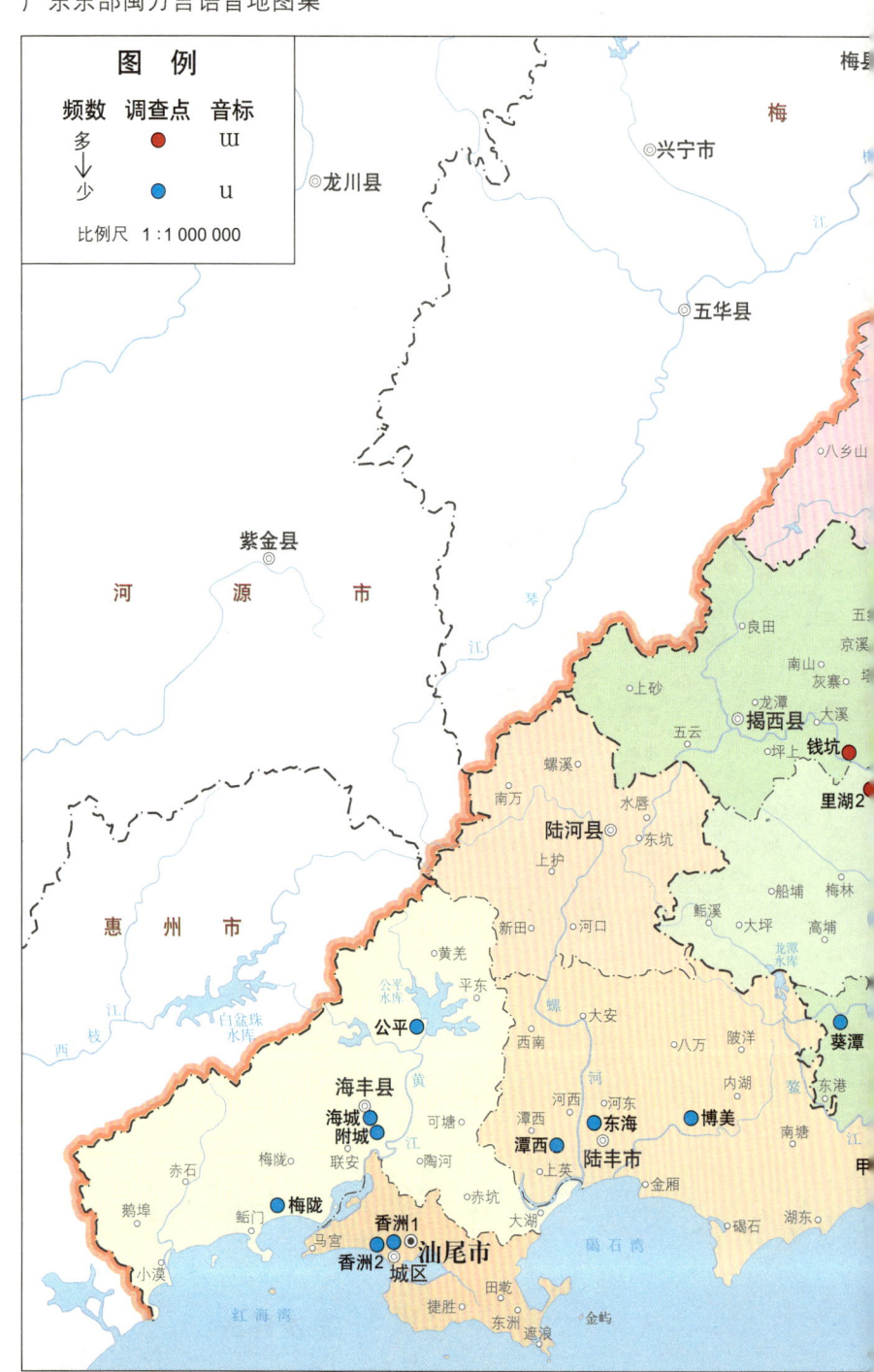

广东东部闽方言语音地图集

图例

频数	调查点	音标
多 ↓ 少	● (红)	ɯ
	● (蓝)	u

比例尺 1:1 000 000

韵母图Y024—师(文读，老师)脂

广东东部闽方言语音地图集

韵母图Y025—丝之

东沙群岛
1:5 000 000

198 广东东部闽方言语音地图集

韵母图Y026—几(白读，有几个？)尾

200

广东东部闽方言语音地图集

图例		
频数	调查点	音标
多	●	i
↓	●	u
少	●	ĩ

比例尺 1:1 000 000

韵母图Y027—紫纸

广东东部闽方言语音地图集

图 例

频数	调查点	音标
多	🔴	ia
↓	🔵	i
少	🟡	ĩã

比例尺 1:1 000 000

韵母图Y028—寄ᵢ

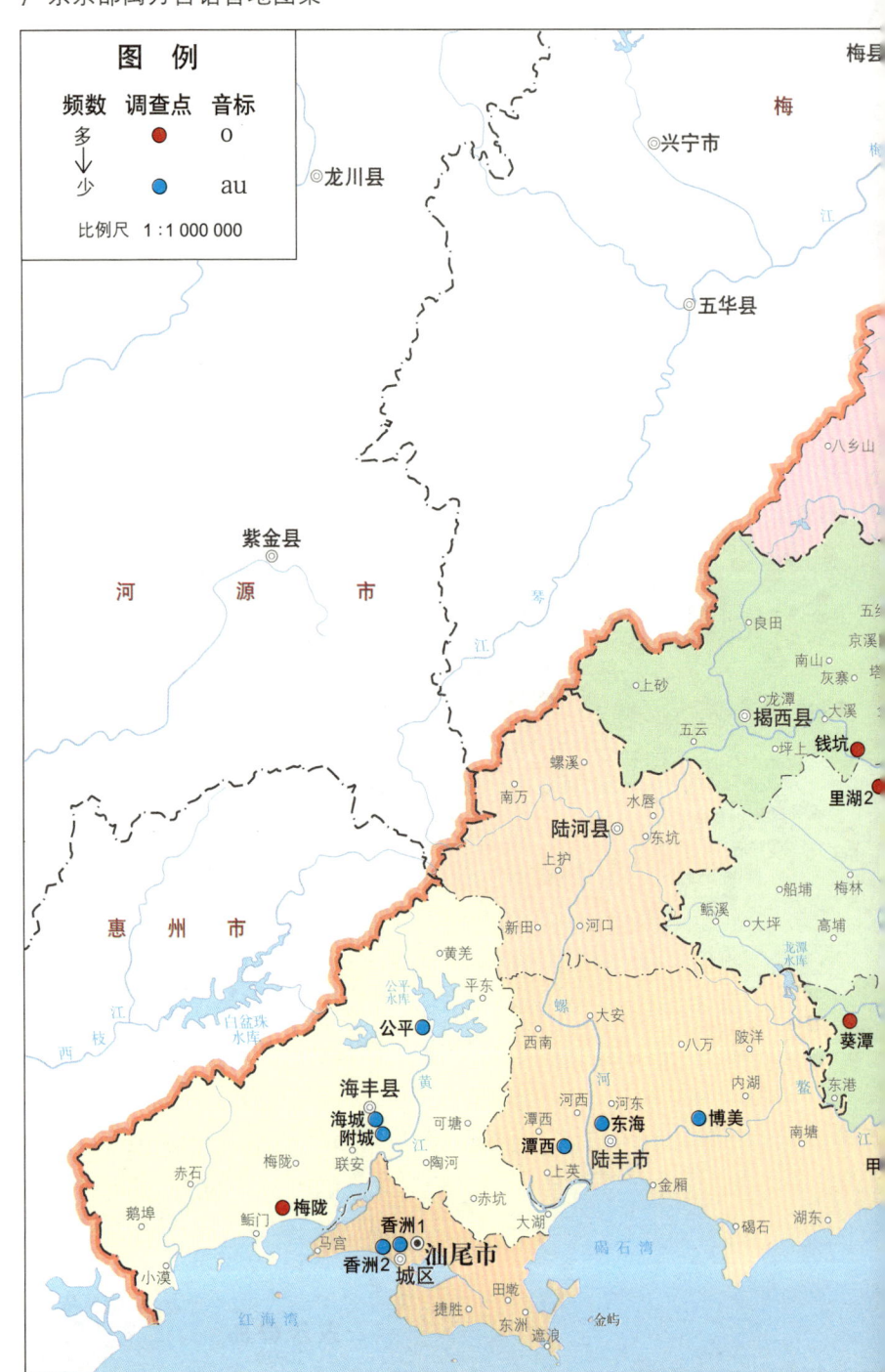

广东东部闽方言语音地图集

图 例

频数	调查点	音标
多 ↓ 少	●	o
	●	au

比例尺 1:1 000 000

韵母图Y029—高(白读，姓)豪

广东东部闽方言语音地图集

韵母图Y030—糙(粗糙，糙米)号

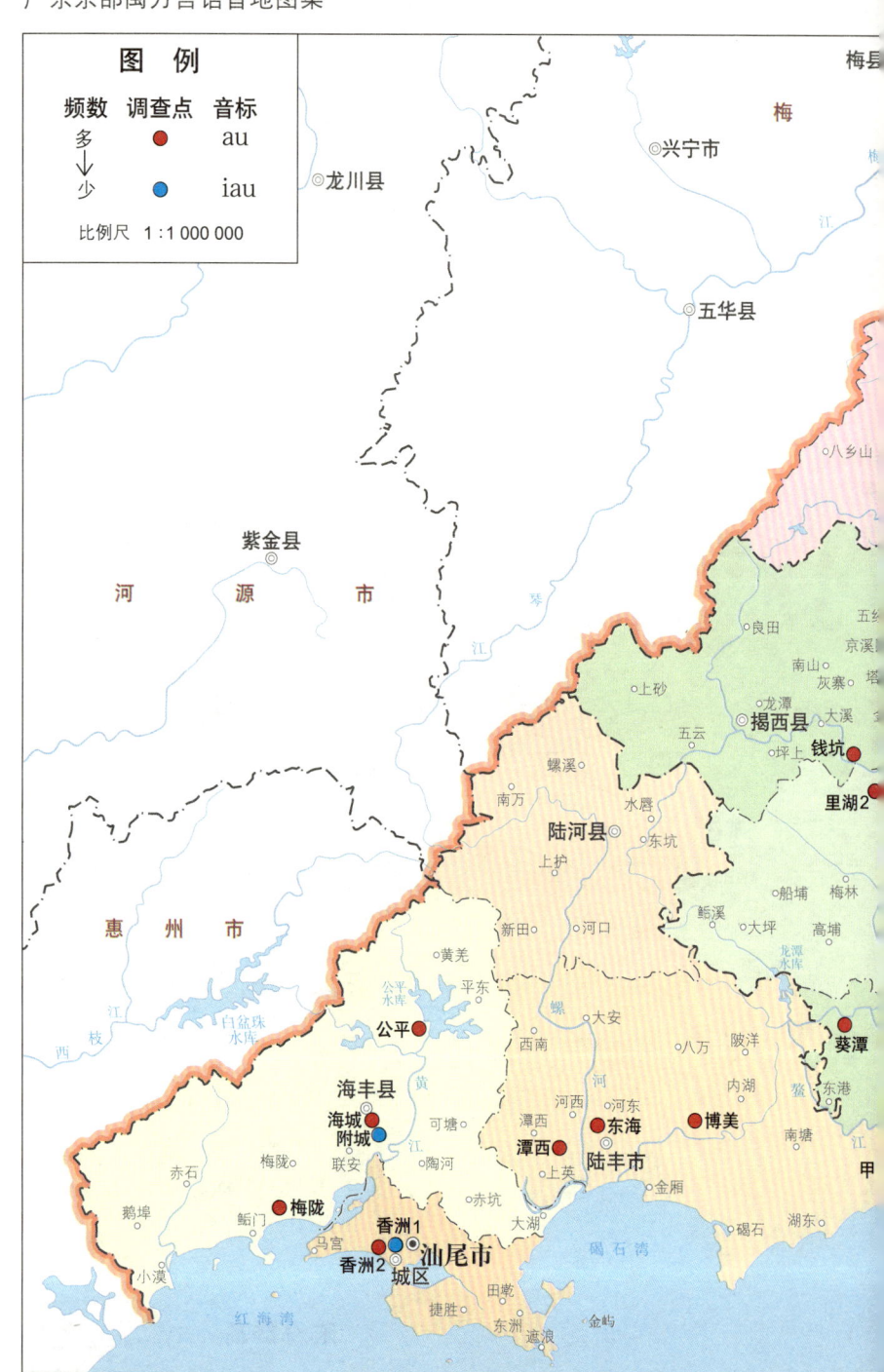

208 广东东部闽方言语音地图集

图例

频数	调查点	音标
多↓少	●	au
	●	iau

比例尺 1:1 000 000

韵母图Y031—罩(文读，笼罩)效

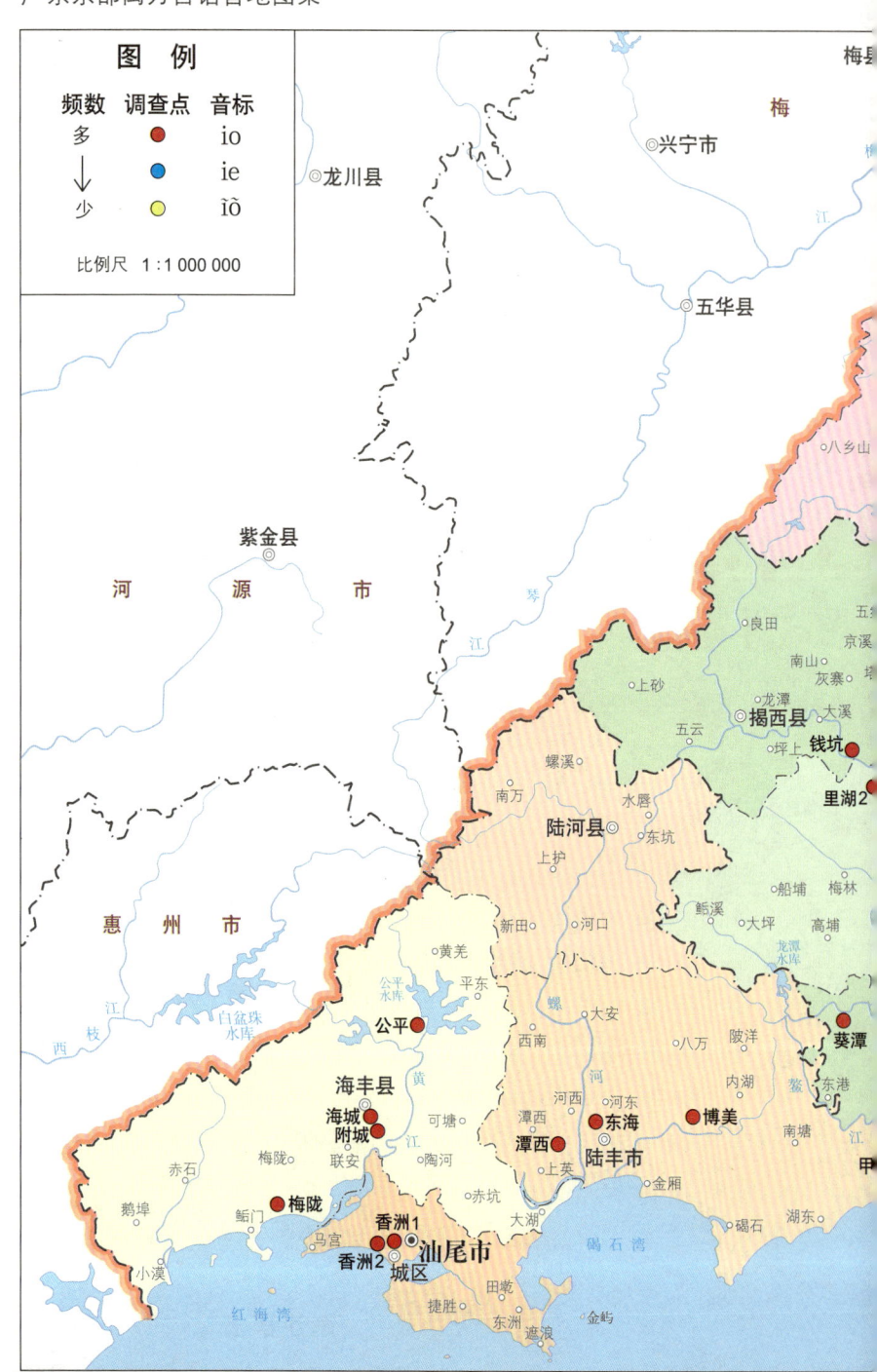

广东东部闽方言语音地图集

图 例

频数	调查点	音标
多	🔴	io
↓	🔵	ie
少	🟡	iõ

比例尺 1:1 000 000

韵母图Y032—照笑

212　广东东部闽方言语音地图集

图例

频数	调查点	音标
多	🔴	iô
	🔵	iê
↓	🟡	io
	🟢	iau
少	🔵	ie

比例尺 1:1 000 000

韵母图Y033—钓啸

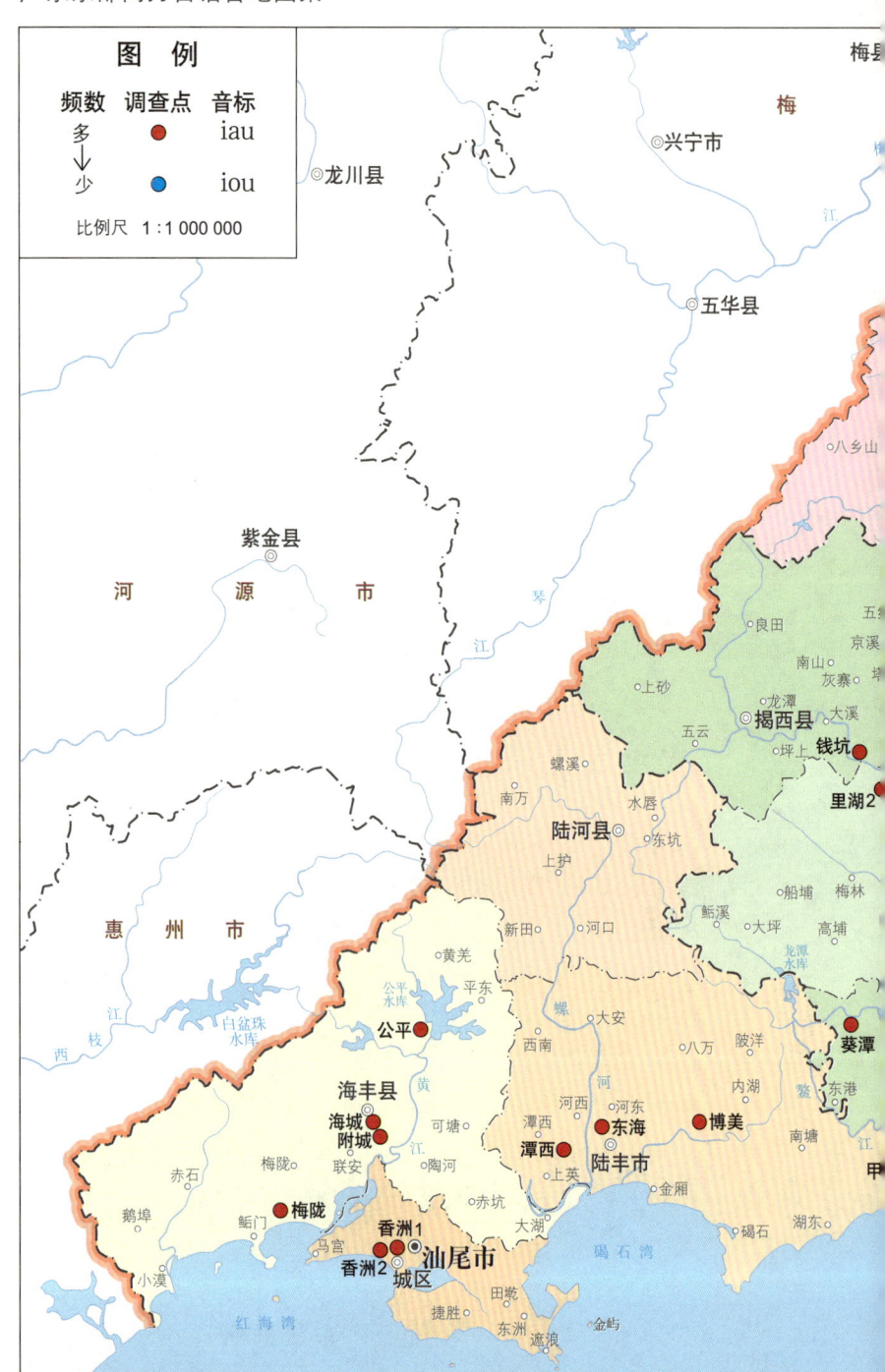

214　广东东部闽方言语音地图集

图 例

频数	调查点	音标
多	🔴	iau
↓		
少	🔵	iou

比例尺 1:1 000 000

韵母图Y034—料啸

216　广东东部闽方言语音地图集

韵母图Y035—区(白读，姓)侯

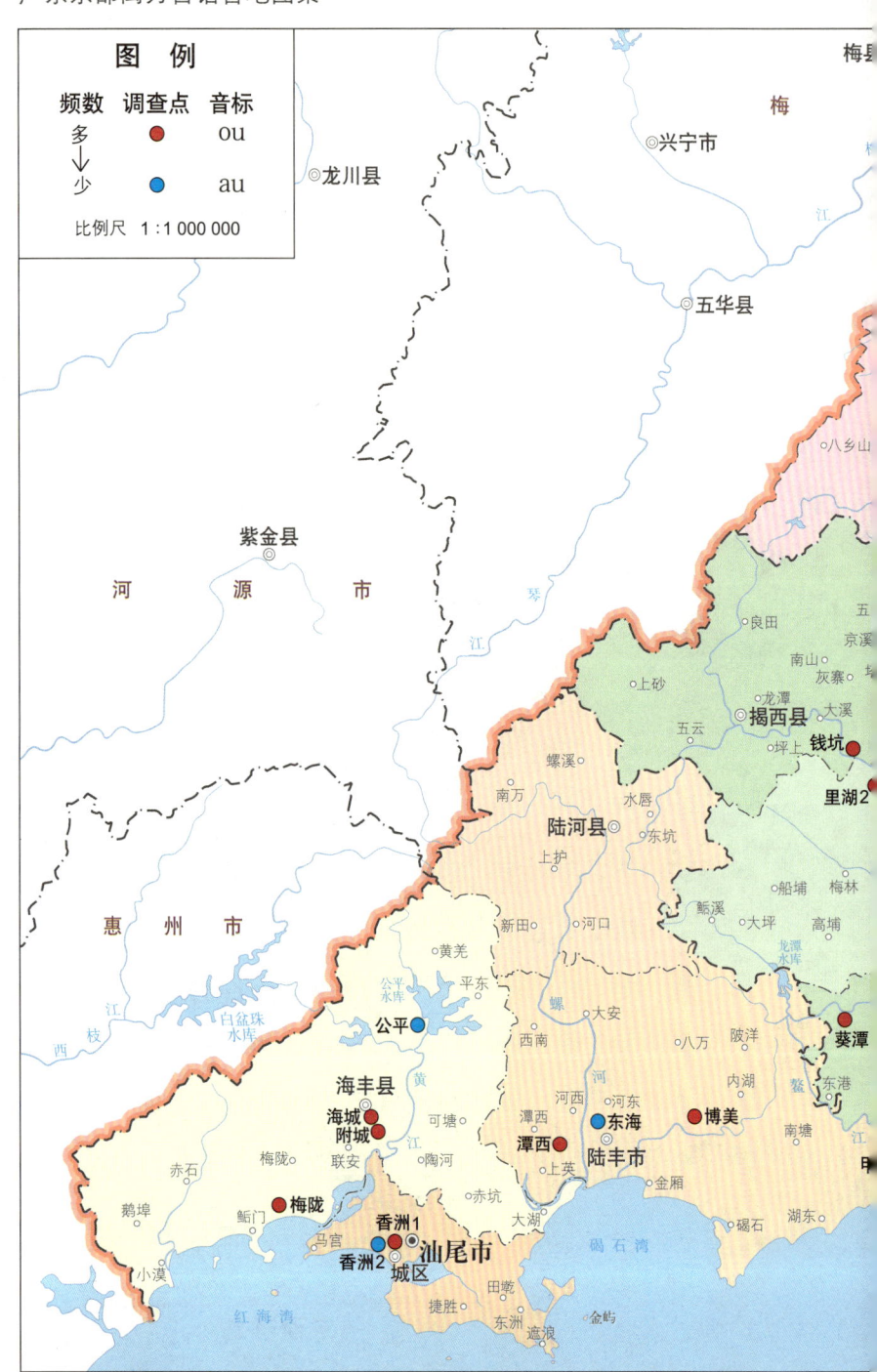

218　广东东部闽方言语音地图集

图例

频数	调查点	音标
多	🔴	ou
↓		
少	🔵	au

比例尺 1:1 000 000

韵母图Y036—后(文读，王后)厚

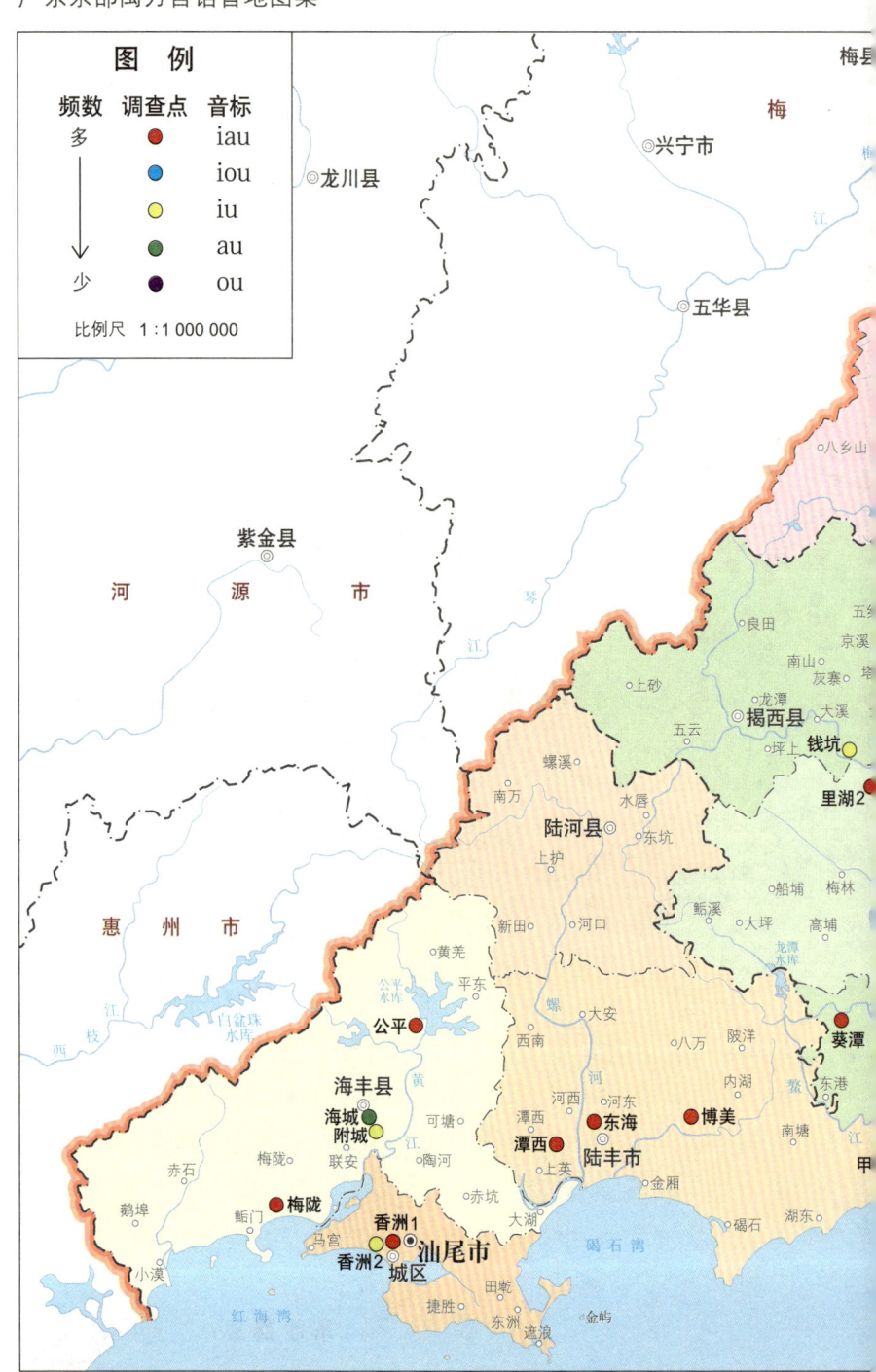

广东东部闽方言语音地图集

图例

频数	调查点	音标
多	●	iau
↓	●	iou
	●	iu
	●	au
少	●	ou

比例尺 1:1 000 000

韵母图Y037—皱(衣服皱)ᴀᵘ

广东东部闽方言语音地图集

图 例

频数	调查点	音标
多	🔴	iau
↓	🔵	iou
	🟡	iu
少	🟢	aŋ

比例尺 1:1 000 000

韵母图Y038—坡(坡眉)有

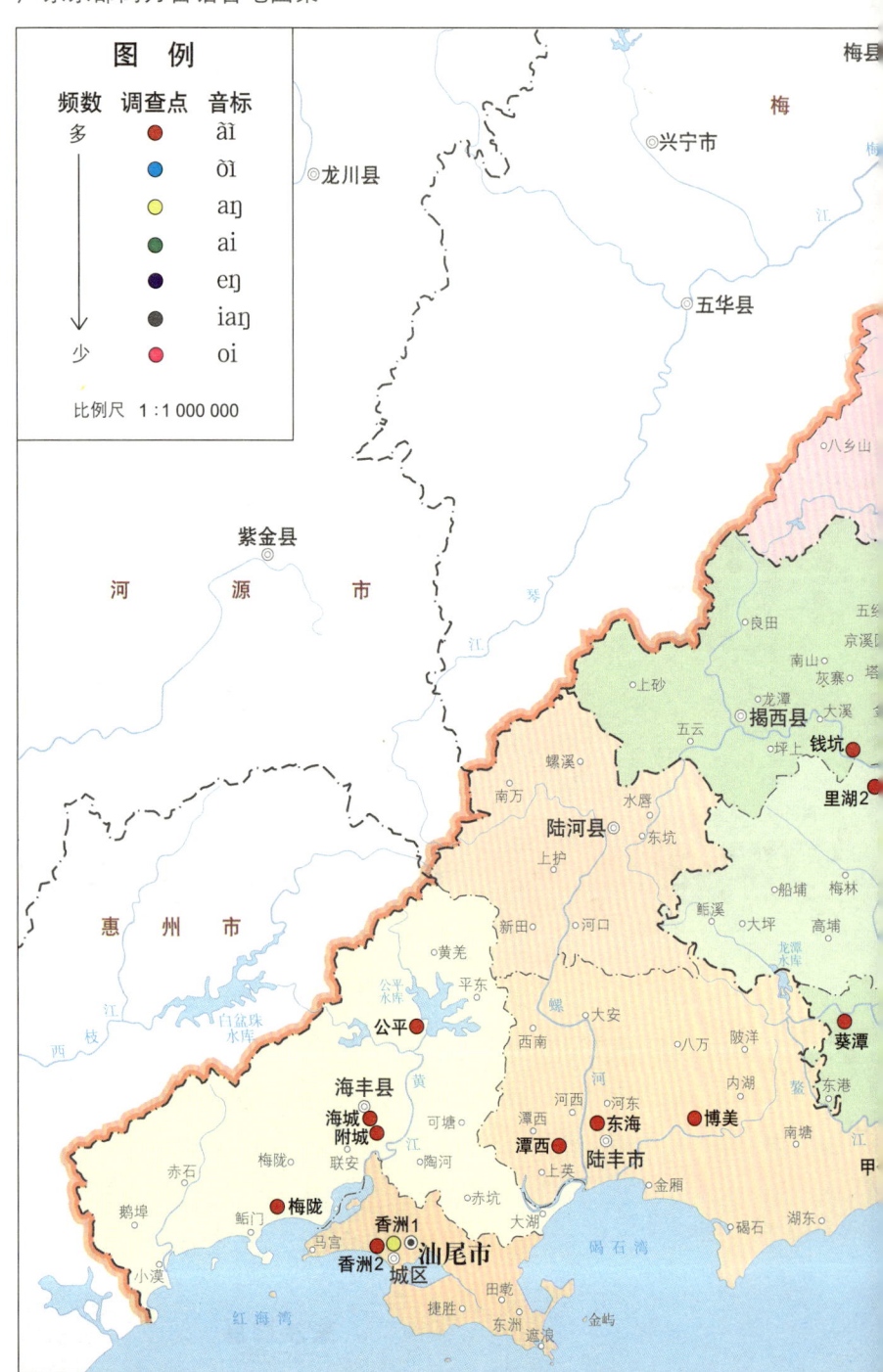

广东东部闽方言语音地图集

图例

频数	调查点	音标
多	●	aĩ
	●	õĩ
	●	aŋ
	●	ai
	●	eŋ
	●	iaŋ
少	●	oi

比例尺 1:1 000 000

韵母图Y039—蚕覃

广东东部闽方言语音地图集

图 例

频数	调查点	音标
多	●	am
↓ 少	●	aŋ

比例尺 1:1 000 000

韵母图Y040—南覃

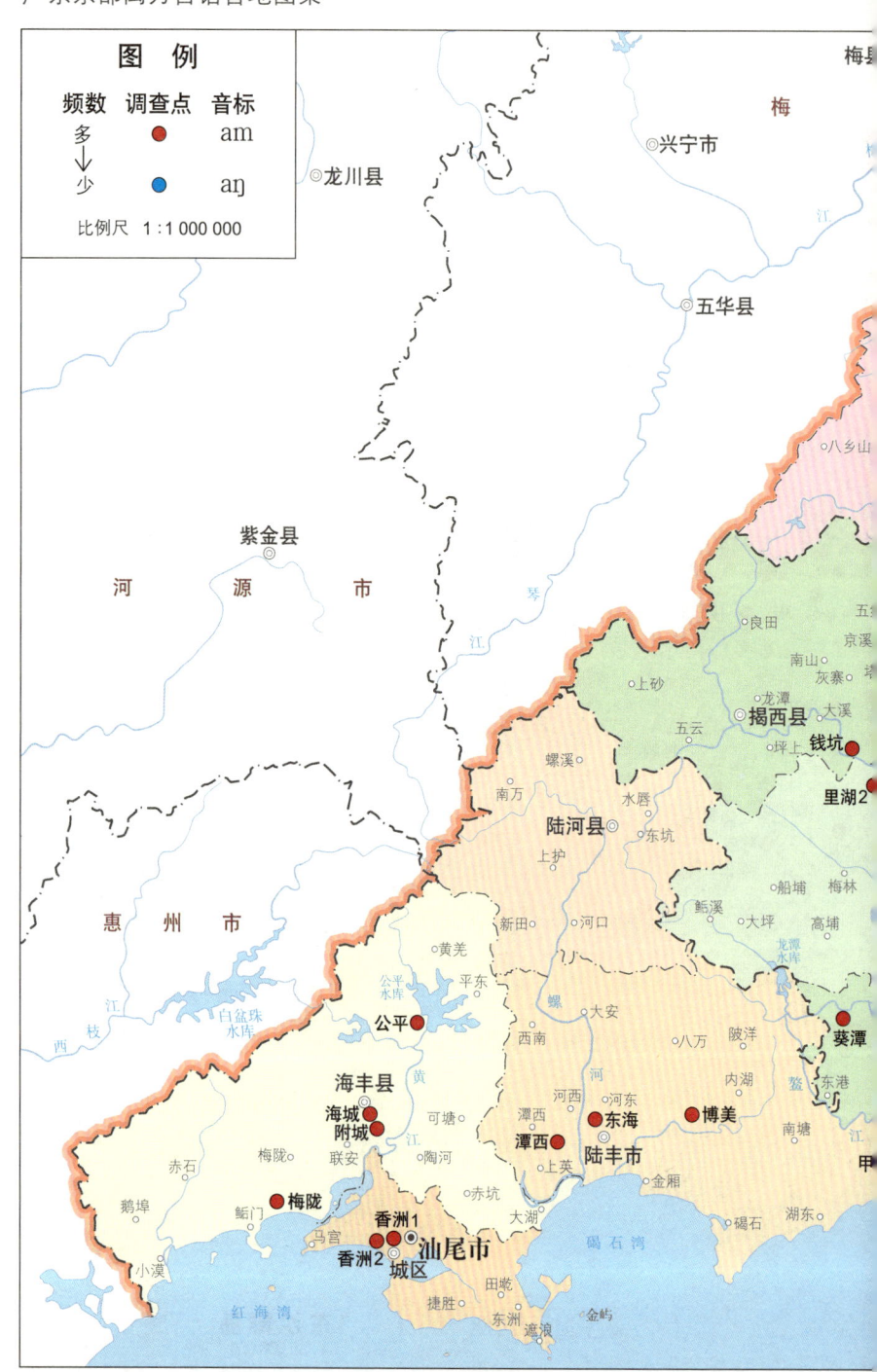

广东东部闽方言语音地图集

图例

频数	调查点	音标
多	●	am
↓ 少	●	aŋ

比例尺 1:1 000 000

韵母图Y041—贪覃

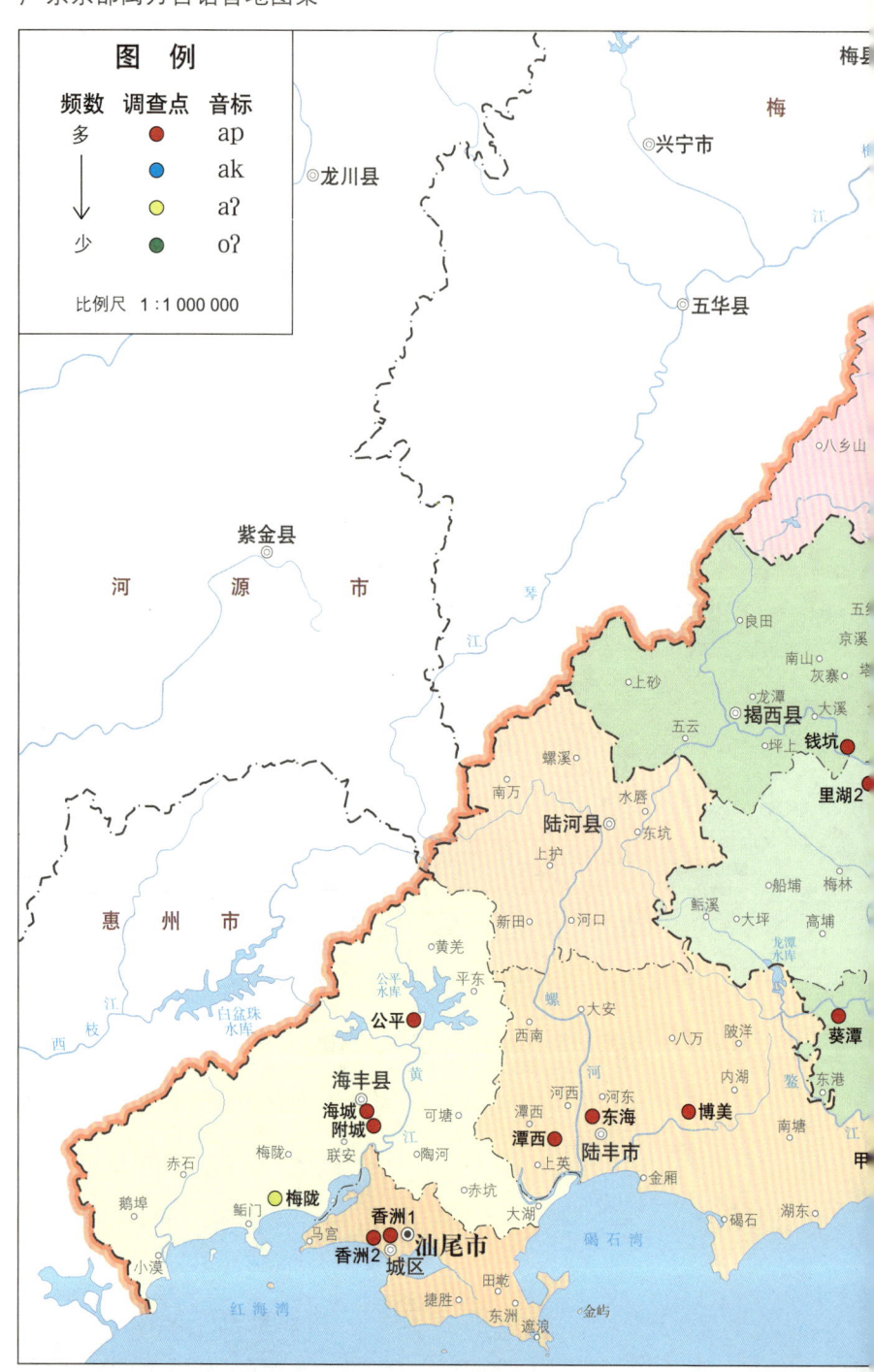

广东东部闽方言语音地图集

图例

频数	调查点	音标
多	●	ap
↓	●	ak
	●	aʔ
少	●	oʔ

比例尺 1:1 000 000

韵母图Y042—鸽合 231

广东东部闽方言语音地图集

图例

频数	调查点	音标
多	●	ap
↓	●	ak
	●	ak/ap
	●	aʔ
少	●	ap/aʔ

比例尺 1:1 000 000

韵母图Y043—盒(烟盒)合

234 广东东部闽方言语音地图集

韵母图Y044—咸(白读,咸淡)咸

235

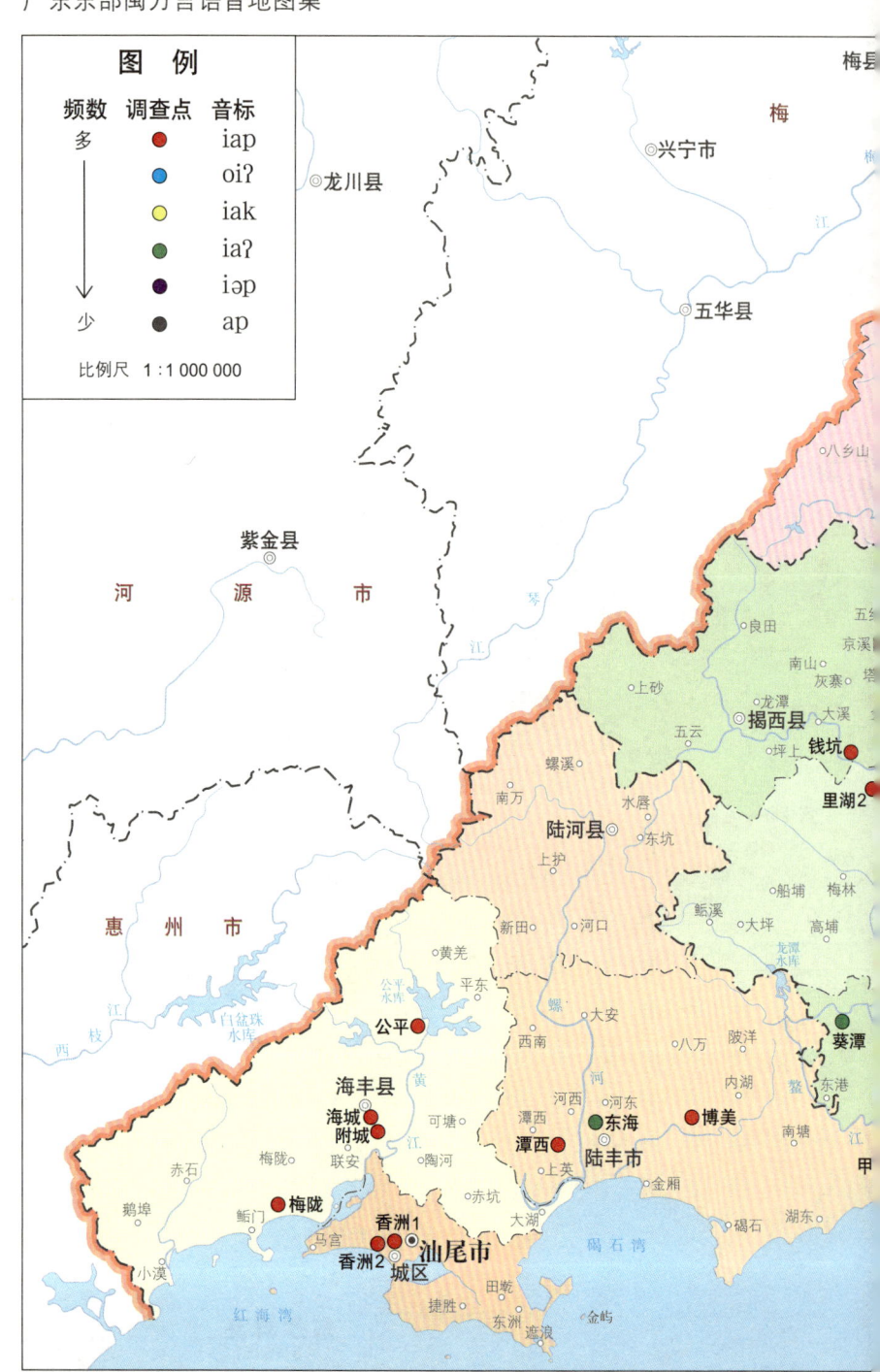

广东东部闽方言语音地图集

图例

频数	调查点	音标
多	●	iap
	●	oiʔ
	●	iak
	●	iaʔ
	●	iəp
少	●	ap

比例尺 1:1 000 000

韵母图Y045—夹洽

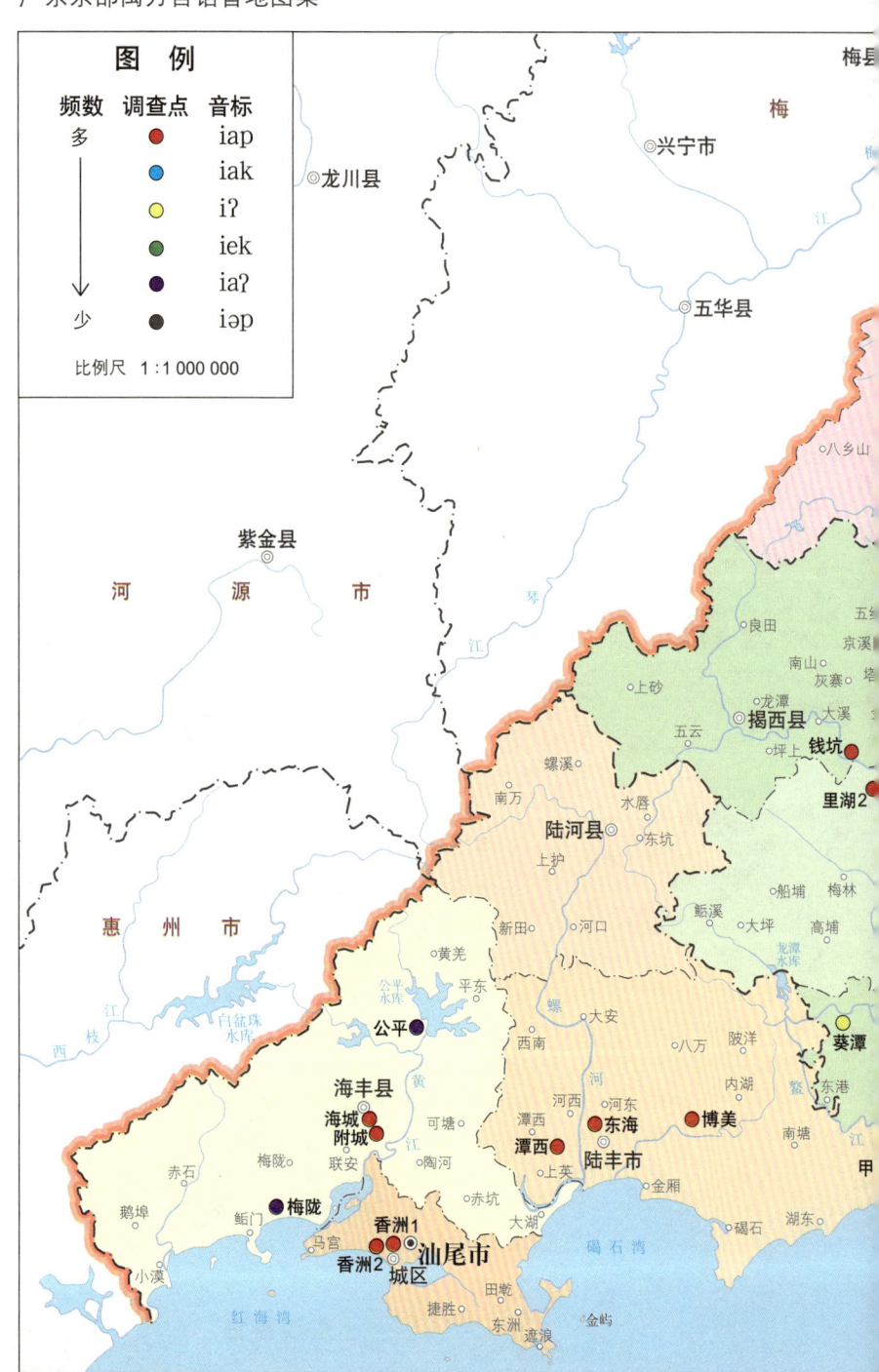

238　广东东部闽方言语音地图集

图例

频数	调查点	音标
多	●	iap
	●	iak
	●	iʔ
	●	iek
	●	iaʔ
少	●	iəp

比例尺　1∶1 000 000

韵母图Y046—接(文读，绳子相接)叶

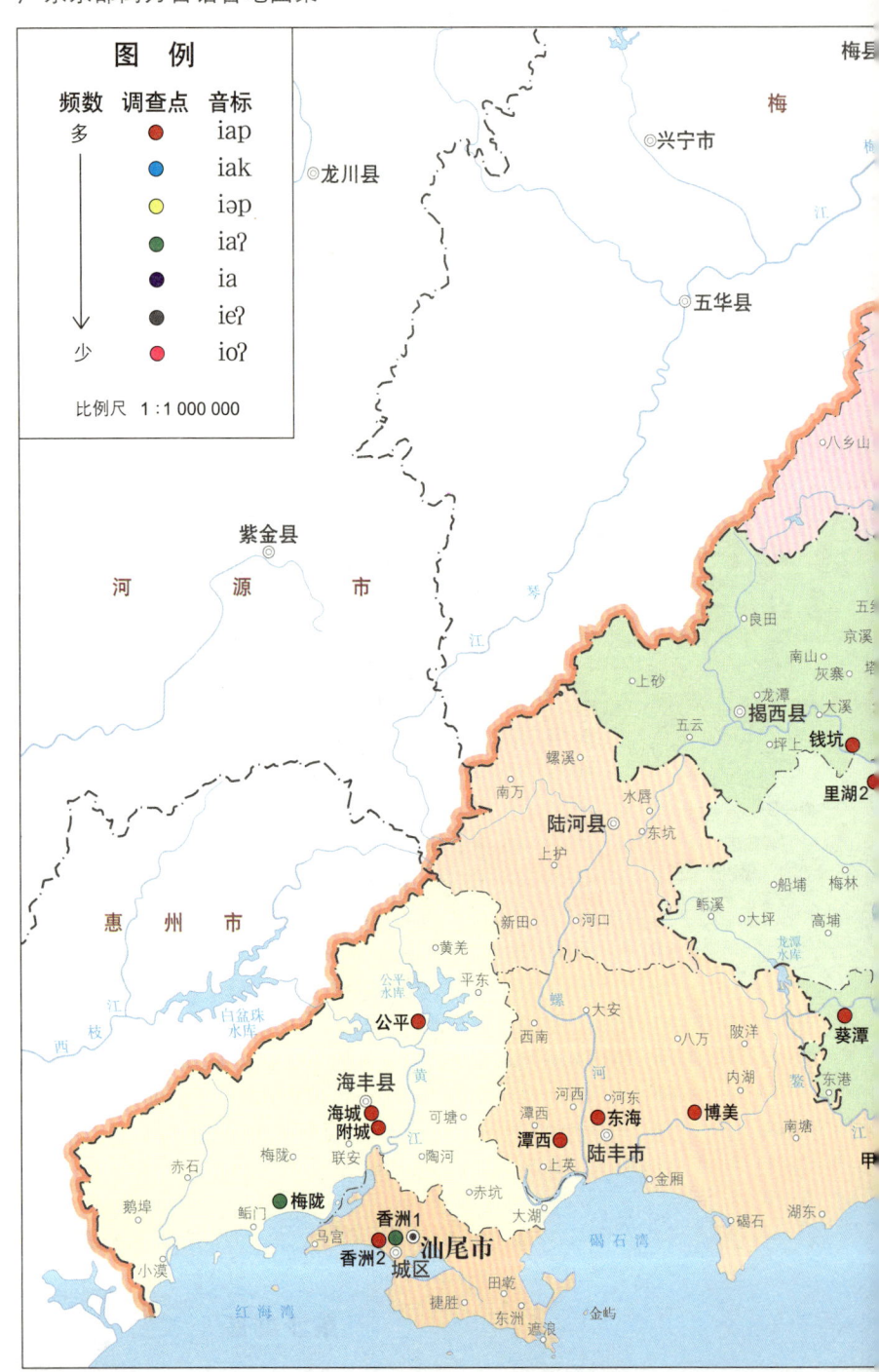

广东东部闽方言语音地图集

图 例

频数	调查点	音标
多 ↑	●	iap
	●	iak
	●	iəp
	●	ia?
	●	ia
	●	ie?
少	●	io?

比例尺 1:1 000 000

韵母图Y047—叶(姓)叶

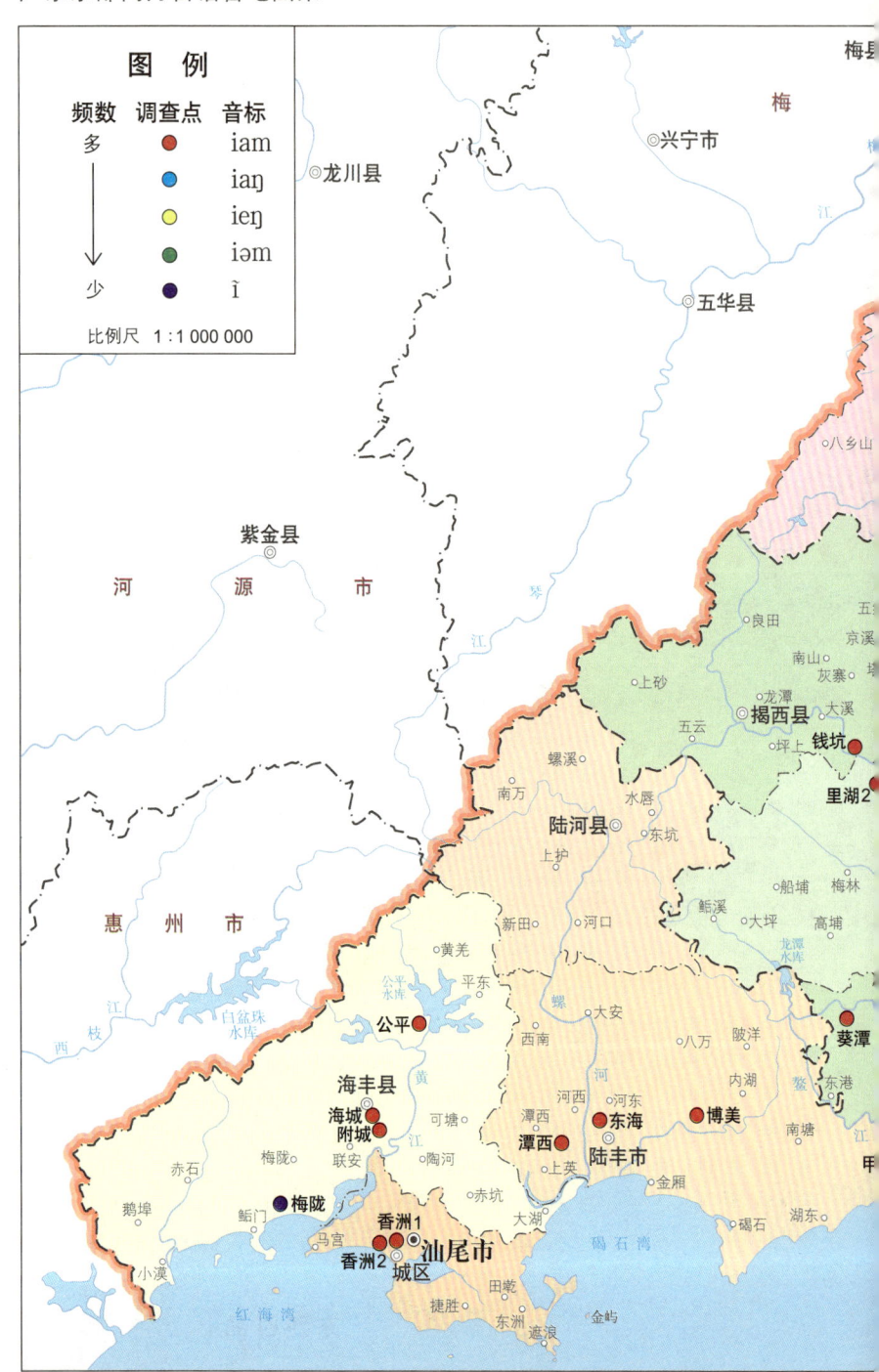

广东东部闽方言语音地图集

图 例

频数	调查点	音标
多	●	iam
	●	iaŋ
	●	ieŋ
	●	iəm
少	●	ĩ

比例尺 1:1 000 000

韵母图Y048—甜添

广东东部闽方言语音地图集

图例

频数	调查点	音标
多	🔴	uaŋ
↓	🔵	uam
少	🟡	aŋ

比例尺 1:1 000 000

韵母图Y049—犯范

广东东部闽方言语音地图集

图例

频数	调查点	音标
多	🔴	uak
↓	🔵	uap
	🟡	uaʔ
	🟢	uat
少	🟣	ak

比例尺 1:1 000 000

韵母图Y050—法(方法)之

248 广东东部闽方言语音地图集

韵母图Y051—参(参差)侵

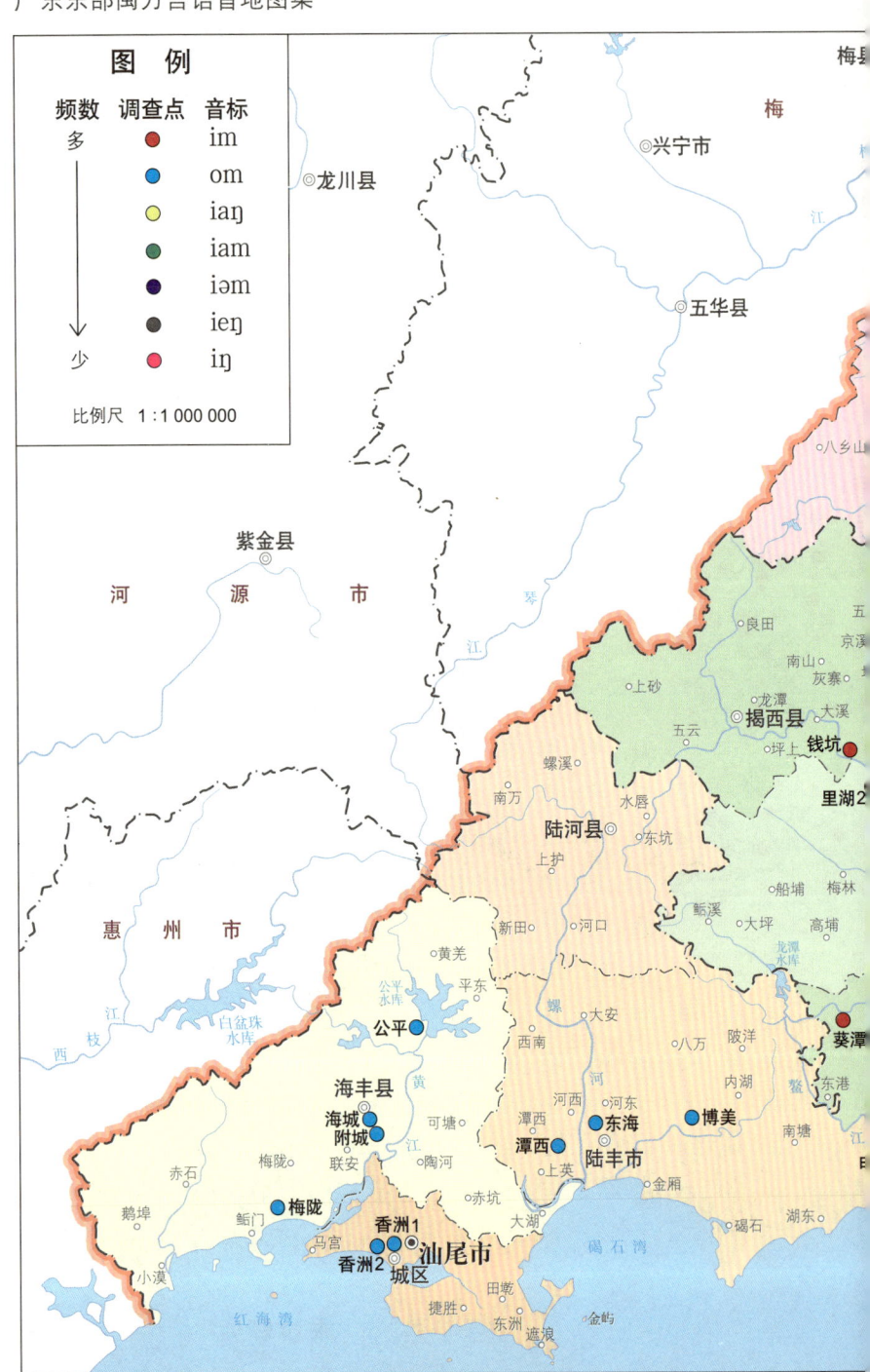

广东东部闽方言语音地图集

图例

频数	调查点	音标
多	🔴	im
	🔵	om
	🟡	iaŋ
	🟢	iam
	🟣	iəm
	⚫	ieŋ
少	🌸	iŋ

比例尺 1:1 000 000

韵母图Y052—参(人参)侵

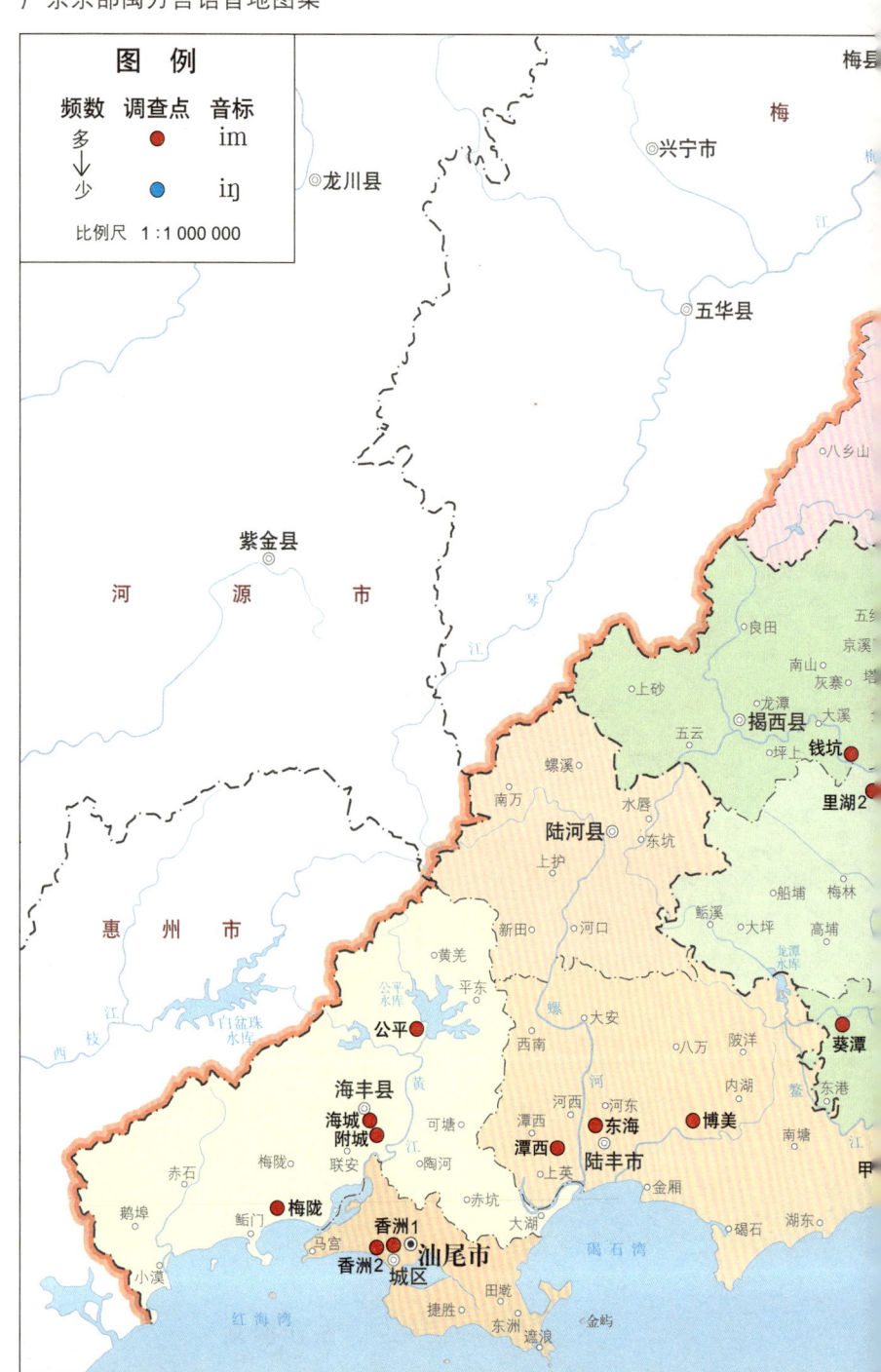

广东东部闽方言语音地图集

图例

频数	调查点	音标
多 ↓ 少	●	im
	●	iŋ

比例尺 1:1 000 000

韵母图Y053—心侵

广东东部闽方言语音地图集

图 例

频数	调查点	音标
多	●	ip
↓	●	ik
少	◐	ip/ik

比例尺 1:1 000 000

韵母图Y054—急辑

广东东部闽方言语音地图集

图 例

频数	调查点	音标
多	●	ip
↓少	●	ik

比例尺 1:1 000 000

韵母图Y055—立辑

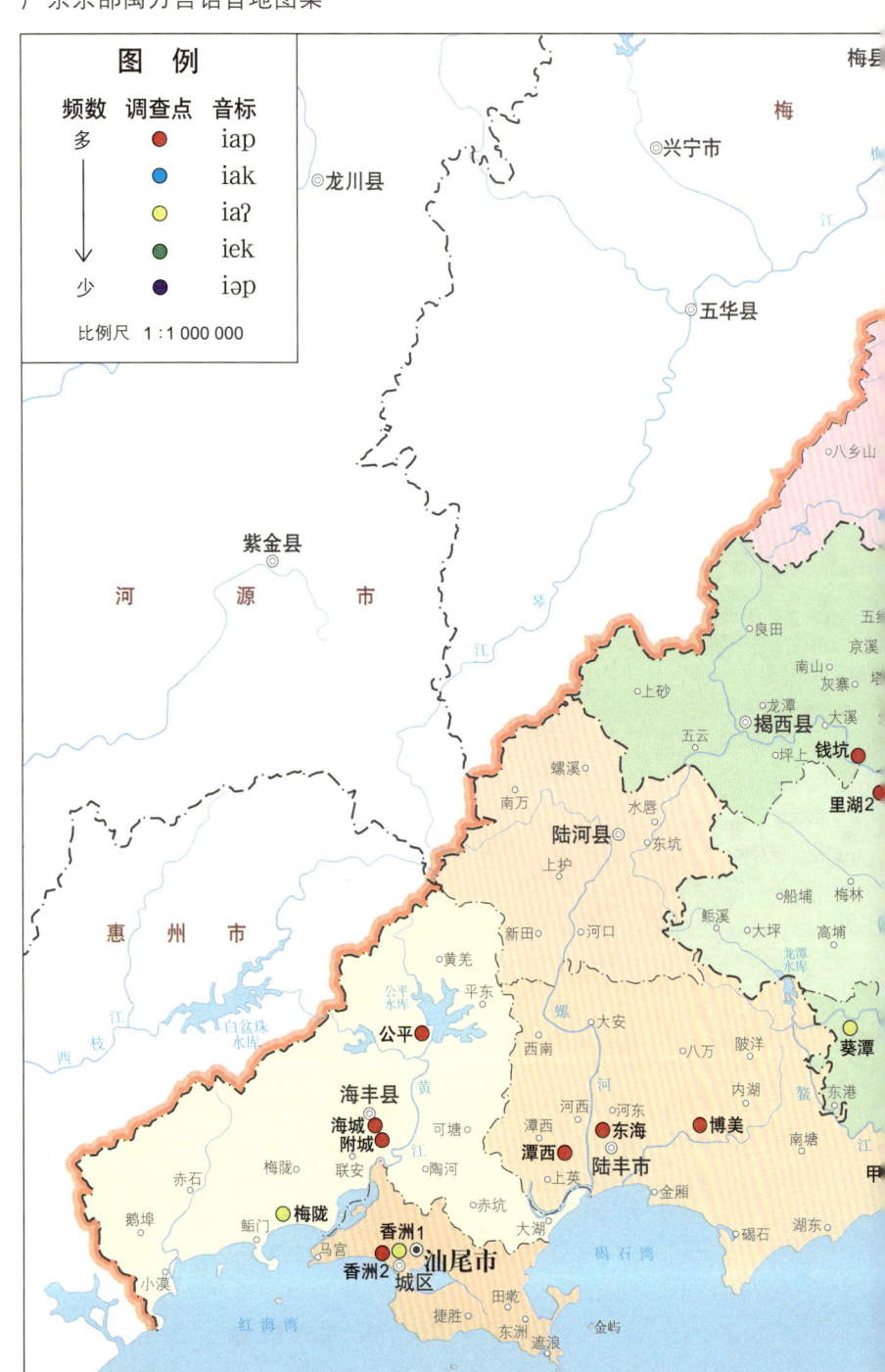

广东东部闽方言语音地图集

图例

频数	调查点	音标
多	●	iap
	●	iak
	●	iaʔ
	●	iek
少	●	iəp

比例尺 1:1 000 000

韵母图Y056—粒 辑

广东东部闽方言语音地图集

图 例

频数	调查点	音标
多	●	ap
↓	●	ak
	●	aʔ
	◐	aʔ/ap
少	◐	ak/ap

比例尺 1:1 000 000

韵母图Y057—十辑

广东东部闽方言语音地图集

韵母图Y058—安(白读，安全)寒

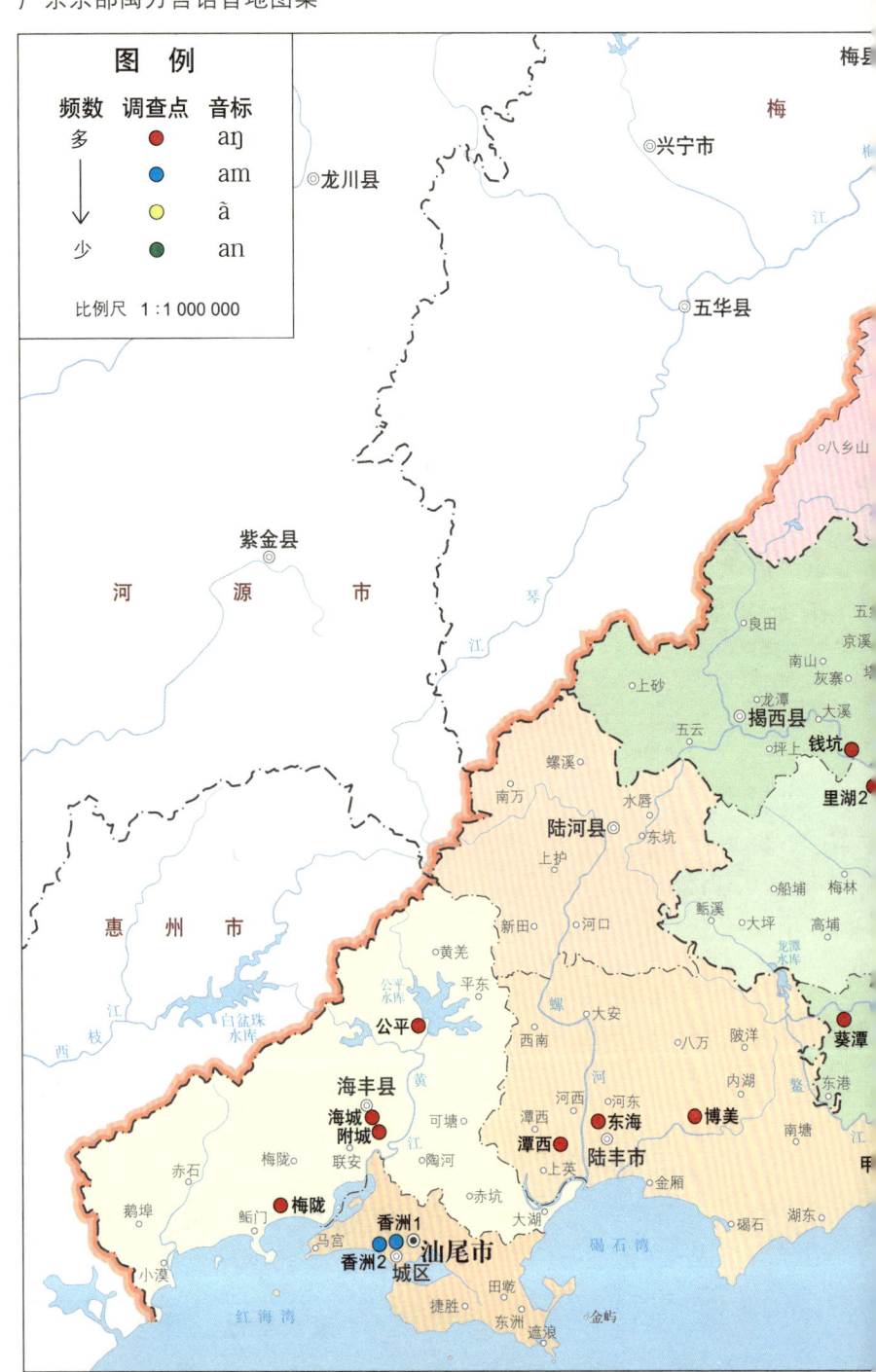

广东东部闽方言语音地图集

图例

频数	调查点	音标
多	🔴	aŋ
↓	🔵	am
	🟡	ã
少	🟢	an

比例尺 1:1 000 000

韵母图Y059—兰寒

266 广东东部闽方言语音地图集

图 例

频数	调查点	音标
多	●	aĩ
↓	●	õĩ
↓	●	eŋ
↓	●	aŋ
少	●	oi

比例尺 1:1 000 000

韵母图Y060—间(白读，量词)山

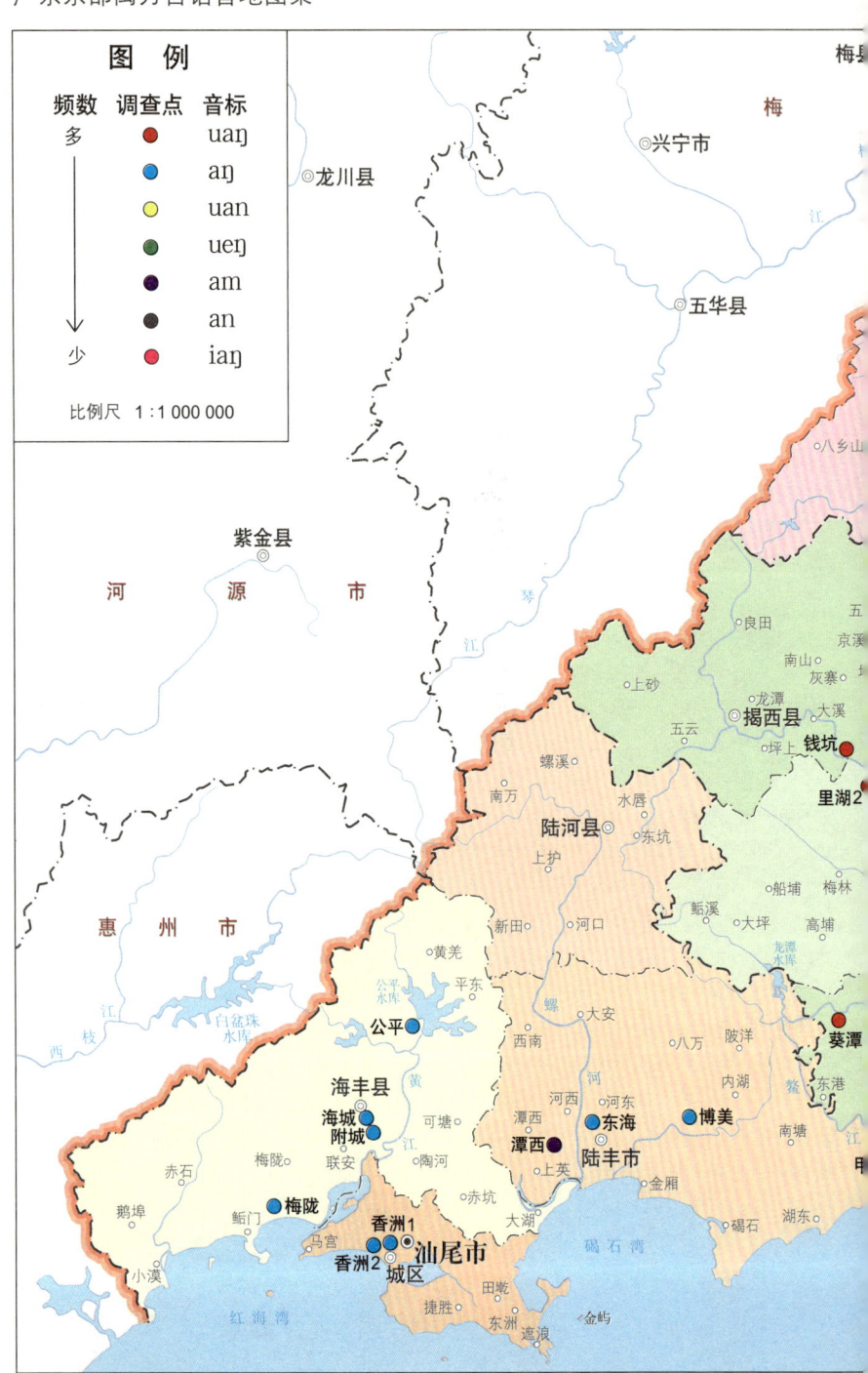

广东东部闽方言语音地图集

图 例

频数	调查点	音标
多	●	uaŋ
↑	●	aŋ
	●	uan
	●	ueŋ
	●	am
↓	●	an
少	●	iaŋ

比例尺 1:1 000 000

韵母图Y061—颜(颜色)删

福建省

砂田 上饶 云霄县
小胜 饶洋 诏安县
潭江 新丰
龙岗 建饶
大龙华 三饶
黄金 新塘
良 凤凰 汤溪 东山
潘田 赤凤 浮滨 浮山
陌隍1 归湖 新圩
陌隍2 归湖 樟溪 联饶
文祠 浮山
丰顺县 高堂 钱东
玉湖 潮州市 城西 铁铺 饶平县 黄冈
埔田 湘桥区 磷溪 所城
锡场 揭东区 柘林
新亨 浮洋 盐鸿
桂岭 玉浦 江东 隆都 海里 海山1
东兴 登岗 沙溪 莲下 海山2
揭阳市 台
新兴 榕城区 潮安区 澄海 云澳2
金灶 庵埠 凤翔1 南澳岛 南澳县
洪阳 麒麟 关埠 月浦 凤翔2 云澳1
大坝 西胪 地都 金平区 金霞 勒
谷饶 龙湖区 光华 门
南径 河浦 汕头市 东方 列
占陇 贵屿 磬石 濠江区 大华 岛
军埠 陈店 潮阳区 马滘 广澳
峡山2 和平 金浦 城南 南
峡山1 潮南区 井都 滨海 澎
成田 海门 列
红场 海门湾 岛
雷岭 仙庵
隆江 惠城 周田 梅陇 陆丰市 甲子
华湖 靖海2 汕尾市
惠来县 靖海1 惠州市
隆江 神泉
神泉港 前詹

南 海

东沙群岛
北卫滩
南卫滩 东沙群岛
东沙礁
东沙群岛 东沙岛
1 : 5 000 000

广东东部闽方言语音地图集

图 例

频数	调查点	音标
多	●	ũã
↓	●	aŋ
少	●	ua

比例尺 1:1 000 000

韵母图Y062—产

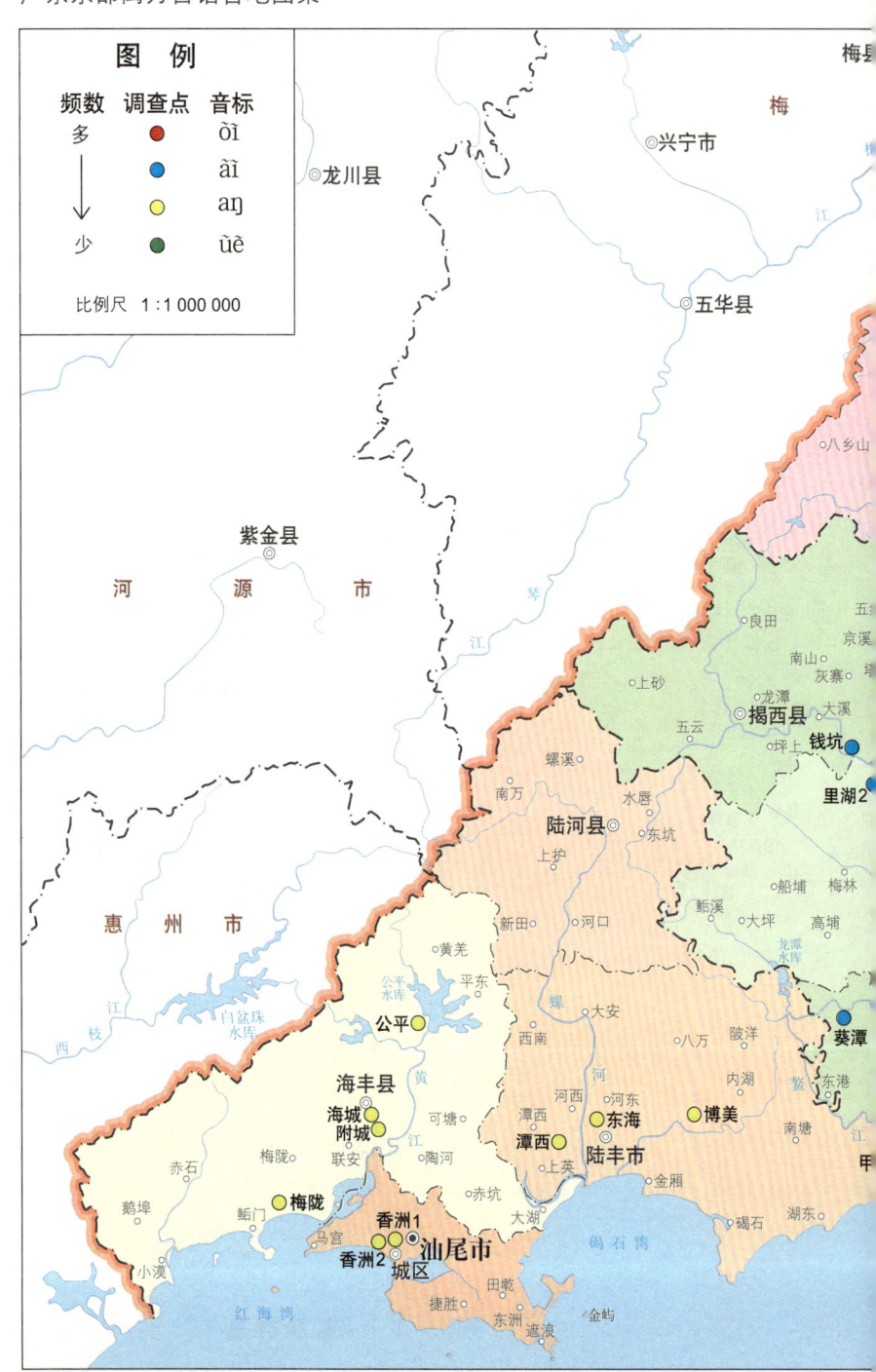

广东东部闽方言语音地图集

图 例

频数	调查点	音标
多	红	ôi
↓	蓝	ãi
↓	黄	aŋ
少	绿	ũe

比例尺 1:1 000 000

韵母图Y063—办桐

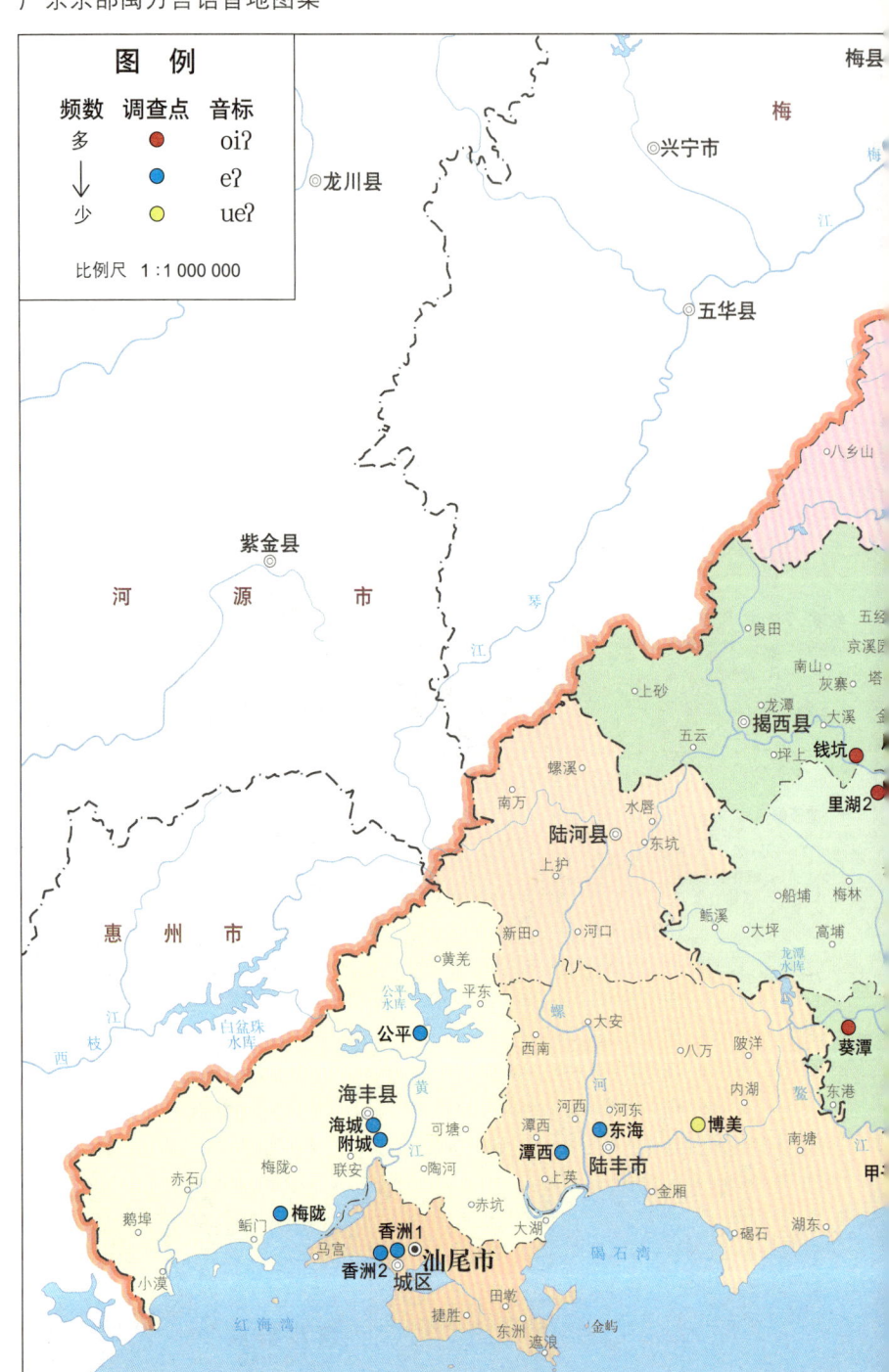

广东东部闽方言语音地图集

图例

频数	调查点	音标
多	● (红)	oiʔ
↓	● (蓝)	eʔ
少	● (黄)	ueʔ

比例尺 1:1 000 000

韵母图Y064—八點

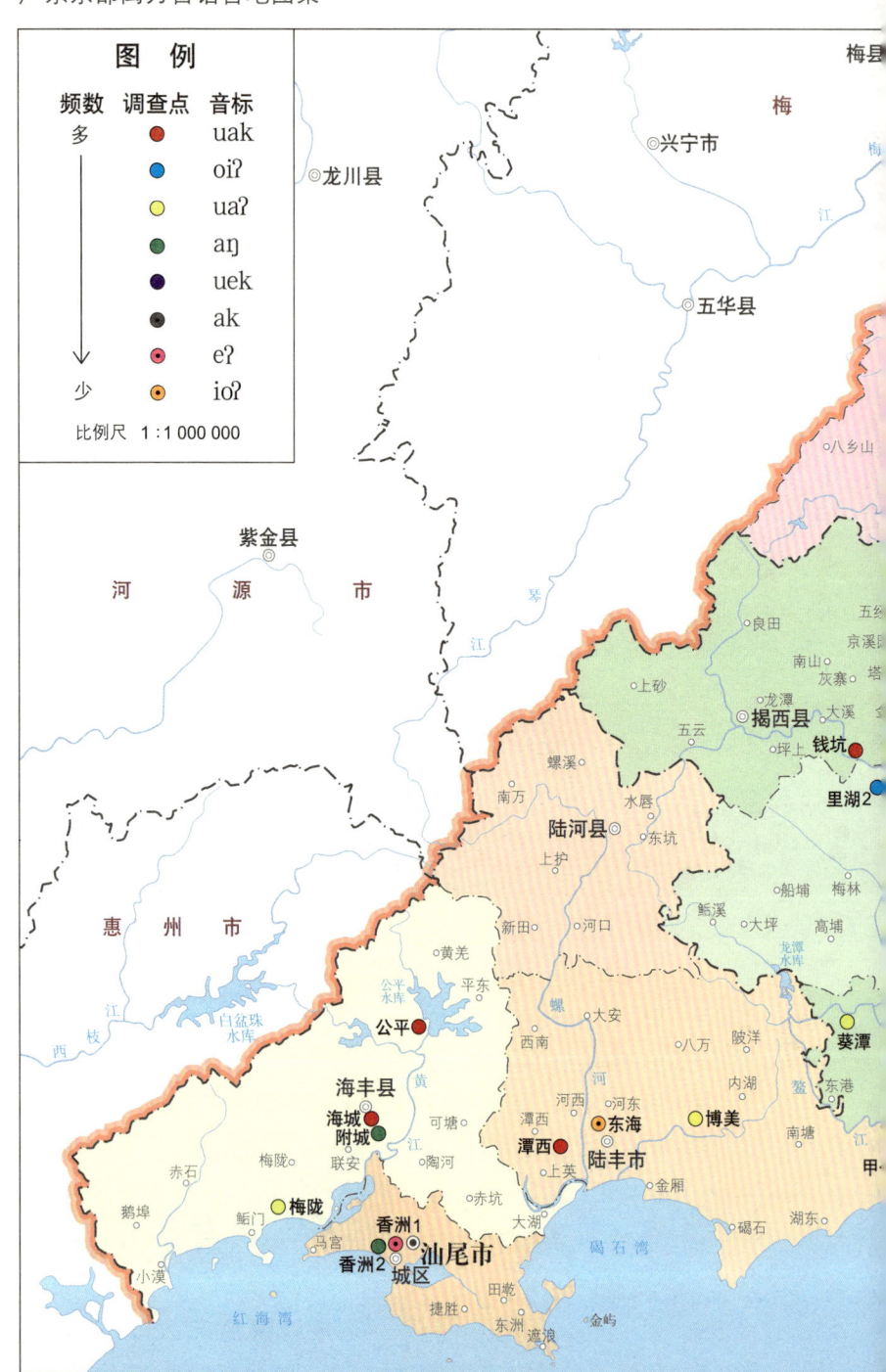

广东东部闽方言语音地图集

韵母图Y065—拔點

广东东部闽方言语音地图集

韵母图Y066—杀

广东东部闽方言语音地图集

图 例

频数	调查点	音标
多	🔴	iaŋ
	🔵	ieŋ
↓	🟡	ien
少	🟢	iam

比例尺 1:1 000 000

韵母图Y067—连仙

广东东部闽方言语音地图集

韵母图Y068—面(脸面)线

283

284　广东东部闽方言语音地图集

图例

频数	调查点	音标
多	●	iak
↓	●	ia?
↓	●	iek
↓	●	iet
少	●	ek

比例尺　1:1 000 000

韵母图Y069—热(文读，热门)薛

285

广东东部闽方言语音地图集

图例

频数	调查点	音标
多	● (红)	iaʔ
	● (蓝)	aʔ
↓	● (黄)	at
	● (绿)	iak
少	● (紫)	ĩãʔ

比例尺 1:1 000 000

韵母图Y070—歇 月

广东东部闽方言语音地图集

图例

频数	调查点	音标
多	●	aĩ
↓	●	õĩ
↓	●	eŋ
少	●	oi

比例尺 1:1 000 000

韵母图Y071—肩先

广东东部闽方言语音地图集

图 例

频数	调查点	音标
多	●	ãĩ
↓	●	õĩ
少	●	iaŋ

比例尺 1:1 000 000

韵母图Y072—莲先

广东东部闽方言语音地图集

图例

频数	调查点	音标
多	● (红)	iŋ
↓	● (蓝)	iaŋ
	● (黄)	eŋ
少	● (绿)	in

比例尺 1:1 000 000

韵母图Y073—烟先

广东东部闽方言语音地图集

图例

频数	调查点	音标
多	🔴	ĩ
↓	🔵	iaŋ
少	🟡	ien

比例尺 1:1 000 000

韵母图Y074—辫(辫子)铣

广东东部闽方言语音地图集

韵母图Y075—片霰

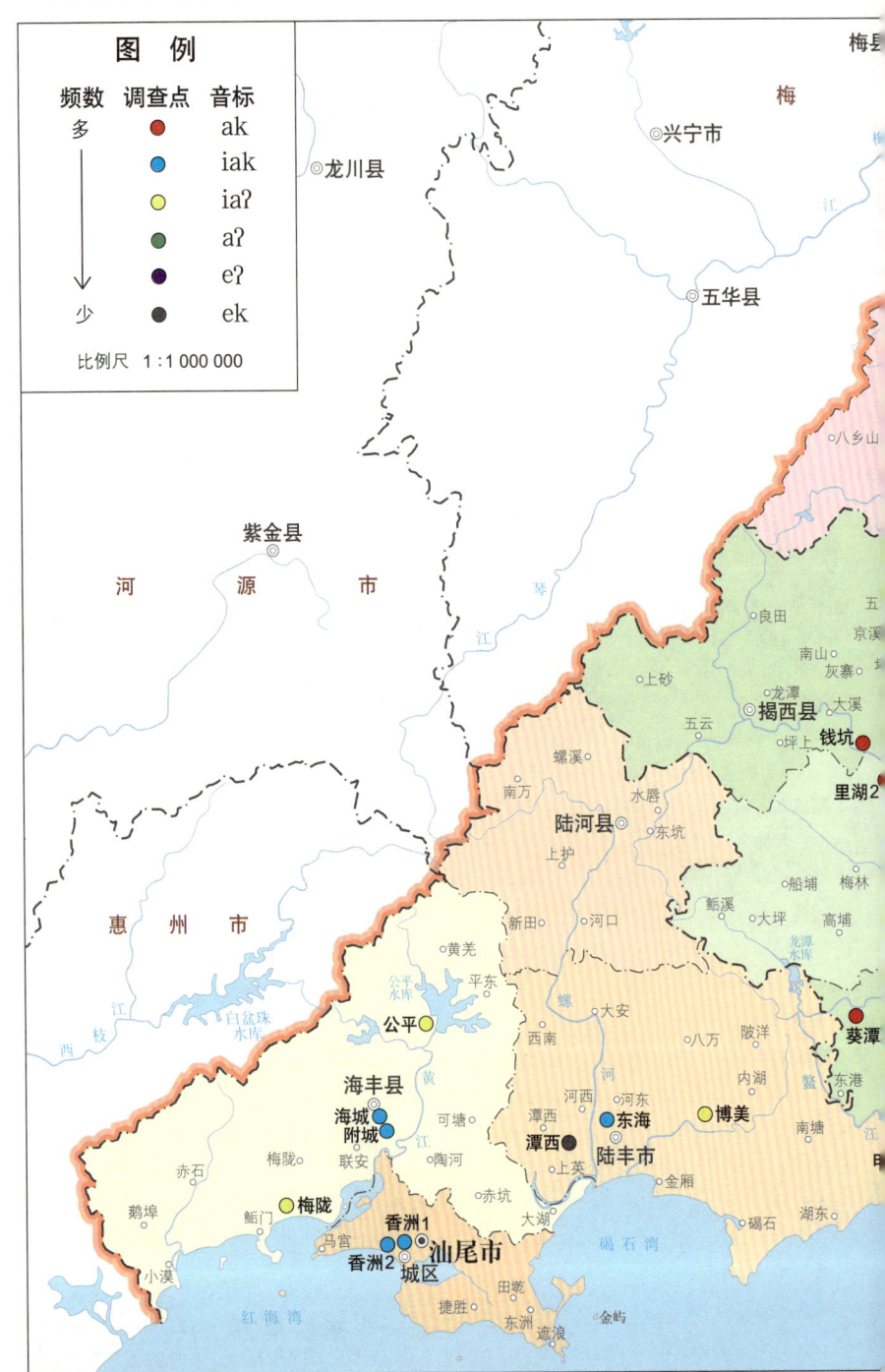

广东东部闽方言语音地图集

图 例

频数	调查点	音标
多	🔴	ak
↓	🔵	iak
↓	🟡	iaʔ
↓	🟢	aʔ
↓	🟣	eʔ
少	⚫	ek

比例尺 1:1 000 000

韵母图Y076—节(文读，节约)屑

广东东部闽方言语音地图集

图 例

频数	调查点	音标
多	🔴	ak
↓	🔵	ia"
少	🟡	iak
	🟢	at

比例尺 1:1 000 000

韵母图Y077—结屑

广东东部闽方言语音地图集

图例

频数	调查点	音标
多	● 红	ũã
↓	● 蓝	uaŋ
少	● 黄	ua

比例尺 1:1 000 000

主要地名：龙川县、兴宁市、梅县、五华县、紫金县、河源市、惠州市、揭西县、陆河县、海丰县、陆丰市、汕尾市

调查点：良田、南山、五京溪、灰寨、上砂、龙潭、坪上、钱坑、大溪、里湖2、螺溪、南万、水唇、东坑、船埔、梅林、蓝溪、大坪、高埔、龙潭水库、新田、河口、黄羌、平东、大安、八万、陂洋、内湖、东港、南塘、甲、公平、西南、河西、河东、博美、葵潭、海城、附城、潭西、陆丰市、金厢、碣石、湖东、赤石、梅陇、联安、可塘、陶河、上英、赤坑、大湖、鲘门、马宫、香洲1、香洲2、城区、汕尾市、田墘、捷胜、东洲、遮浪、金屿

水域：白盆珠水库、公平水库、西枝江、黄江、榕江、螺河、碣石湾、红海湾

韵母图Y078—官桓

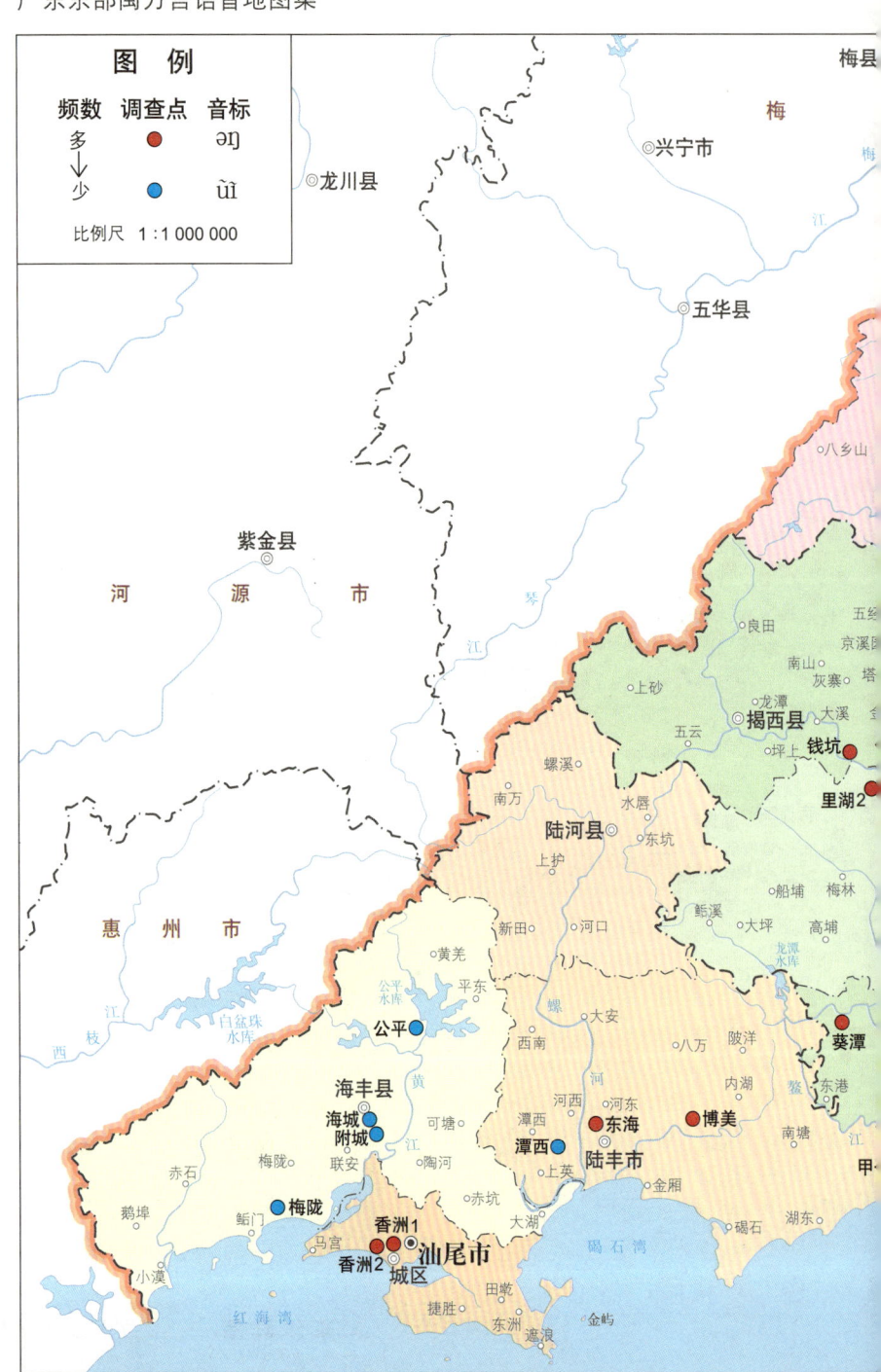

广东东部闽方言语音地图集

韵母图Y079—酸桓

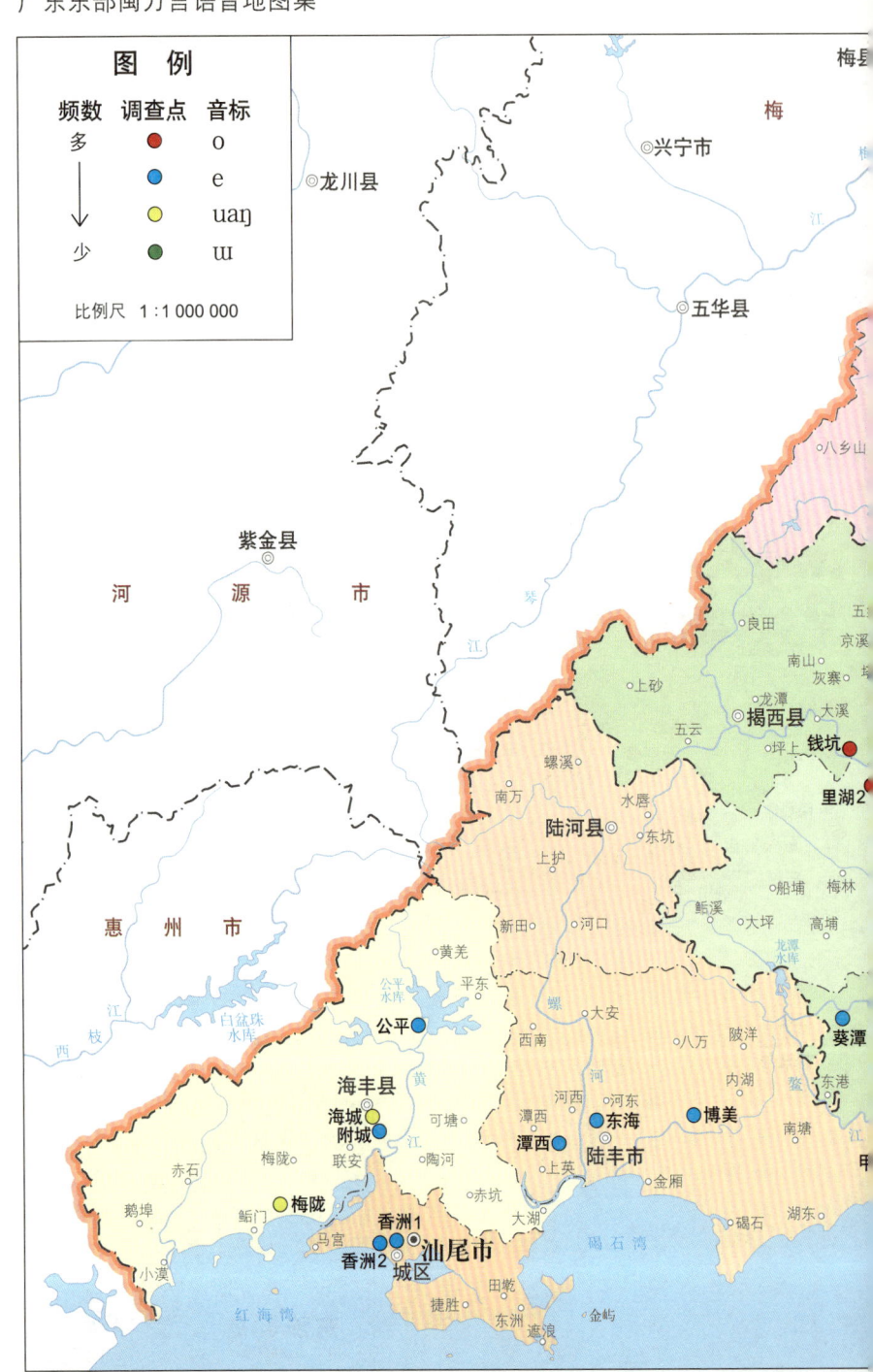

306 广东东部闽方言语音地图集

韵母图Y080—短缓

广东东部闽方言语音地图集

图例

频数	调查点	音标
多	●	uaŋ
↓	●	uan
	●	ueŋ
少	●	un

比例尺 1:1 000 000

韵母图Y081—管缀

310 广东东部闽方言语音地图集

图例

频数	调查点	音标
多	●	uaŋ
↓	●	uan
	●	ueŋ
少	●	uen

比例尺 1:1 000 000

韵母图Y082—暖(文读，温暖)缓

广东东部闽方言语音地图集

图 例

频数	调查点	音标
多	●	uaʔ
↓	●	uak
少	●	aʔ

比例尺 1:1 000 000

韵母图Y083—拨 末

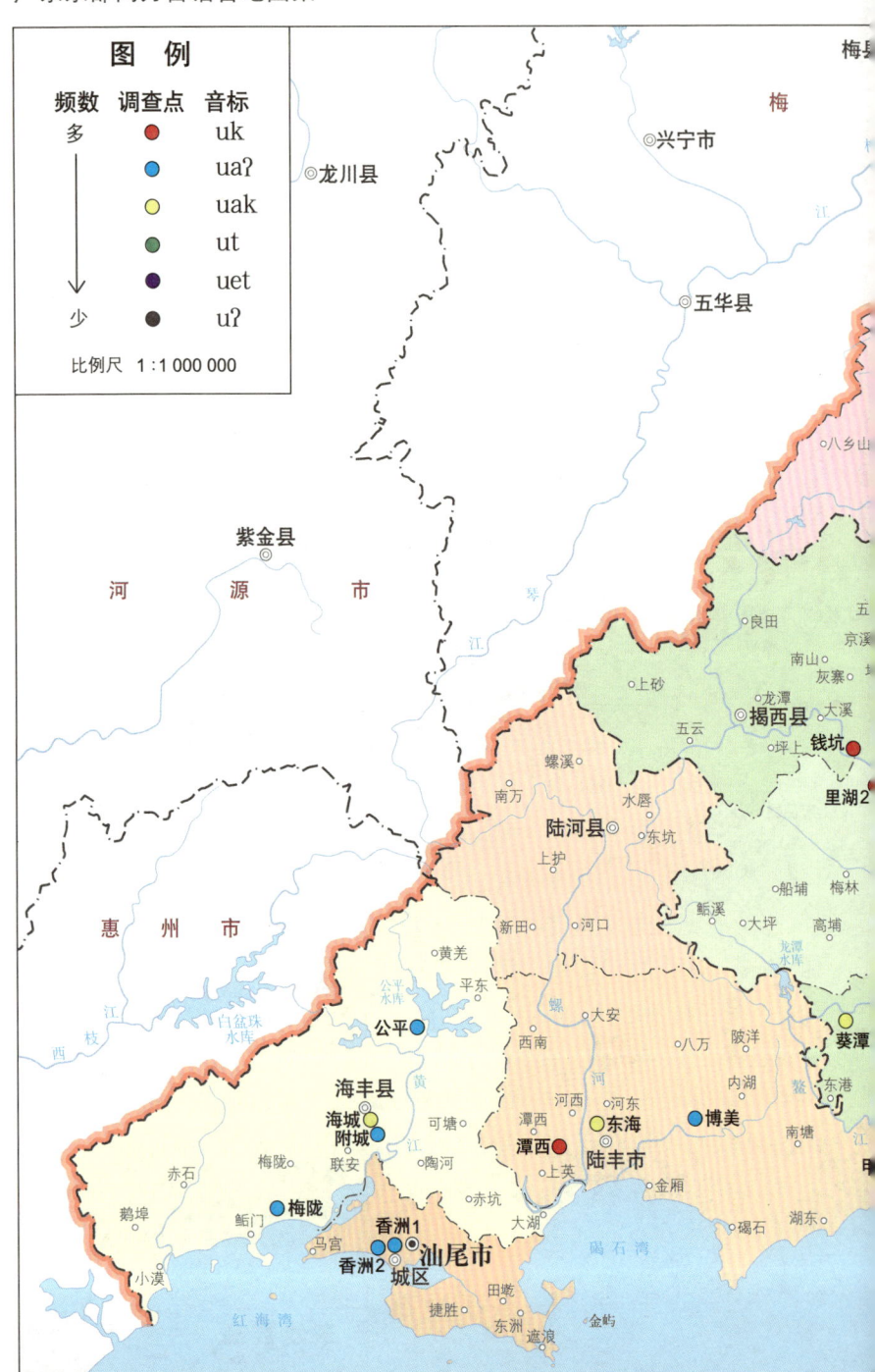

广东东部闽方言语音地图集

图例

频数	调查点	音标
多	● (红)	uk
	● (蓝)	uaʔ
↓	● (黄)	uak
	● (绿)	ut
	● (紫)	uet
少	● (黑)	uʔ

比例尺 1:1 000 000

韵母图Y084—脱(文读，脱产)末

315

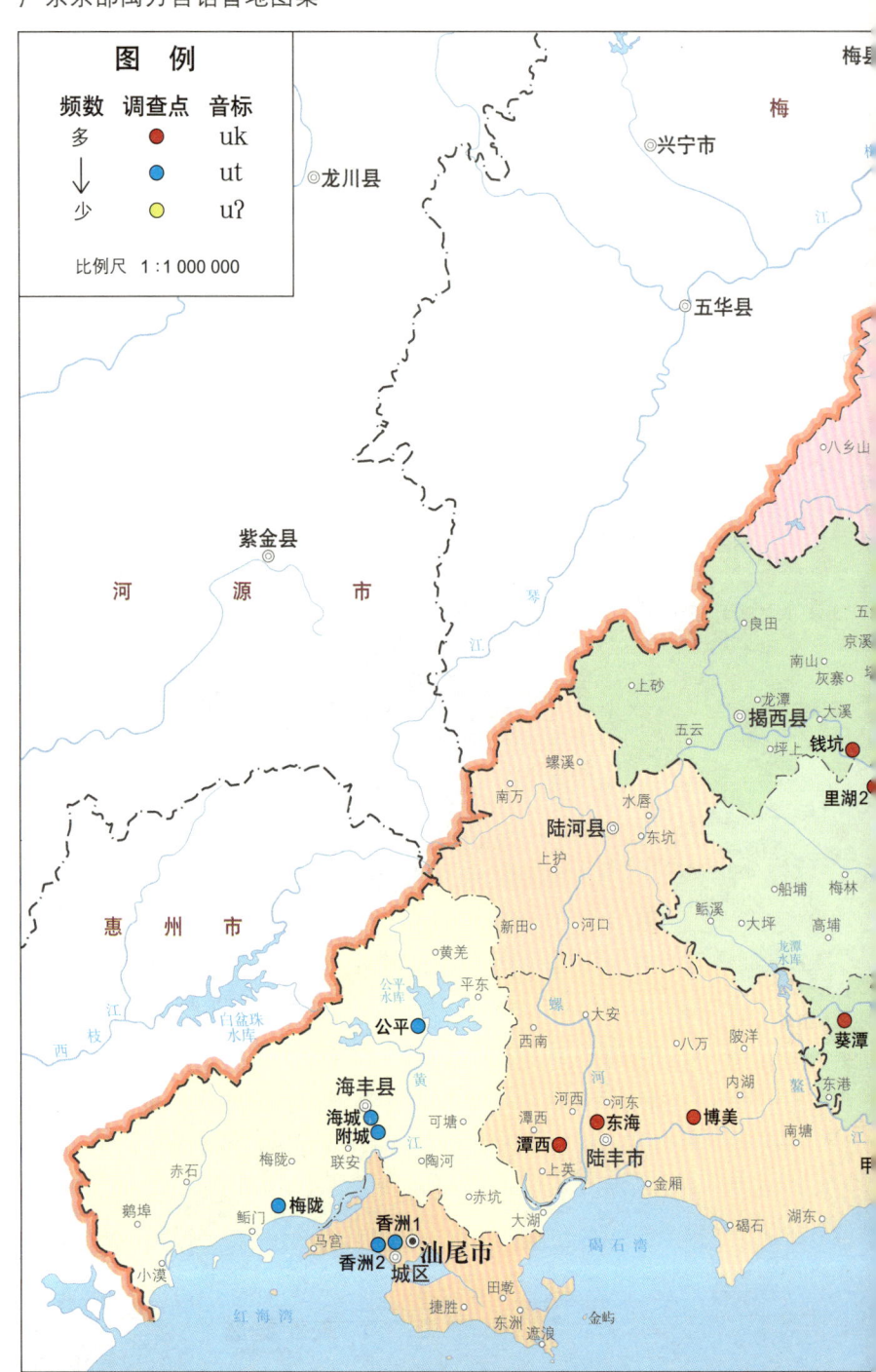

广东东部闽方言语音地图集

韵母图Y085—滑點

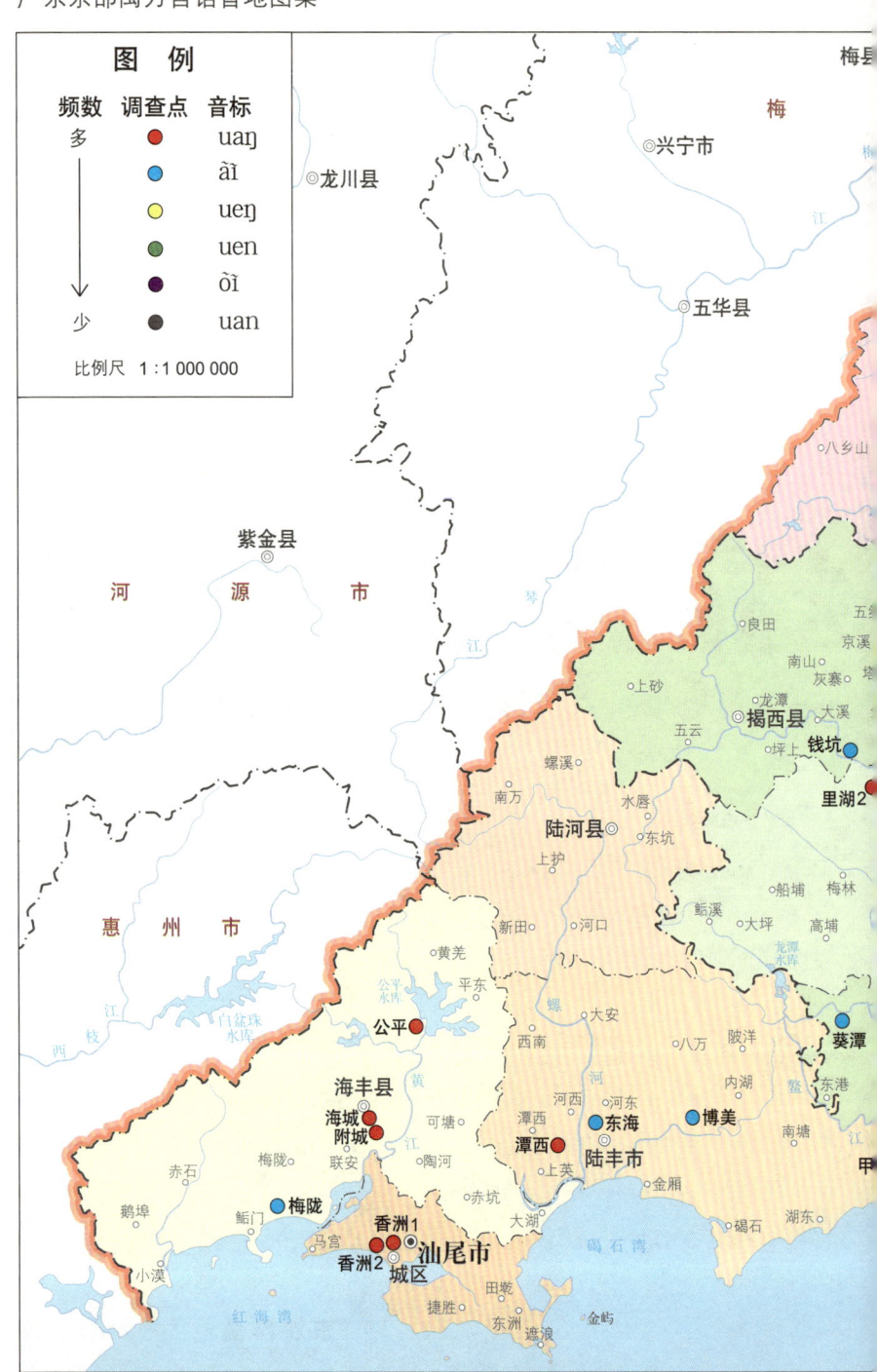

广东东部闽方言语音地图集

韵母图Y086—还（文读，还原）删

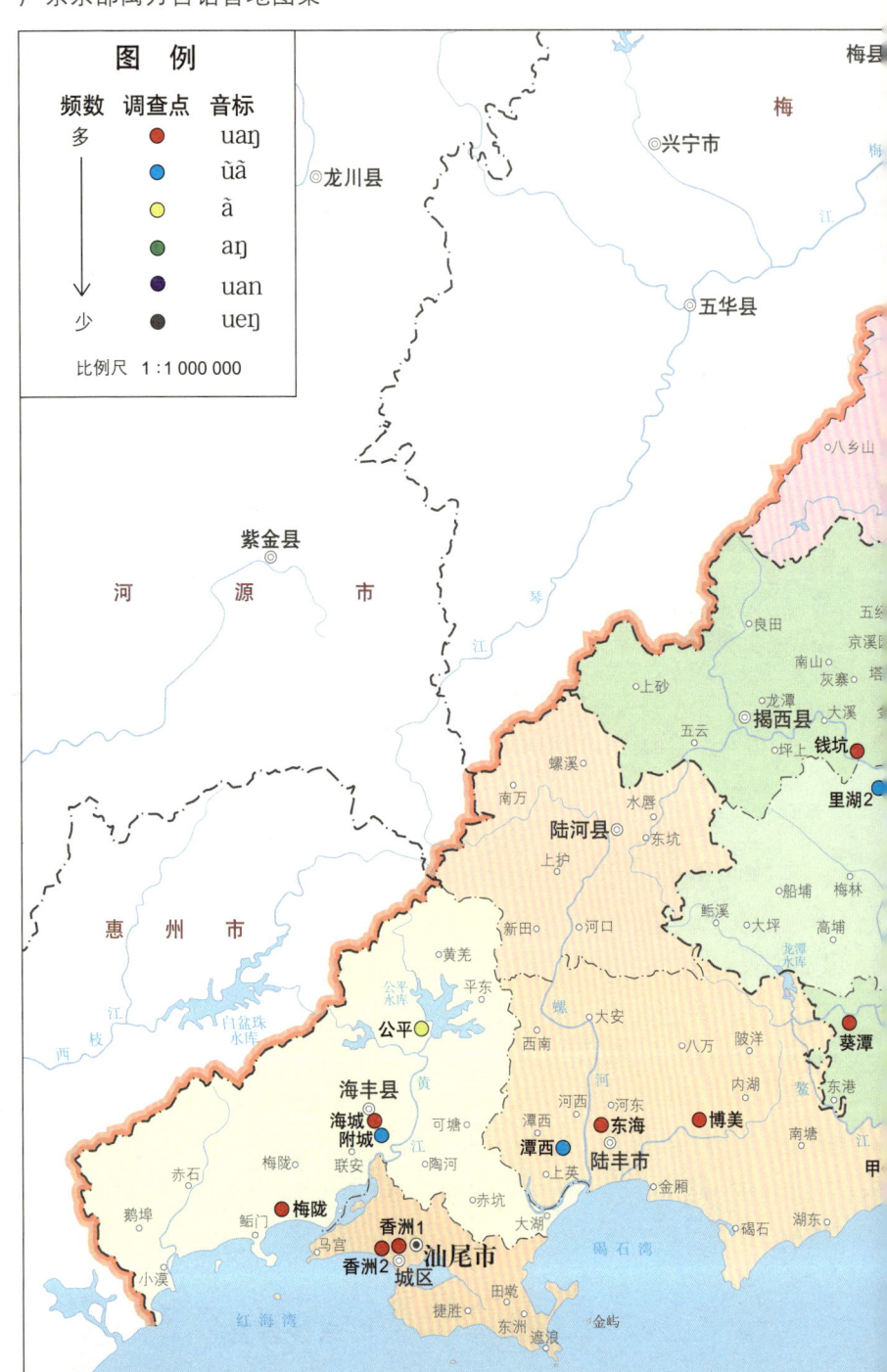

广东东部闽方言语音地图集

韵母图Y087—还(白读，还有)删

广东东部闽方言语音地图集

图例

频数	调查点	音标
多	● (红)	aĩ
↓	● (蓝)	ðĩ
少	● (黄)	eŋ

比例尺　1:1 000 000

韵母图Y088—还(白读，还钱)删

广东东部闽方言语音地图集

图例

频数	调查点	音标
多	● (红)	ueʔ
↓	● (蓝)	uaʔ
少	● (黄)	ut

比例尺 1:1 000 000

韵母图Y089—刷(文读，洗刷)鐁

326　广东东部闽方言语音地图集

图例

频数	调查点	音标
多	● (红)	uŋ
↓	● (蓝)	un
少	● (黄)	ɿe

比例尺　1:1 000 000

韵母图Y090—船仙

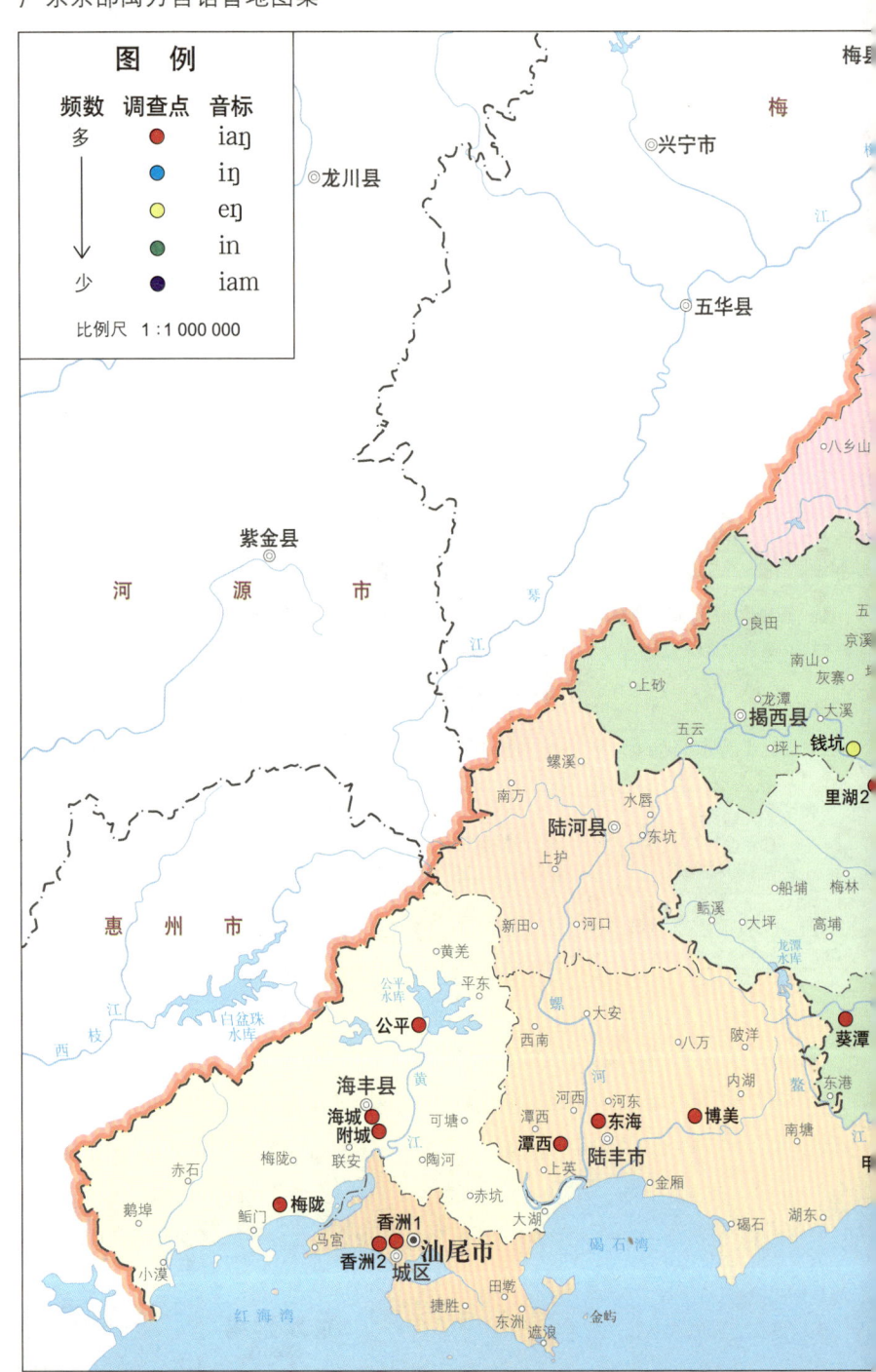

广东东部闽方言语音地图集

图例

频数	调查点	音标
多	🔴	iaŋ
↓	🔵	iŋ
	🟡	eŋ
	🟢	in
少	🟣	iam

比例尺 1:1 000 000

韵母图Y091—铅仙

330　广东东部闽方言语音地图集

韵母图Y092—权仙

广东东部闽方言语音地图集

图 例

频数	调查点	音标
多	🔴	ue
↓	🔵	uan
少	🟡	uan

比例尺 1:1 000 000

韵母图Y093—传(传记)线

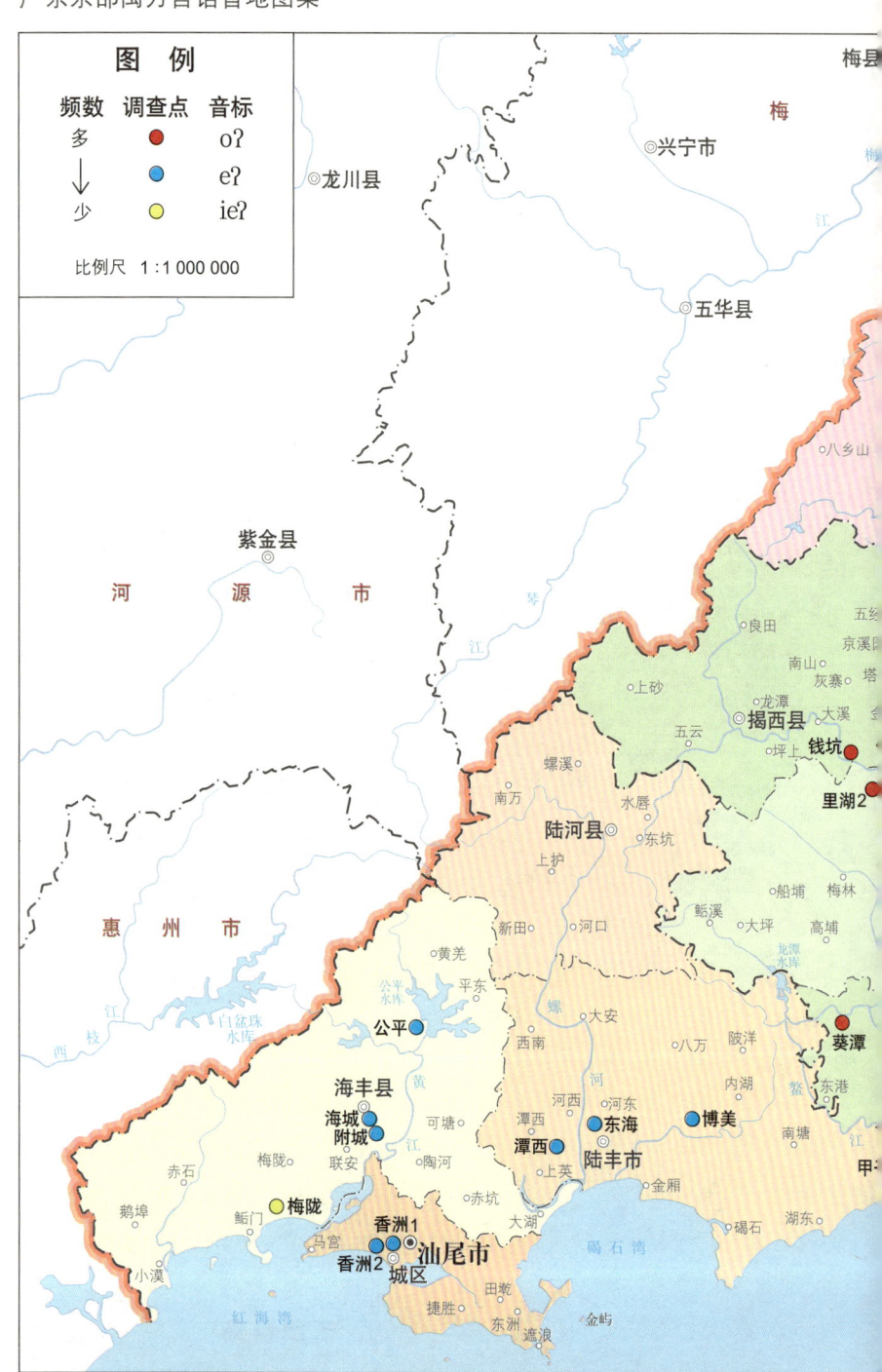

广东东部闽方言语音地图集

图例

频数	调查点	音标
多	🔴	oʔ
↓	🔵	eʔ
少	🟡	ieʔ

比例尺 1:1 000 000

韵母图Y094—雪薛

广东东部闽方言语音地图集

图例

频数	调查点	音标
多	● (红)	ŋ
	● (蓝)	ũĩ
	● (黄)	m
↓	● (绿)	ɟe
少	● (紫)	uŋ

比例尺 1:1 000 000

韵母图Y095—园元

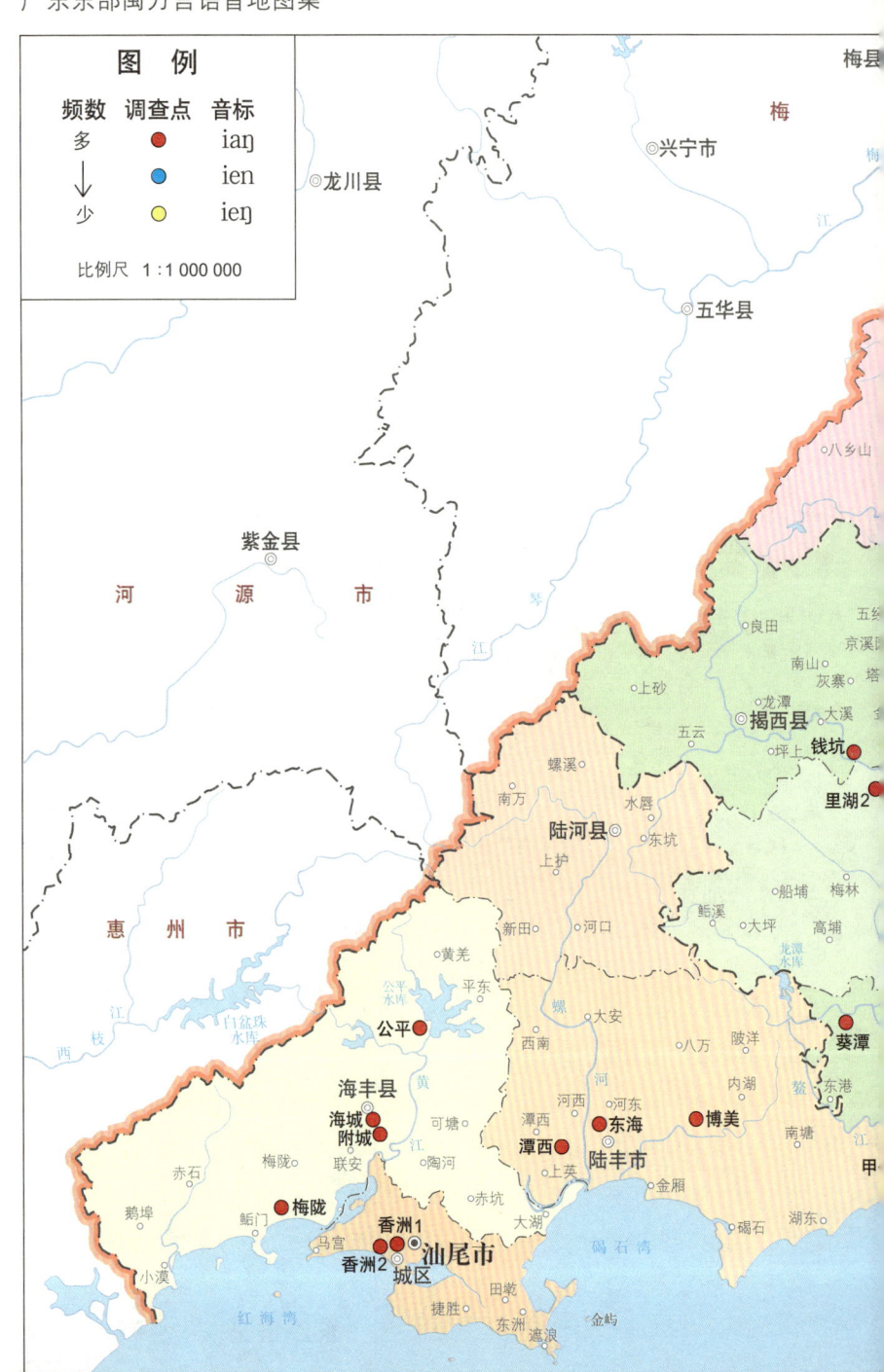

广东东部闽方言语音地图集

图例

频数	调查点	音标
多	🔴	iaŋ
↓	🔵	ien
少	🟡	ieŋ

比例尺 1:1 000 000

韵母图Y096—远(文读，遥远)阮

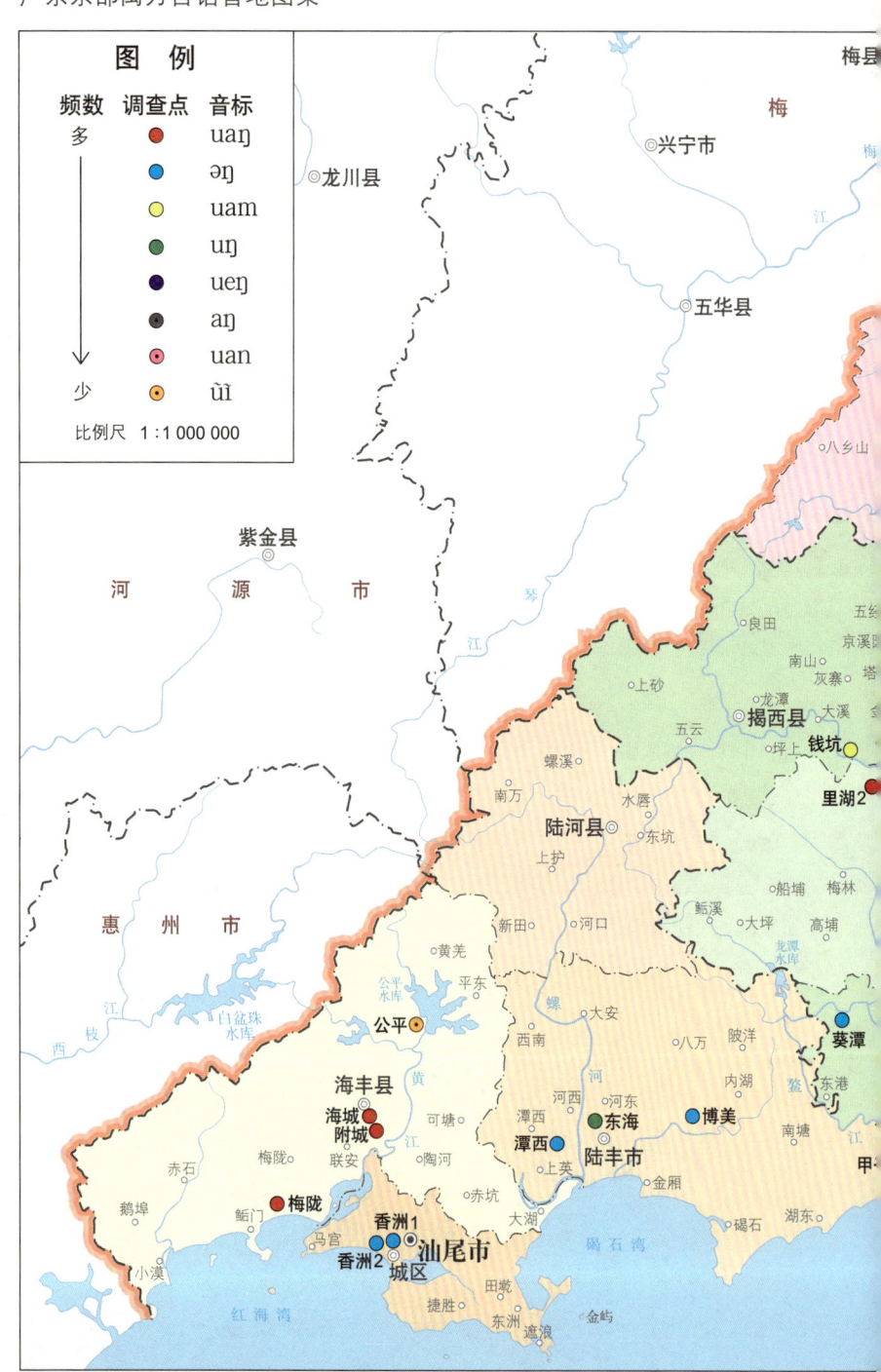

广东东部闽方言语音地图集

图例

频数	调查点	音标
多	●	uaŋ
	●	əŋ
	●	uam
	●	uŋ
	●	uen
	●	aŋ
	⊙	uan
少	⊙	ũĩ

比例尺 1:1 000 000

韵母图Y097—饭(文读)愿

342 广东东部闽方言语音地图集

韵母图Y098—饭(白读)愿

广东东部闽方言语音地图集

图例

频数	调查点	音标
多	红	uaŋ
↓	蓝	aŋ
	黄	ueŋ
	绿	ien
少	深蓝	uan

比例尺 1:1 000 000

韵母图Y99—万 愿   345

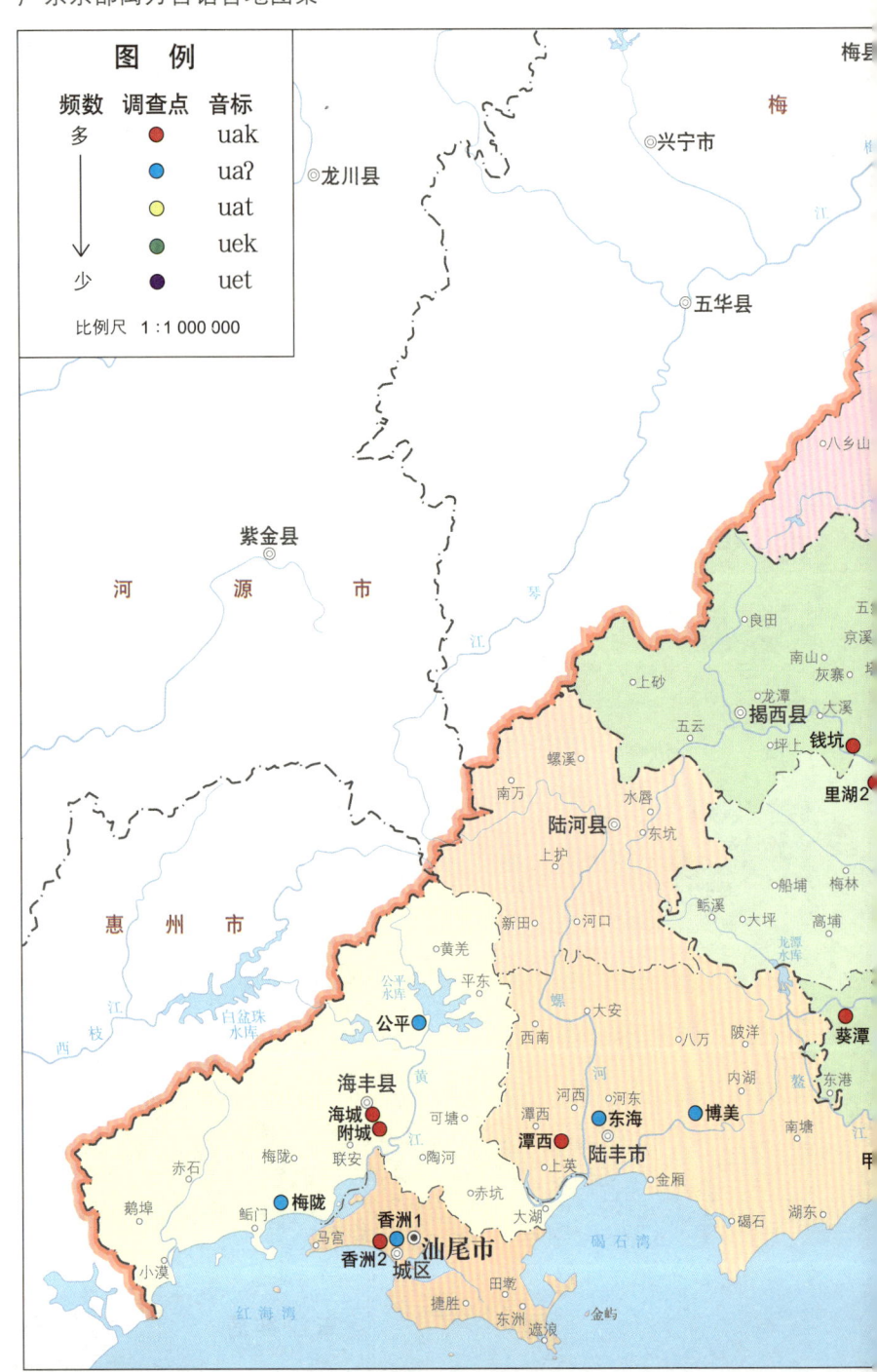

346 广东东部闽方言语音地图集

图例

频数	调查点	音标
多	●	uak
	●	uaʔ
	●	uat
	●	uek
少	●	uet

比例尺 1:1 000 000

韵母图Y100—罚月

广东东部闽方言语音地图集

图 例

频数	调查点	音标
多	🔴	ũĩ
↓	🔵	ũãĩ
少	🟡	ui

比例尺 1:1 000 000

韵母图Y101—县xiàn

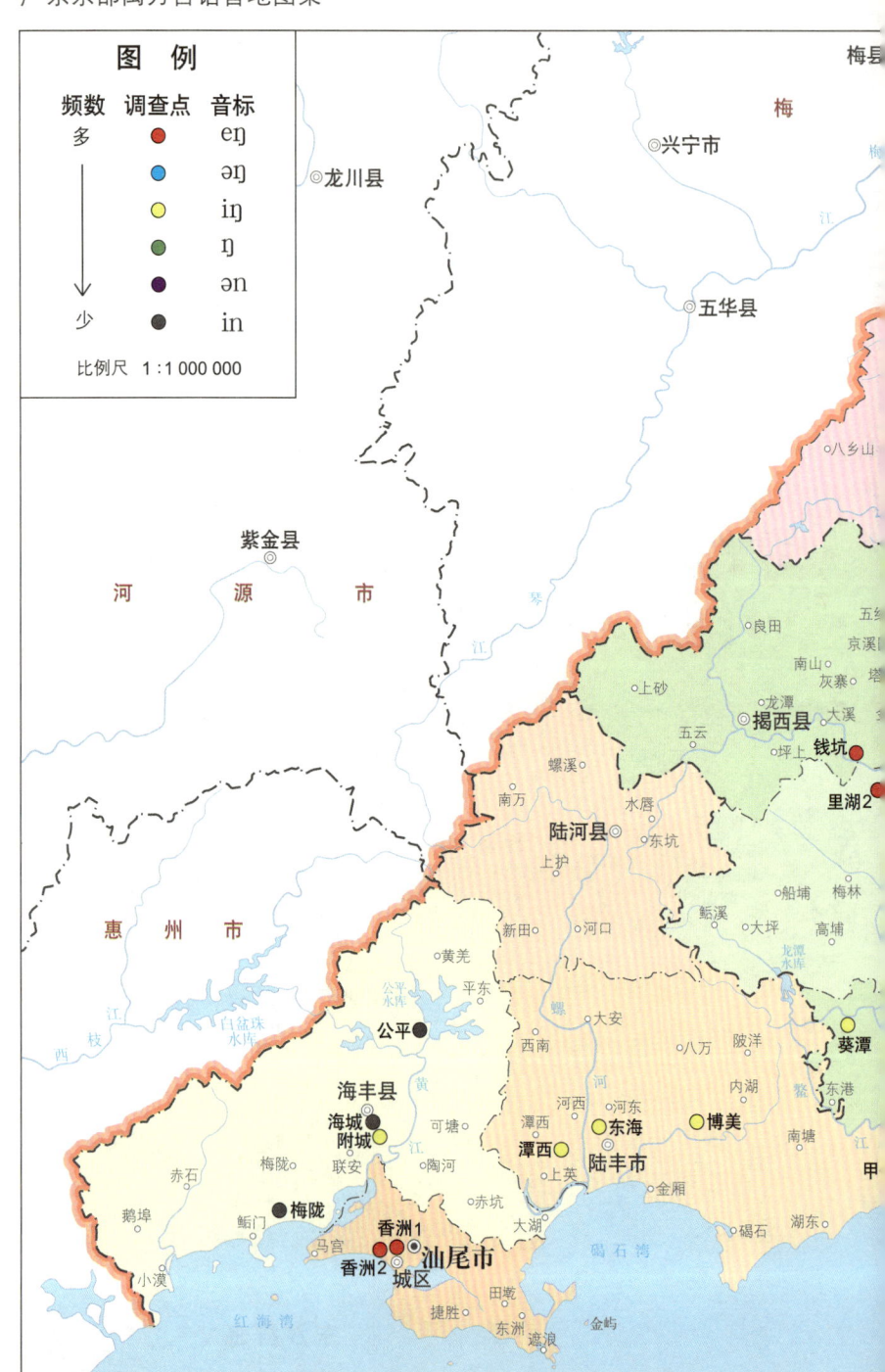

350 广东东部闽方言语音地图集

图例

频数	调查点	音标
多	🔴	eŋ
↓	🔵	ue
	🟡	iŋ
	🟢	ŋ
	🟣	ne
少	⚫	in

比例尺 1:1 000 000

韵母图Y102—恩痕

352

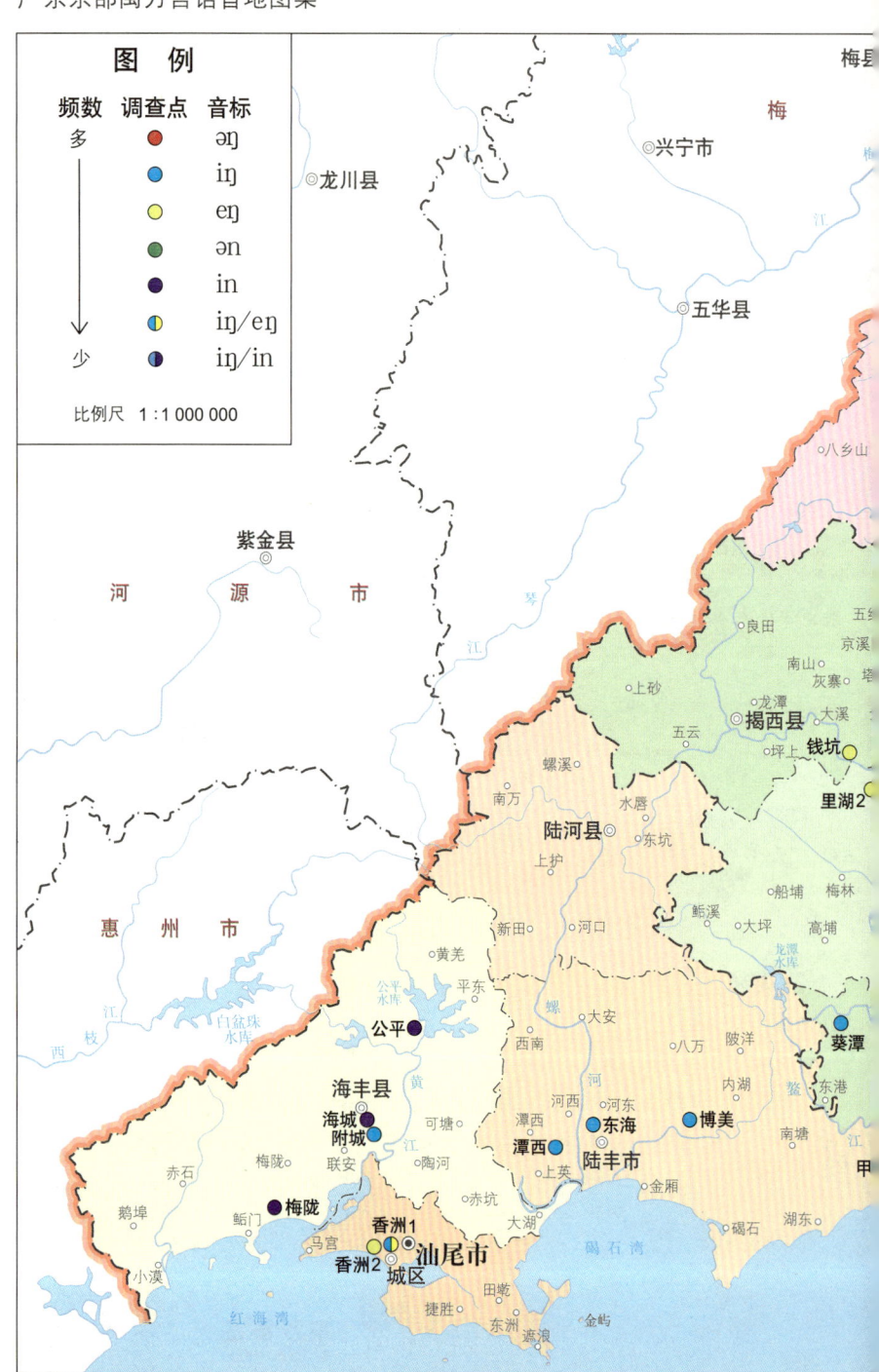

广东东部闽方言语音地图集

韵母图Y103—根痕

354

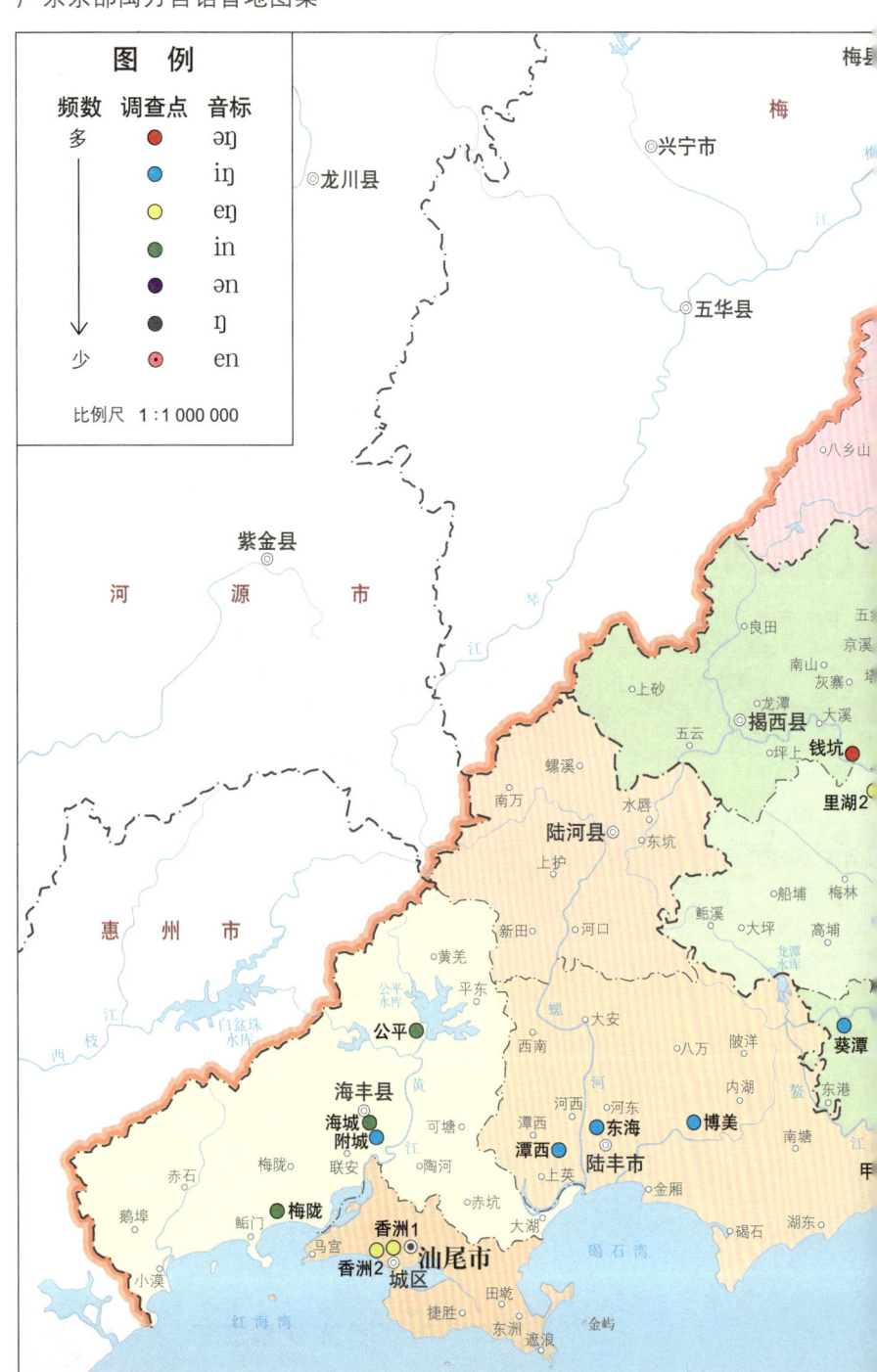

广东东部闽方言语音地图集

图例

频数	调查点	音标
多	● (红)	əŋ
	● (蓝)	iŋ
	● (黄)	eŋ
	● (绿)	in
	● (紫)	əŋ
	● (黑)	ŋ
少	⊙	en

比例尺 1:1 000 000

韵母图Y104—恨恨

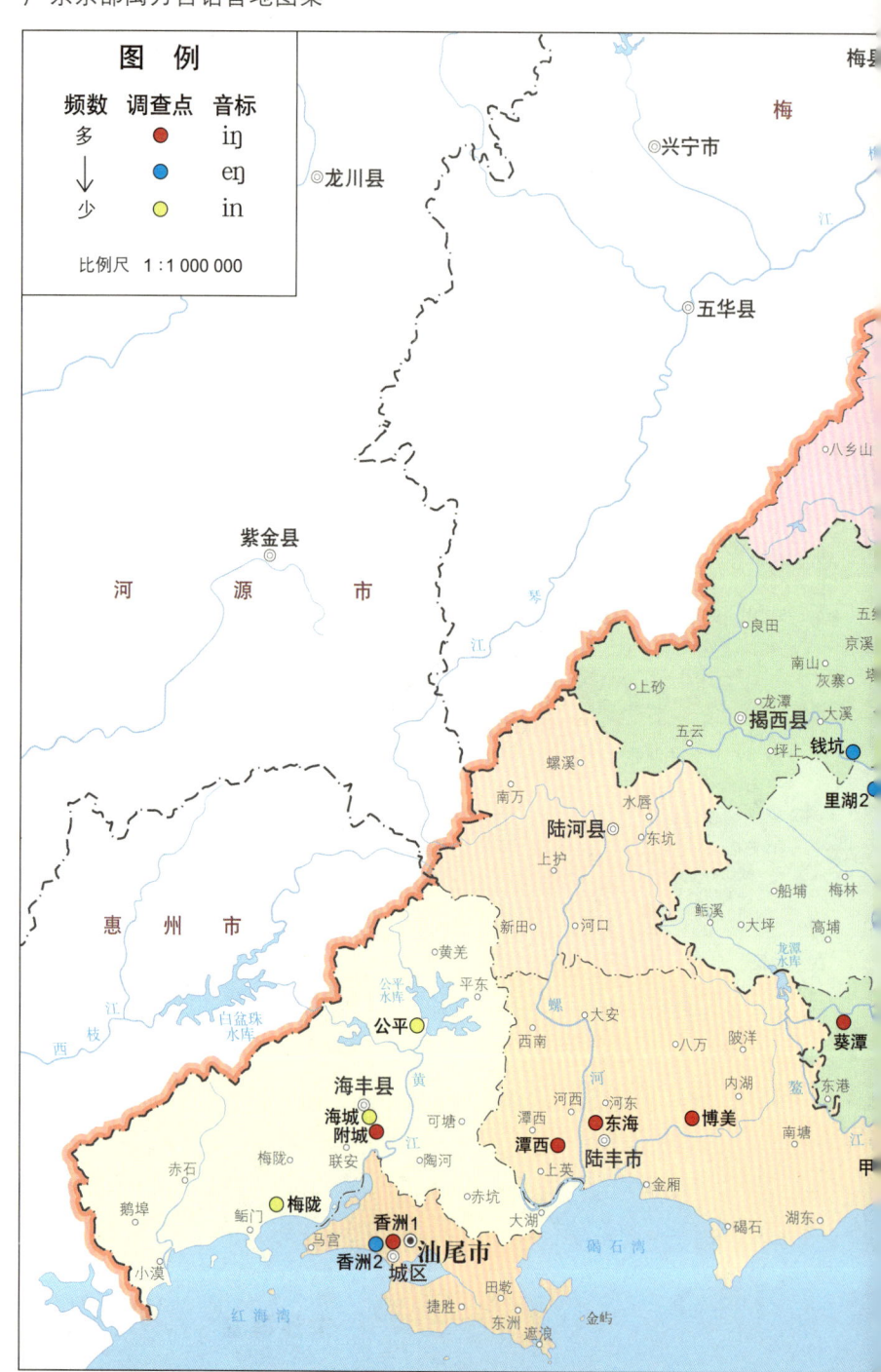

356　广东东部闽方言语音地图集

韵母图Y105—民真

358 广东东部闽方言语音地图集

韵母图Y106—身真

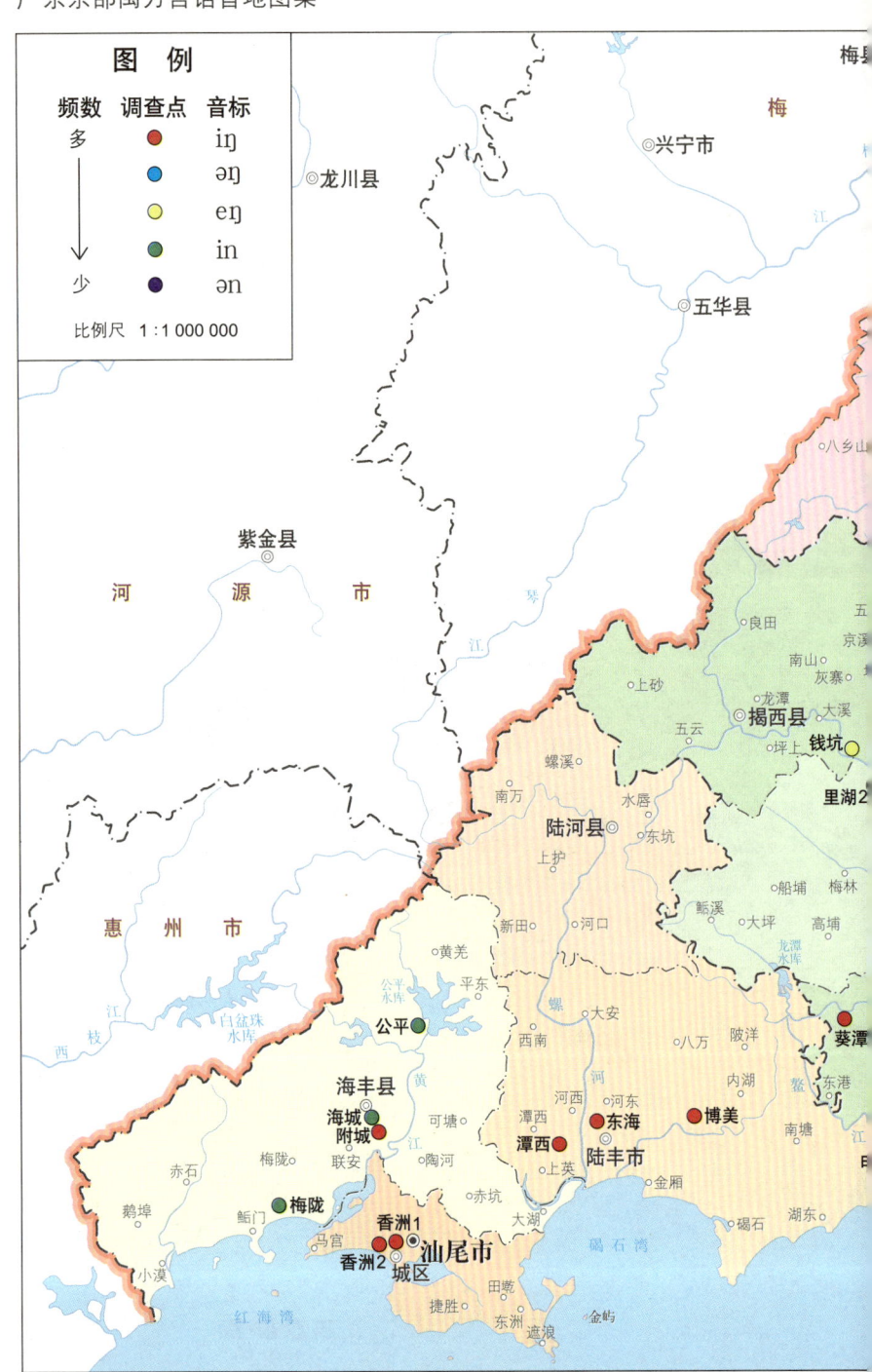

360　广东东部闽方言语音地图集

韵母图Y107—银真

广东东部闽方言语音地图集

图 例

频数	调查点	音标
多	🔴	ik
↓	🔵	ek
少	🟡	it
	🔴🔵	ek/ik

比例尺 1:1 000 000

韵母图Y108—笔质

广东东部闽方言语音地图集

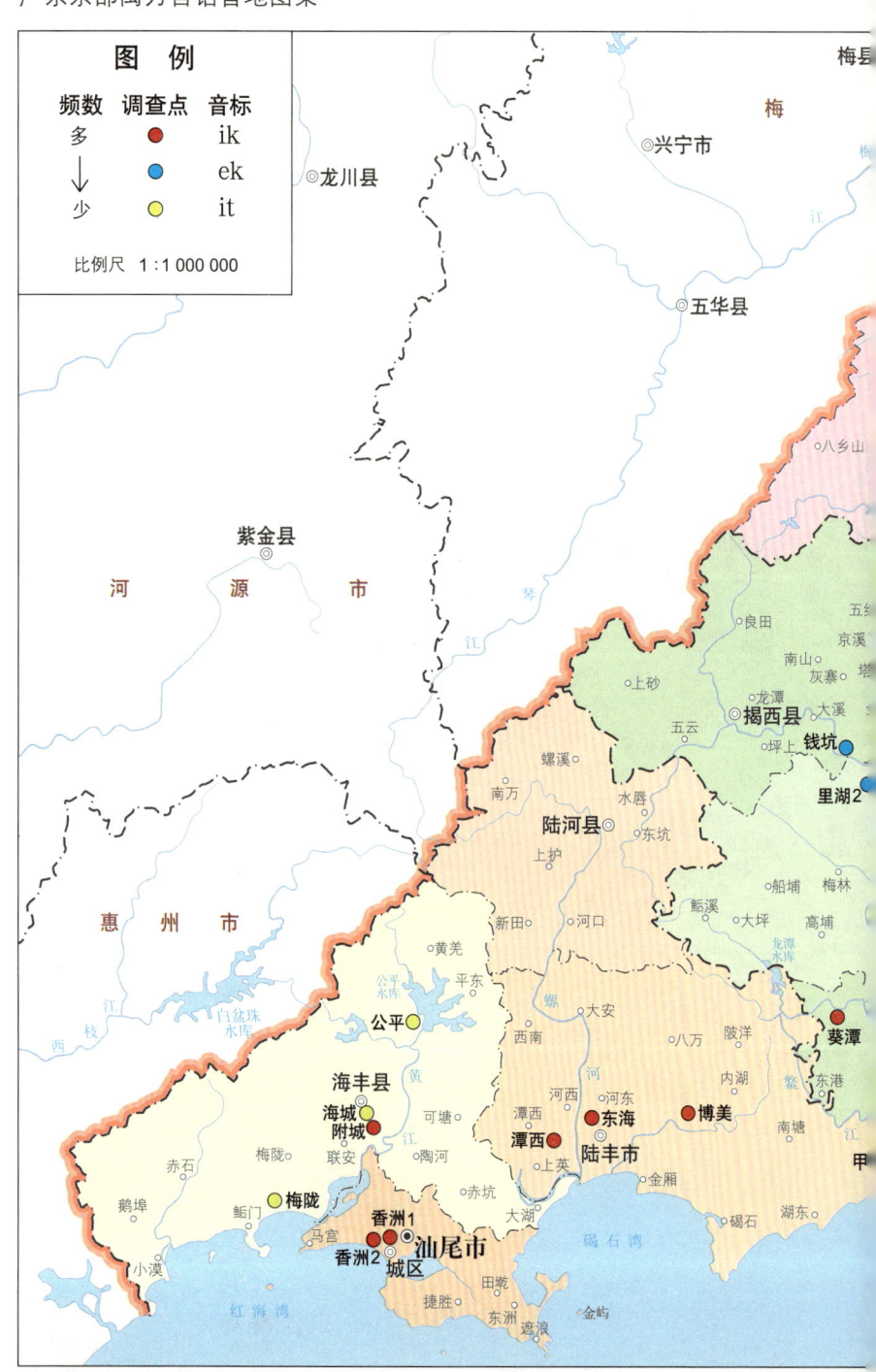

图例

频数	调查点	音标
多	● 红	ik
↓	● 蓝	ek
少	● 黄	it

比例尺 1:1 000 000

韵母图Y109——一(第一)质

广东东部闽方言语音地图集

图 例

频数	调查点	音标
多	● 红	əŋ
↓	● 蓝	ɯŋ
	● 黄	ùŋ
少	● 绿	ɐŋ

比例尺 1:1 000 000

韵母图Y110—门魂

广东东部闽方言语音地图集

图例

频数	调查点	音标
多	🔴	uk
↓	🔵	ut
少	🟡	uʔ

比例尺 1:1 000 000

韵母图Y111—骨没

广东东部闽方言语音地图集

图例

频数	调查点	音标
多	🔴	ik
↓	🔵	ek
	🟡	it
↓	🟡🔴	it/ik
少	🔵🔴	iok/ik

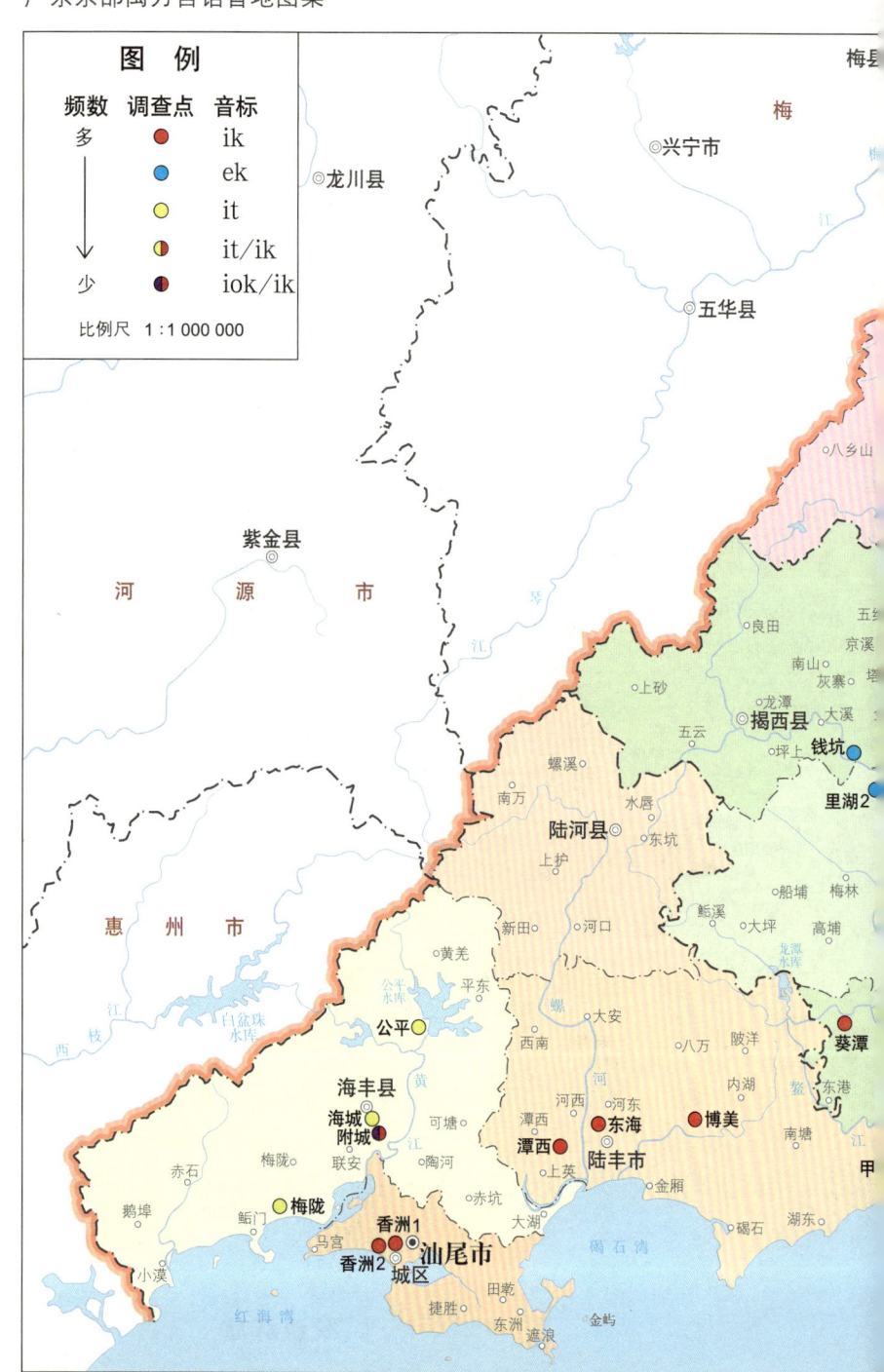

比例尺 1:1 000 000

韵母图Y112—橘ₜ

广东东部闽方言语音地图集

图　例

频数	调查点	音标
多	●	uŋ
↓ 少	●	un

比例尺　1:1 000 000

韵母图Y113—云文

374 广东东部闽方言语音地图集

图 例

频数	调查点	音标
多	●	ueʔ
↓	●	uk
	●	ut
	●	ək
	●	eʔ
少	●	oiʔ

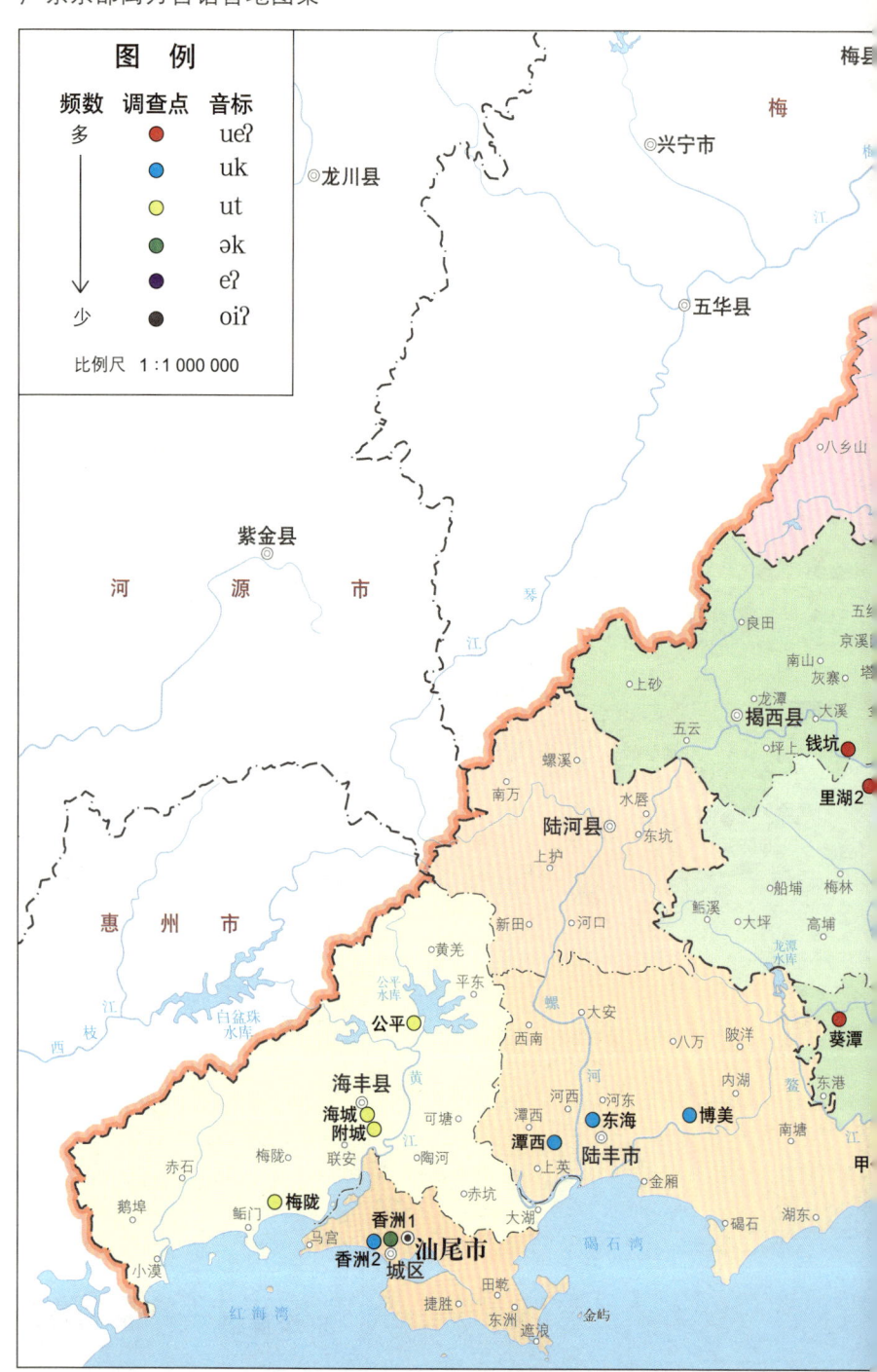

比例尺 1:1 000 000

韵母图Y114—物

广东东部闽方言语音地图集

图例

频数	调查点	音标
多	●	əŋ
↓		
少	●	aŋ

比例尺 1:1 000 000

韵母图Y115—粳 唐

广东东部闽方言语音地图集

图 例

频数	调查点	音标
多	●	ak
↓		
少	●	aʔ

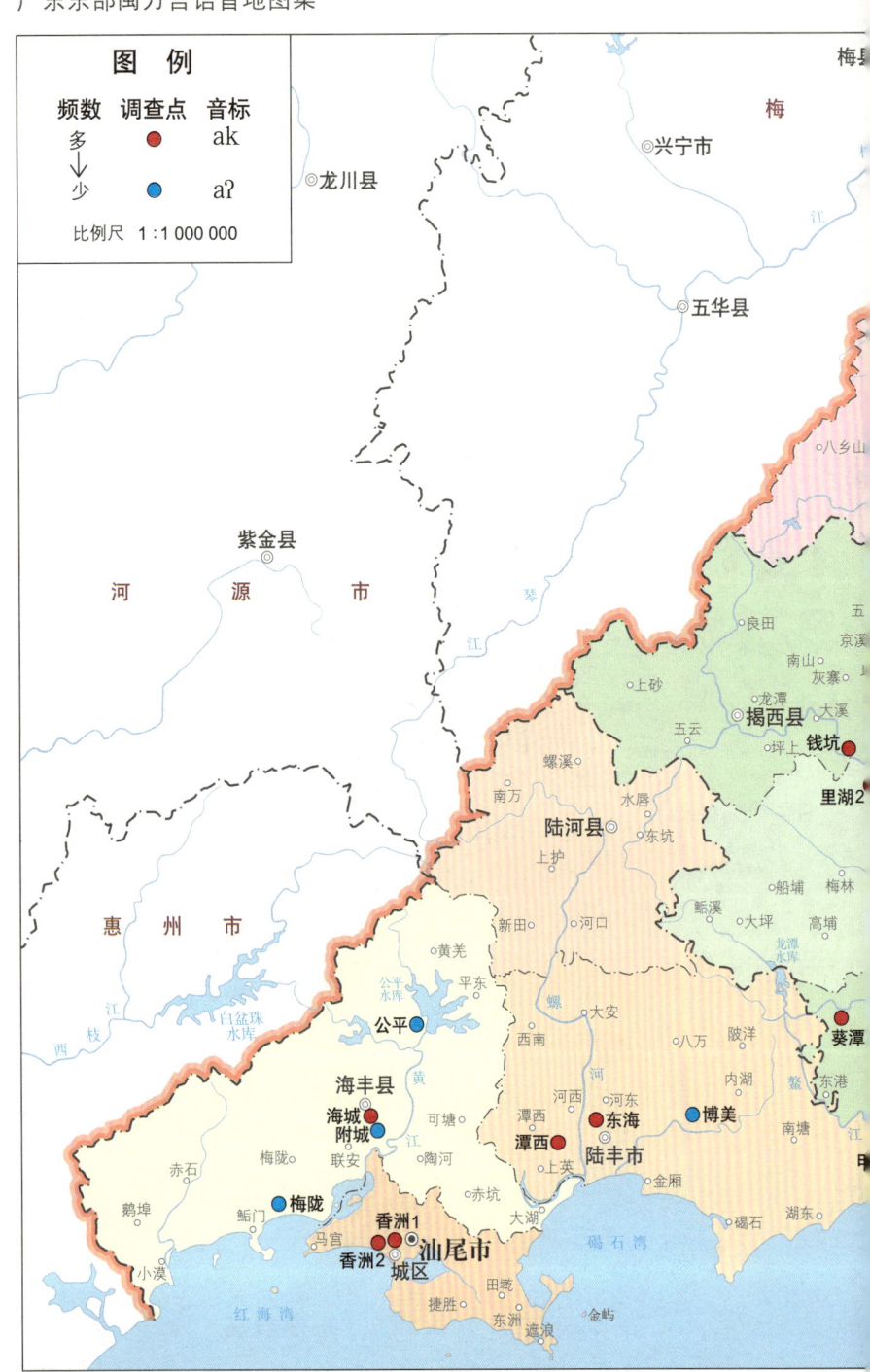

比例尺 1:1 000 000

韵母图Y116—恶锋

广东东部闽方言语音地图集

图 例

频数	调查点	音标
多	🔴	iõ
↓	🔵	iẽ
少	🟡	iaŋ

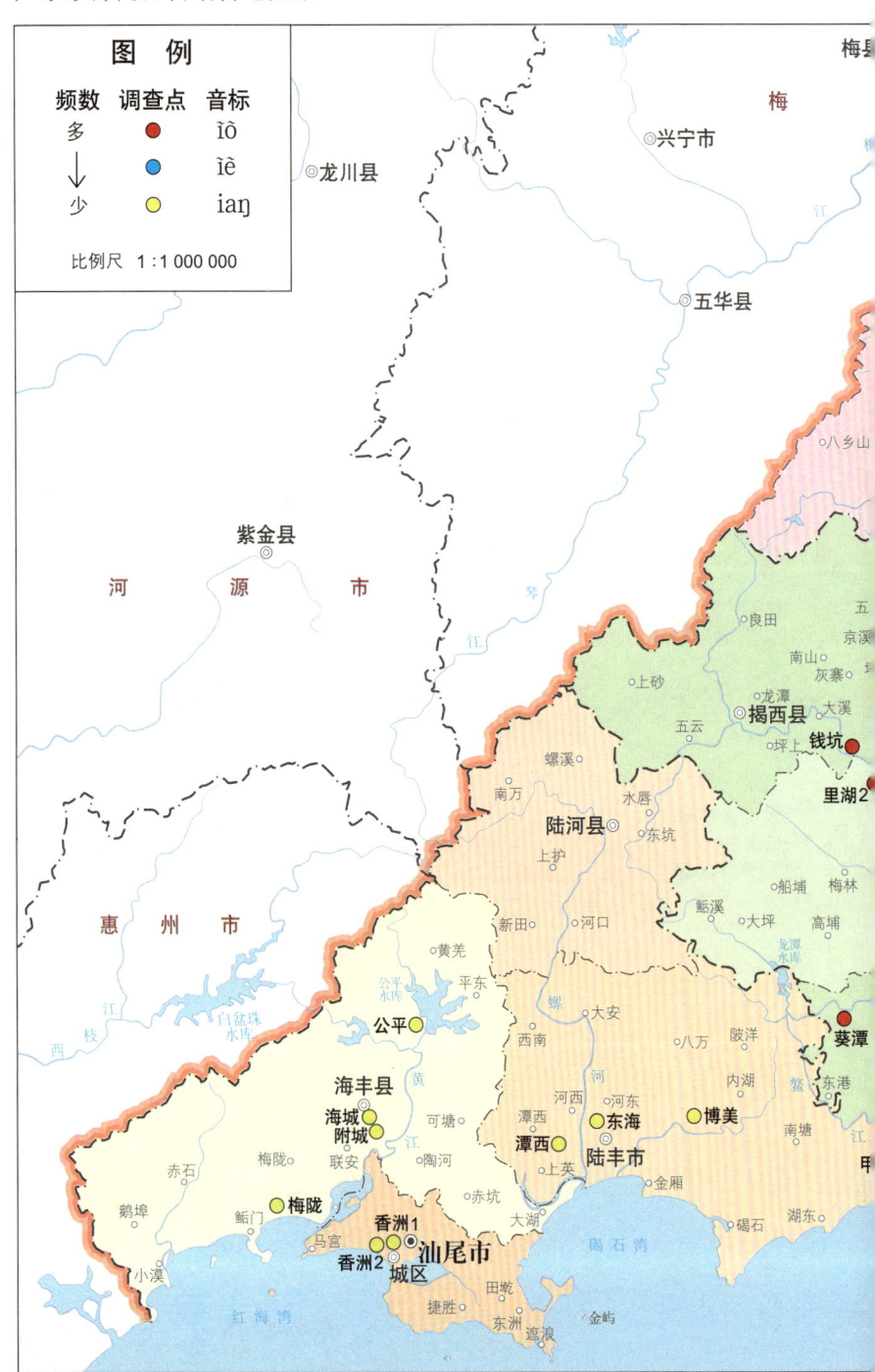

比例尺 1:1 000 000

韵母图Y117—章(白读, 文章)阳

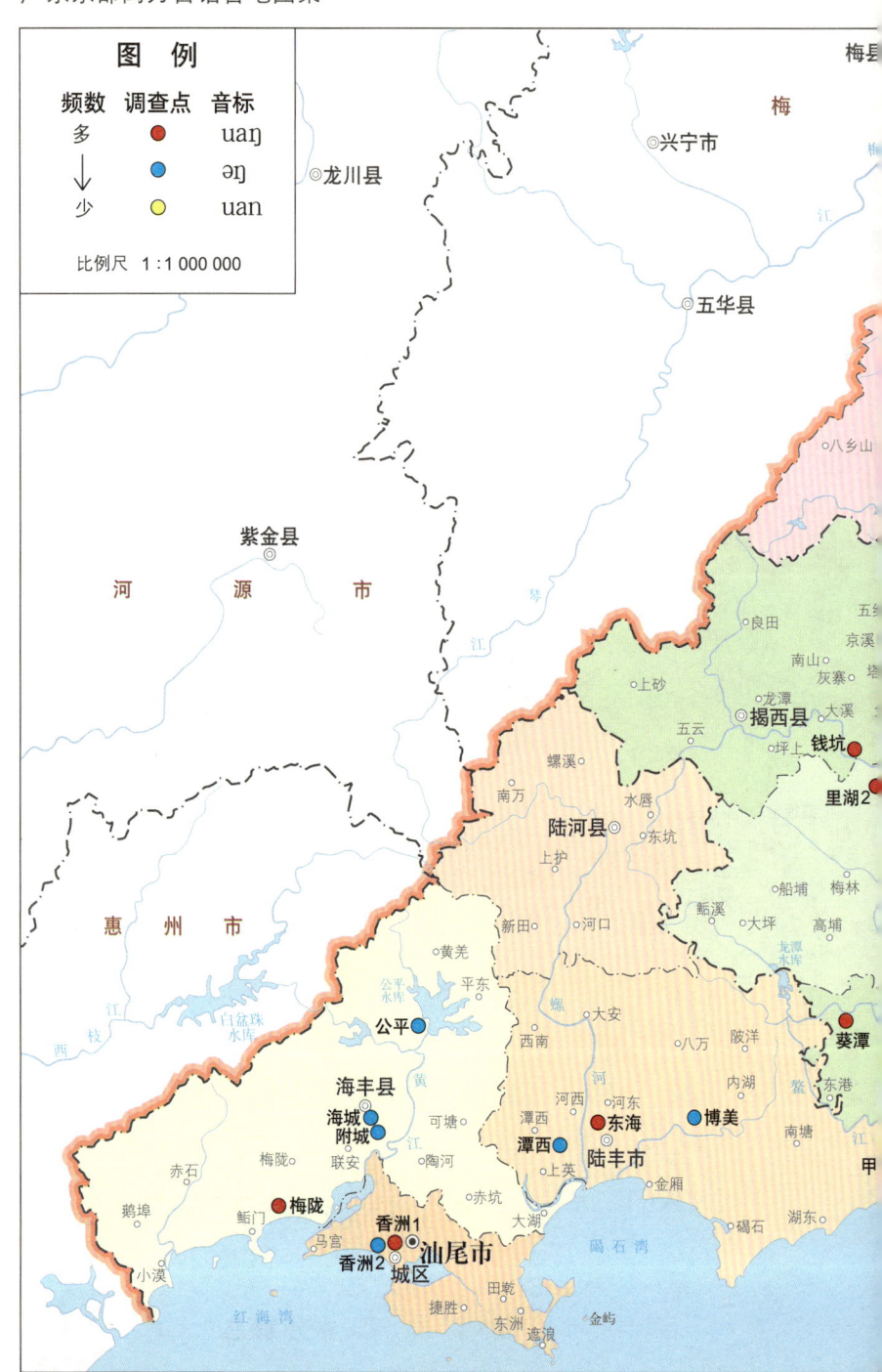

广东东部闽方言语音地图集

图例

频数	调查点	音标
多	🔴	uaŋ
↓	🔵	ue
少	🟡	uan

比例尺 1:1 000 000

韵母图Y118—装阳 383

广东东部闽方言语音地图集

图例

频数	调查点	音标
多	🔴	iaŋ
↓少	🔵	iõ

比例尺 1:1 000 000

韵母图Y119—想(文读,思想)养

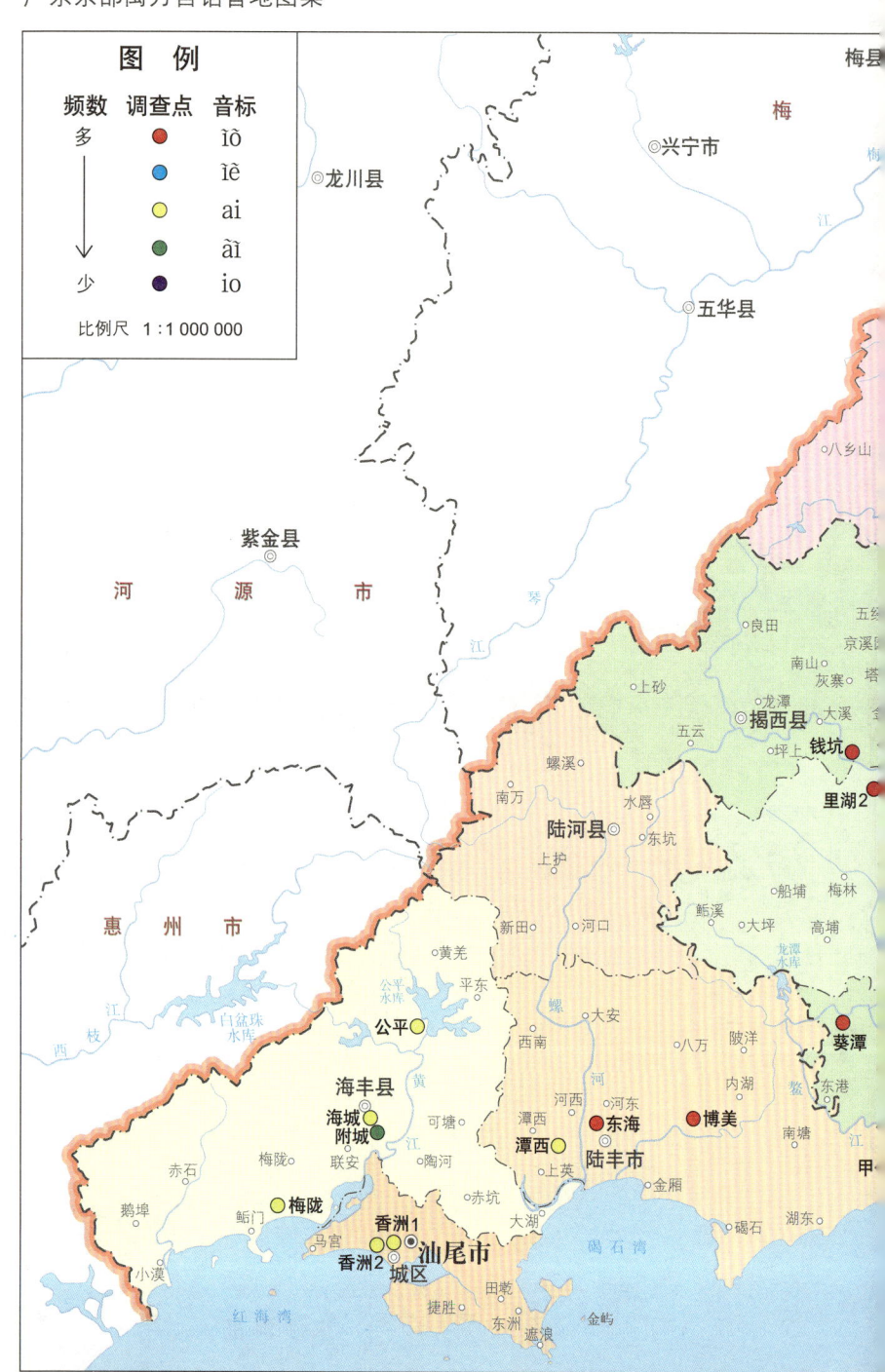

广东东部闽方言语音地图集

图 例

频数	调查点	音标
多	●	ĩõ
↓	●	ĩẽ
↓	●	ai
↓	●	ãĩ
少	●	io

比例尺 1:1 000 000

韵母图Y120—痒(白读)養

387

广东东部闽方言语音地图集

图例

频数	调查点	音标
多	●	iaŋ
↓	●	io
少	●	iõ

比例尺 1:1 000 000

韵母图Y121—唱漾

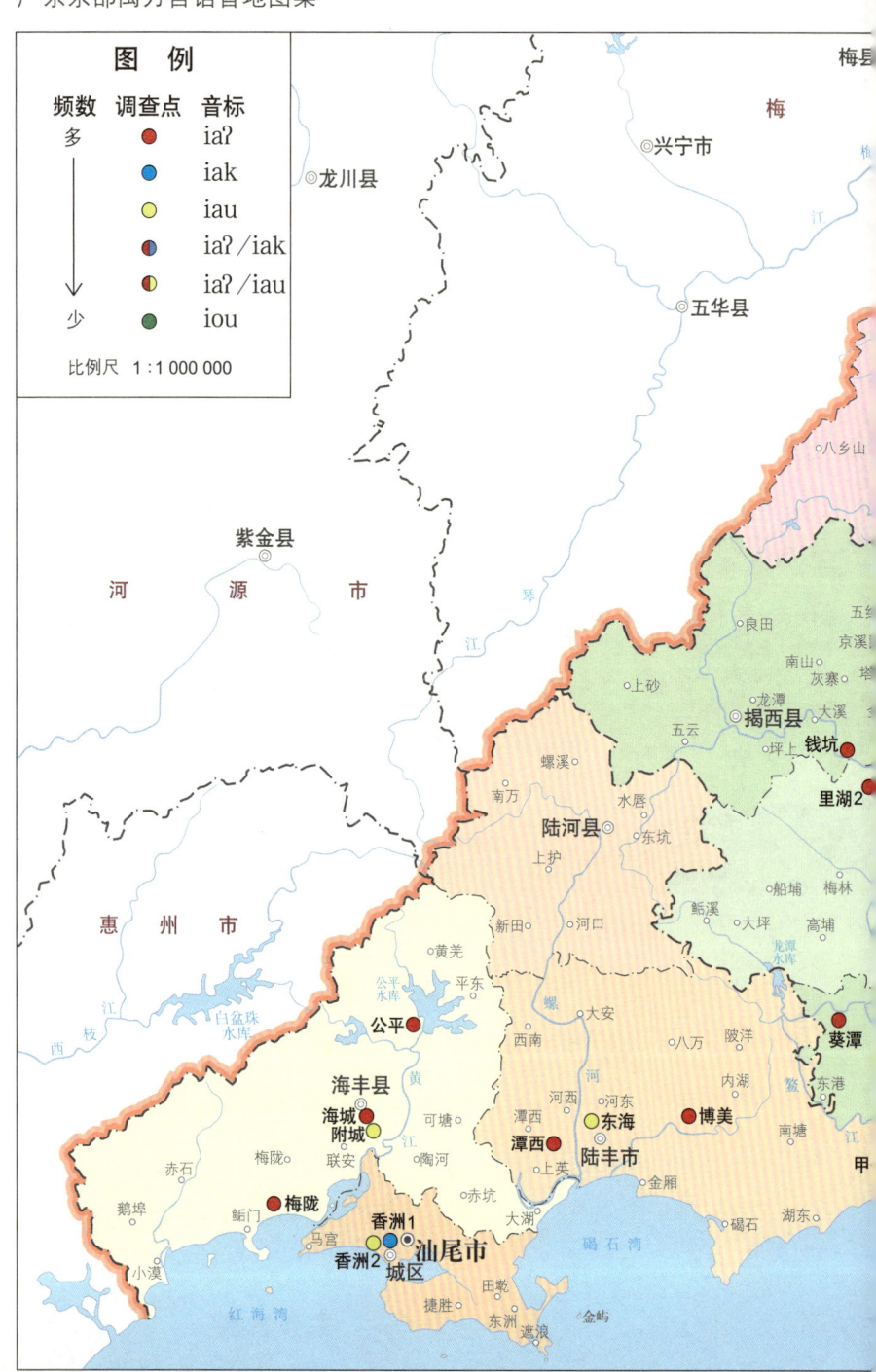

广东东部闽方言语音地图集

图例

频数	调查点	音标
多	🔴	iaʔ
↓	🔵	iak
	🟡	iau
	🔴🔵	iaʔ/iak
↓	🔴🟡	iaʔ/iau
少	🟢	iou

比例尺 1:1 000 000

韵母图Y122—削药

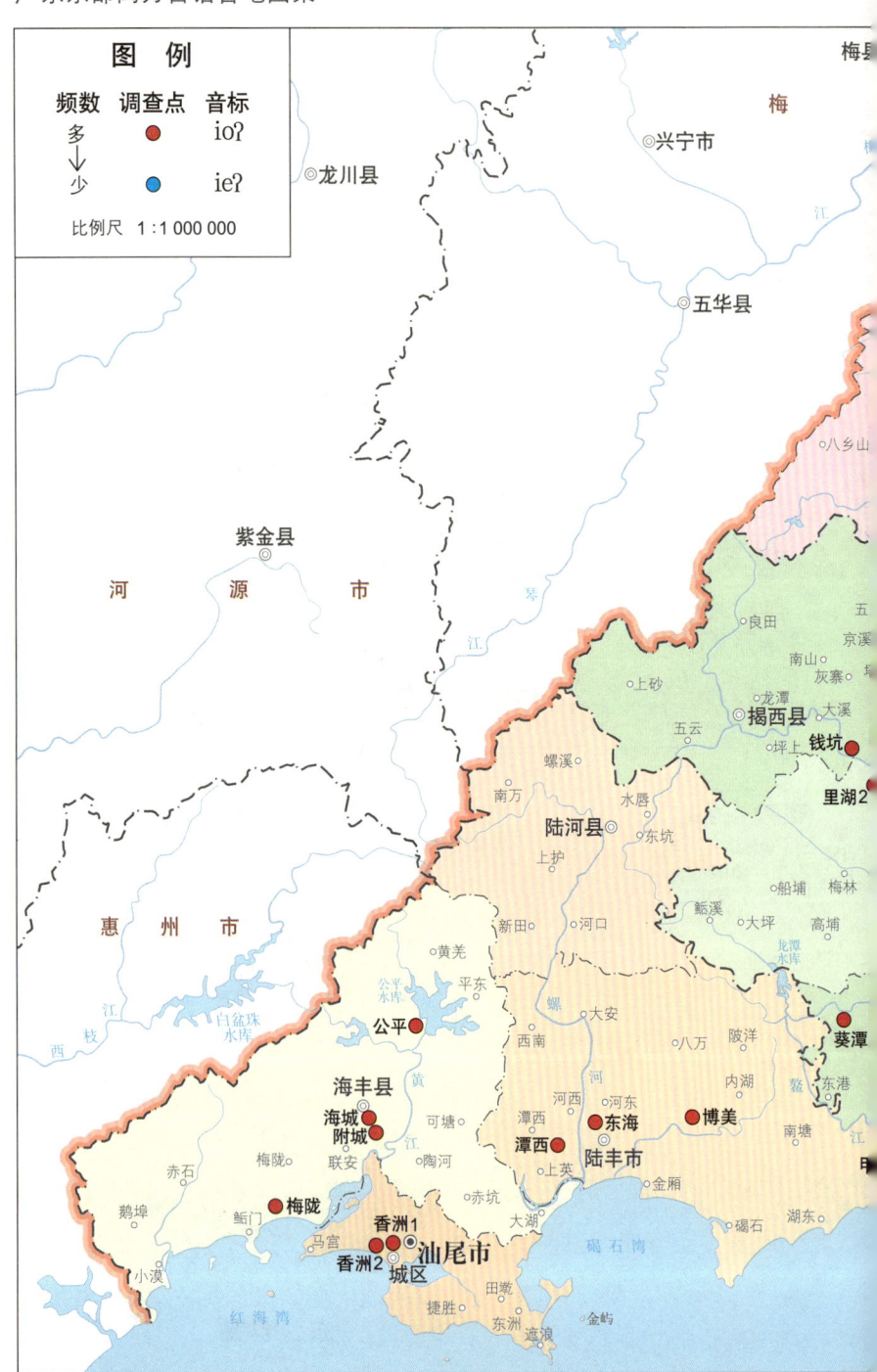

392　广东东部闽方言语音地图集

图例

频数	调查点	音标
多	●	ioʔ
↓ 少	●	ieʔ

比例尺 1:1 000 000

韵母图Y123—箬(树叶)药

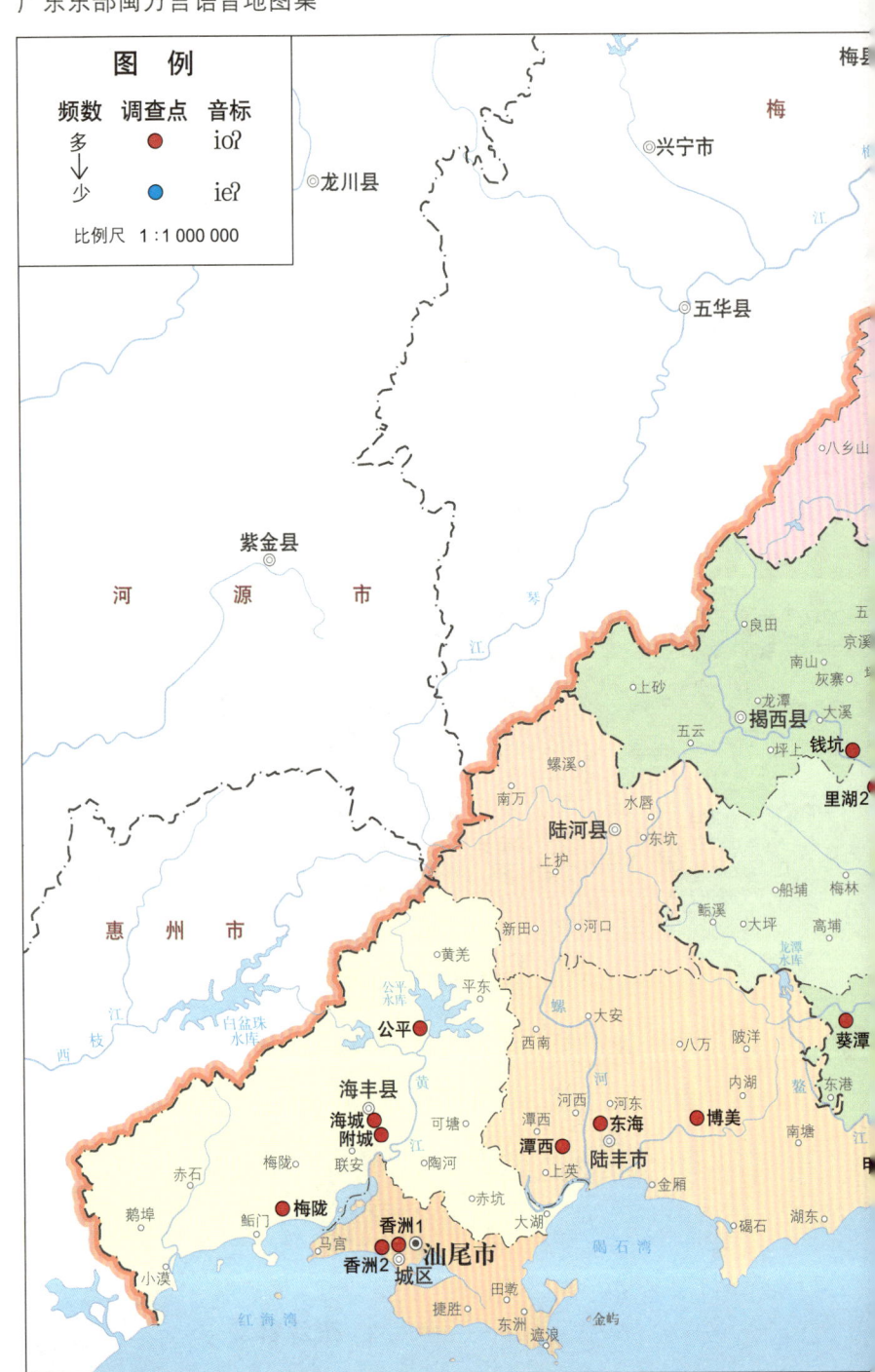

广东东部闽方言语音地图集

图 例

频数	调查点	音标
多 ↓ 少	●	ioʔ
	●	ieʔ

比例尺 1:1 000 000

韵母图Y124—药

广东东部闽方言语音地图集

图例

频数	调查点	音标
多	●	eŋ
↓		
少	●	ũĩ

比例尺 1:1 000 000

韵母图Y125—光(白读,天光)唐

广东东部闽方言语音地图集

图例

频数	调查点	音标
多	🔴	ŋ
↓	🔵	ũĩ
↓	🟡	əŋ
少	🔴🟡	ŋ/əŋ

比例尺 1:1 000 000

韵母图Y126—黄唐

400 广东东部闽方言语音地图集

图 例

频数	调查点	音标
多	●	uaŋ
↓	●	oŋ
少	●	uan

比例尺 1:1 000 000

韵母图Y127—王(文读，国王)阳

广东东部闽方言语音地图集

韵母图Y128—王(白读，姓)阳

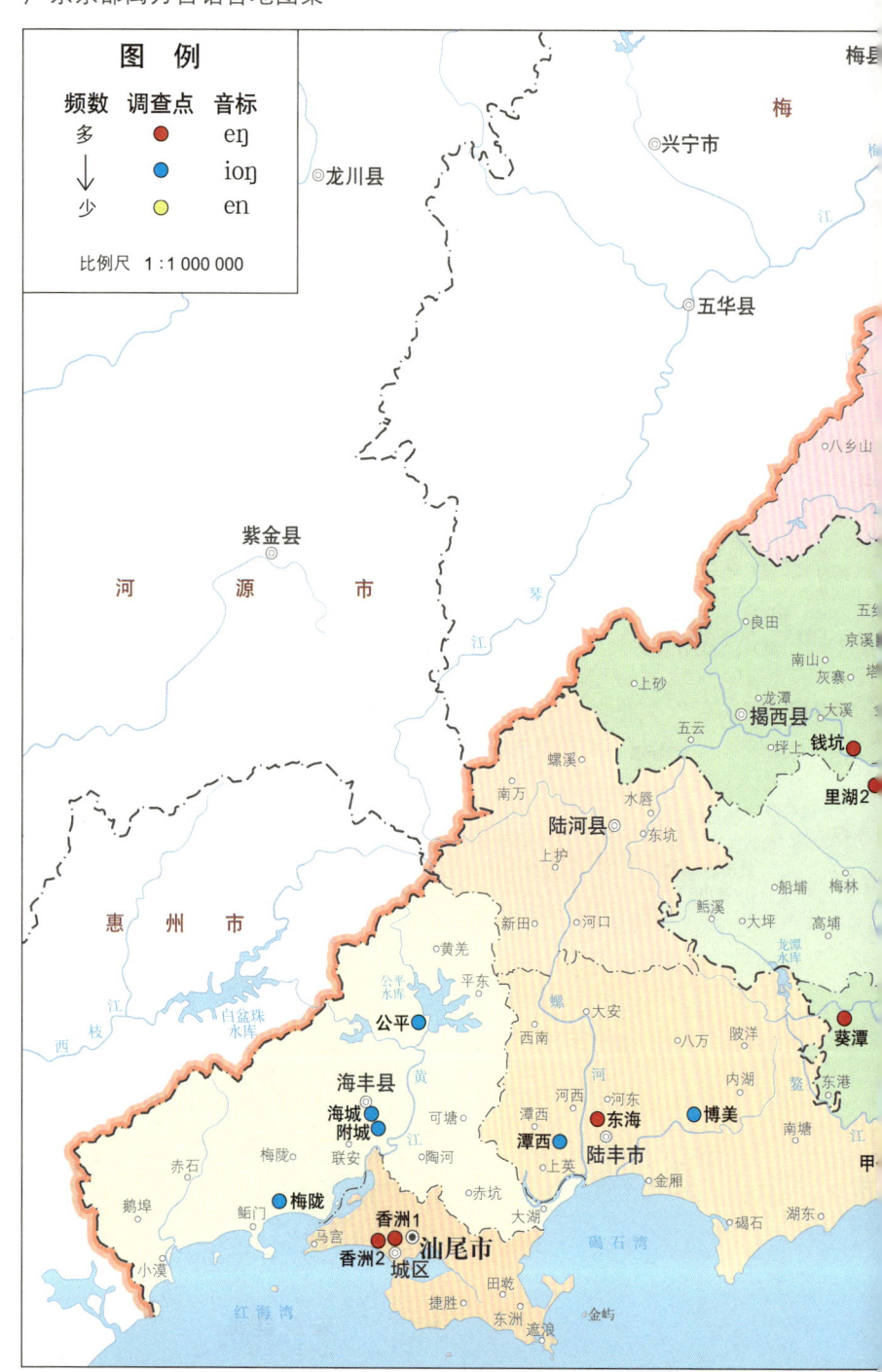

广东东部闽方言语音地图集

韵母图Y129—窗江

广东东部闽方言语音地图集

图例

频数	调查点	音标
多	🔴	aŋ
↓	🔵	oŋ
少	🟡	am

比例尺 1:1 000 000

韵母图Y130—讲讲

广东东部闽方言语音地图集

图例

频数	调查点	音标
多	● (红)	uaŋ
↓	● (蓝)	ioŋ
↓	● (黄)	uan
少	● (绿)	oŋ

比例尺 1:1 000 000

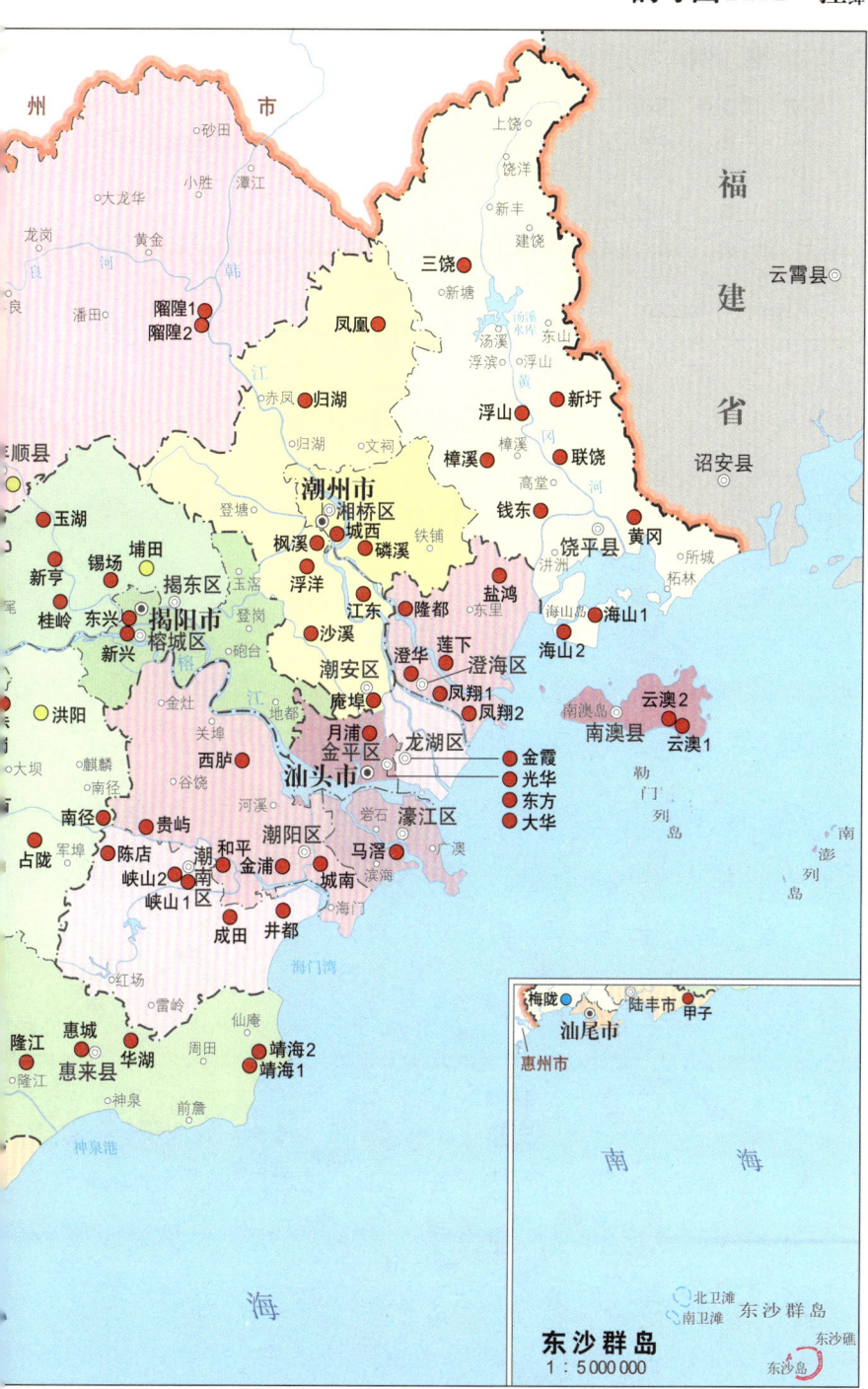

韵母图Y131—撞绛

广东东部闽方言语音地图集

图例

频数	调查点	音标
多	🔴	ak
↓	🔵	aʔ
	🔴🔵	ak/aʔ
少	🟡🔴	ak/ioʔ

比例尺 1:1 000 000

韵母图Y132—角觉

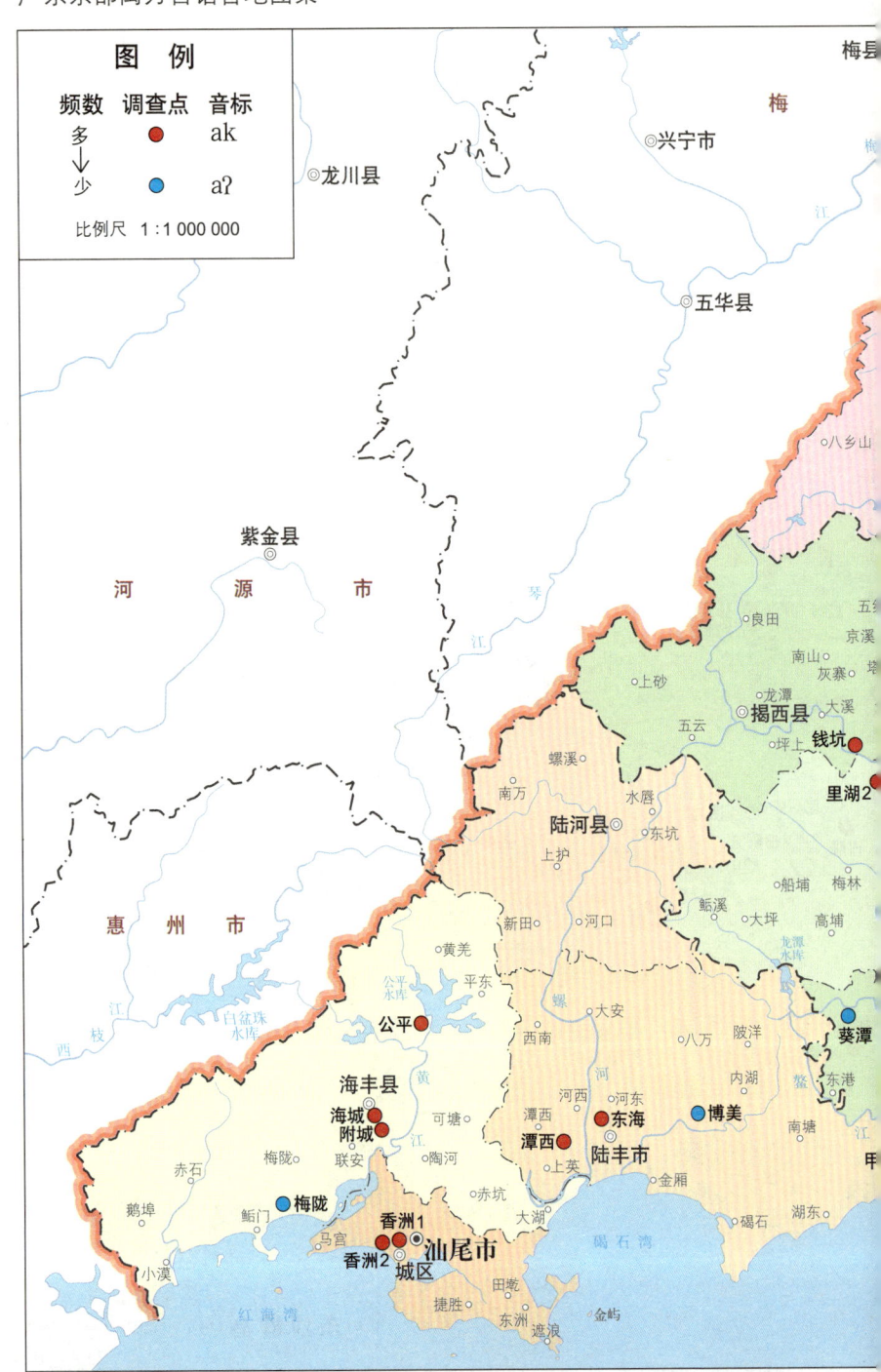

412　广东东部闽方言语音地图集

图 例

频数	调查点	音标
多↓少	●	ak
	●	aʔ

比例尺 1:1 000 000

韵母图Y133—学(文读，学习)觉

414　广东东部闽方言语音地图集

韵母图Y134—增登

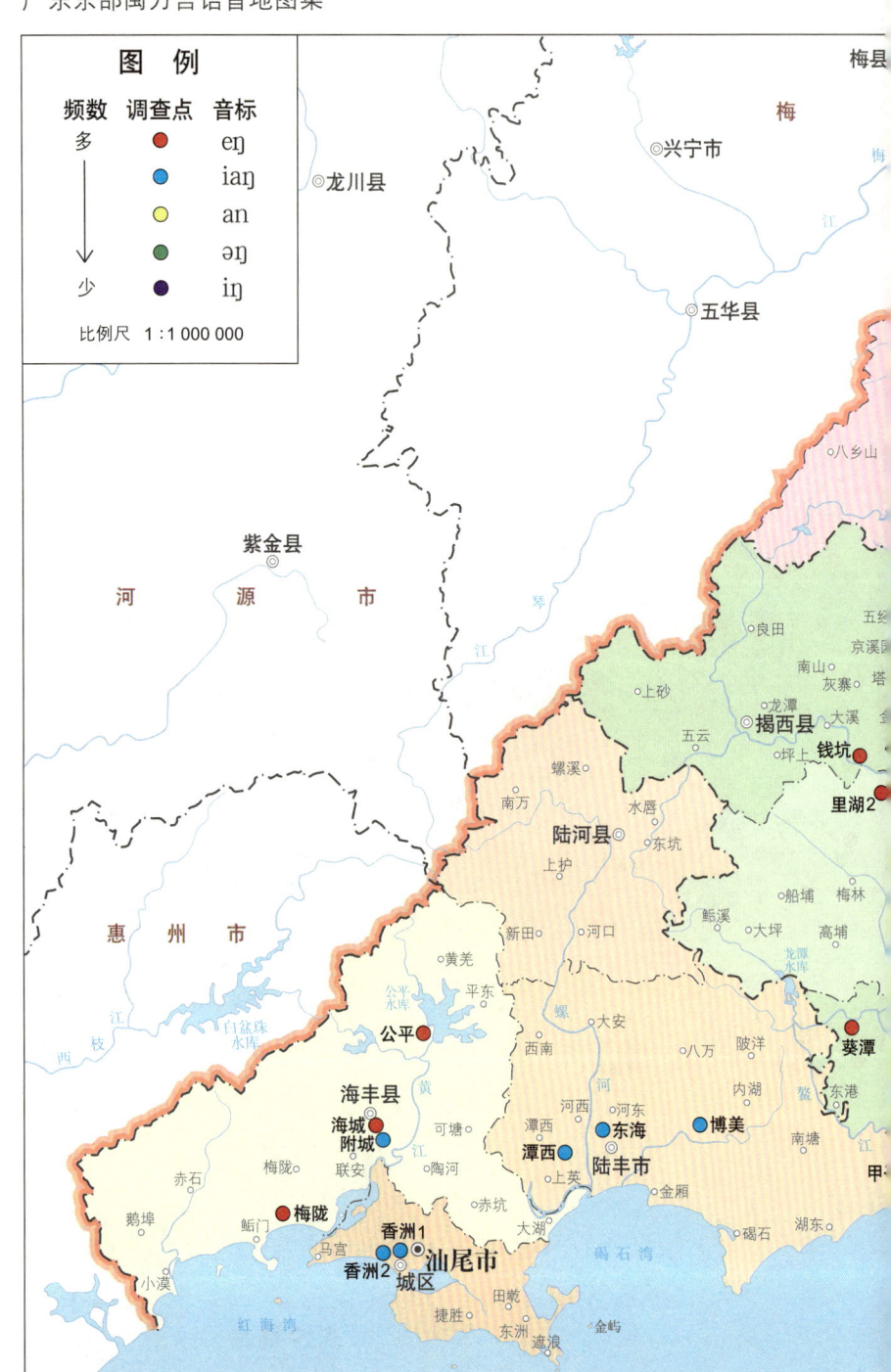

416　广东东部闽方言语音地图集

图例

频数	调查点	音标
多	●	eŋ
	●	iaŋ
	●	an
↓	●	əŋ
少	●	iŋ

比例尺 1:1 000 000

韵母图Y135—肯等

广东东部闽方言语音地图集

韵母图Y136—冰蒸

东沙群岛
1:5 000 000

广东东部闽方言语音地图集

图 例

频数	调查点	音标
多	🔴	ek
↓	🔵	et
少	🟡	eʔ

比例尺 1:1 000 000

韵母图Y137—侧职

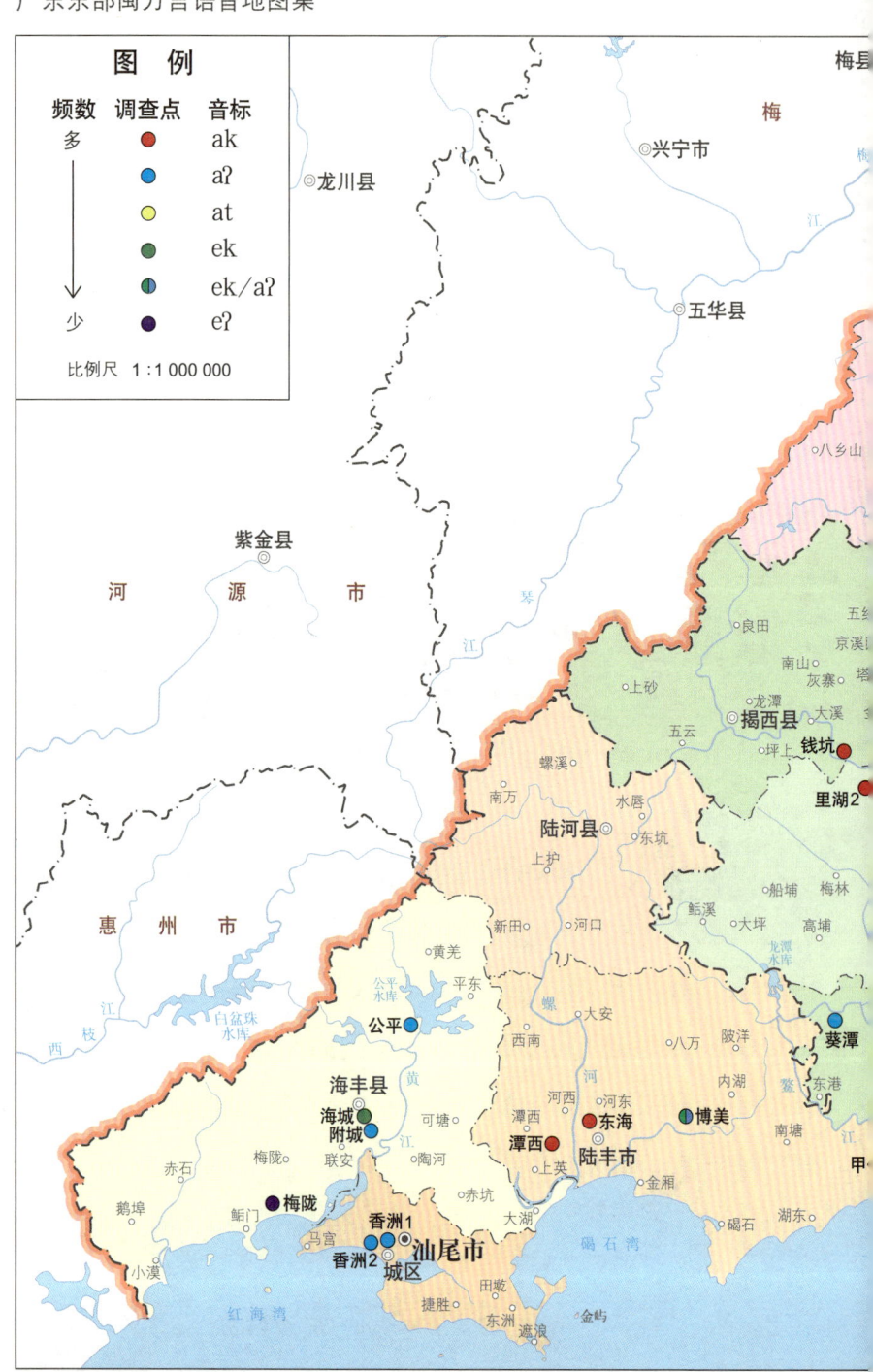

广东东部闽方言语音地图集

图例

频数	调查点	音标
多	●	ak
↓	●	aʔ
	●	at
	●	ek
↓	●	ek/aʔ
少	●	eʔ

比例尺 1:1 000 000

韵母图Y138—力职 423

广东东部闽方言语音地图集

图例

频数	调查点	音标
多	🔴	ik
	🔵	eʔ
↓	🟡	it
	🟢	iʔ
少	🟣	ip

比例尺 1:1 000 000

韵母图Y139—织职

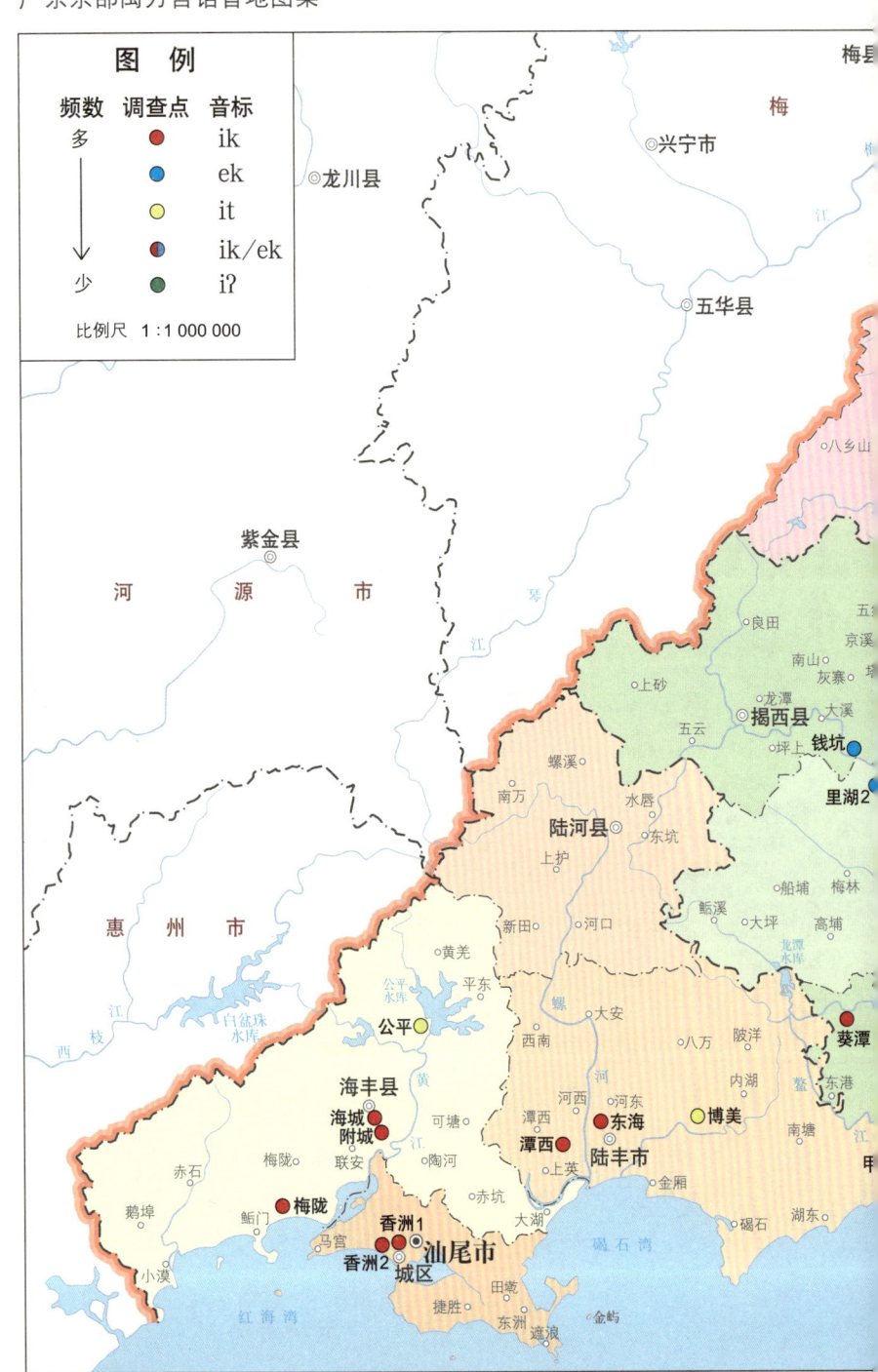

广东东部闽方言语音地图集

图例

频数	调查点	音标
多	●	ik
	●	ek
	●	it
↓	●	ik/ek
少	●	i?

比例尺 1:1 000 000

韵母图Y140—直职

广东东部闽方言语音地图集

图 例

频数	调查点	音标
多	●	ok
↓ 少	●	o?

比例尺 1:1 000 000

韵母图Y141—国德

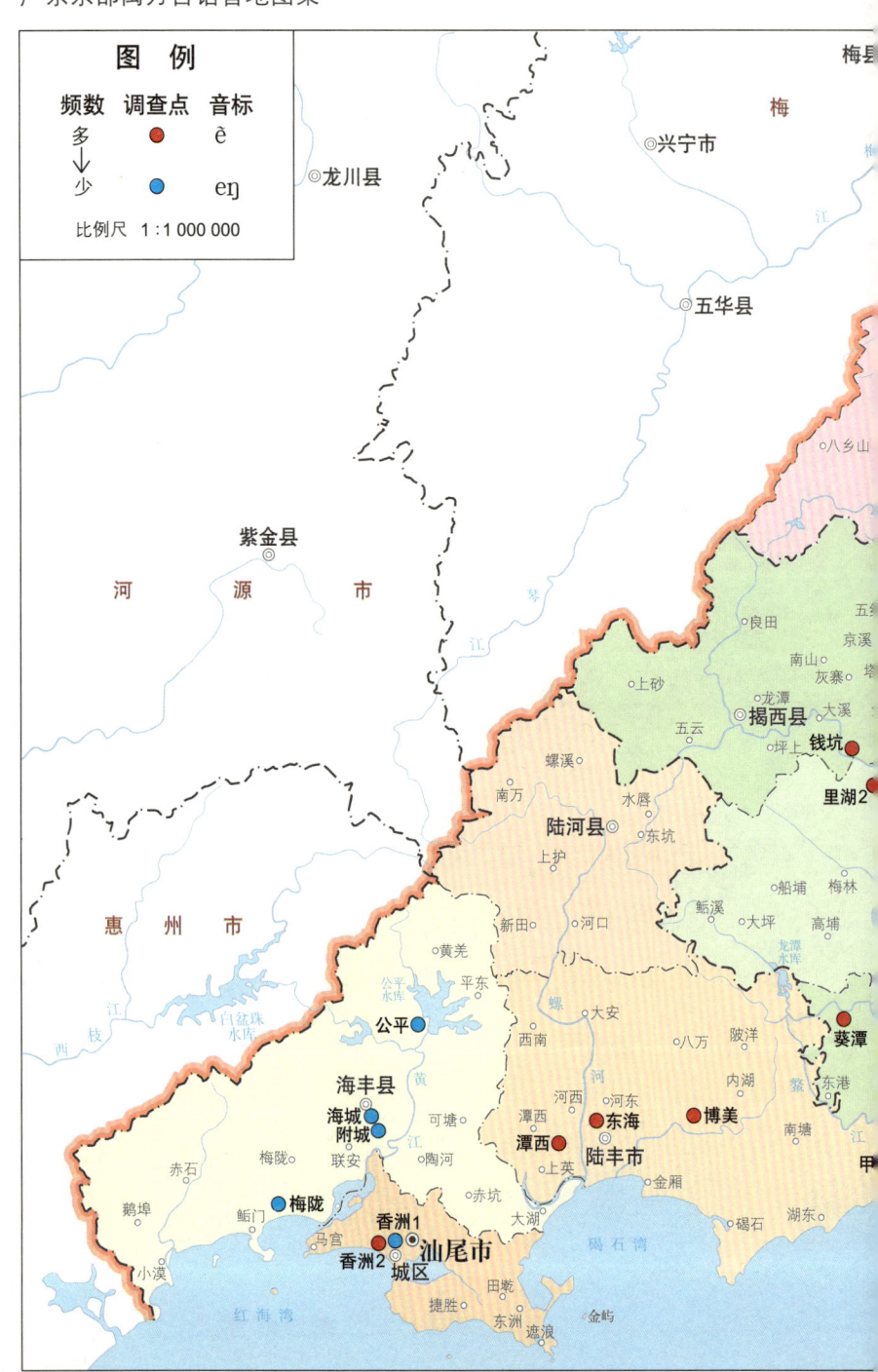

广东东部闽方言语音地图集

图例

频数	调查点	音标
多	●	ẽ
↓		
少	●	eŋ

比例尺 1:1 000 000

韵母图Y142—生(白读，生产)庚

广东东部闽方言语音地图集

图例

频数	调查点	音标
多	🔴	eʔ
↓	🔵	ek
	🟡	aʔ
少	🟢	iaʔ

比例尺 1:1 000 000

韵母图Y143—策麦

广东东部闽方言语音地图集

韵母图Y144—轻(轻重)清

435

436 广东东部闽方言语音地图集

韵母图Y145—劲

438 广东东部闽方言语音地图集

韵母图Y146—石昔

440　广东东部闽方言语音地图集

图　例

频数	调查点	音标
多	🔴	ak
↓	🔵	ek
少	🟡	aʔ

比例尺　1:1 000 000

韵母图Y147—踢锡

442　广东东部闽方言语音地图集

韵母图Y148—横(横线)庚

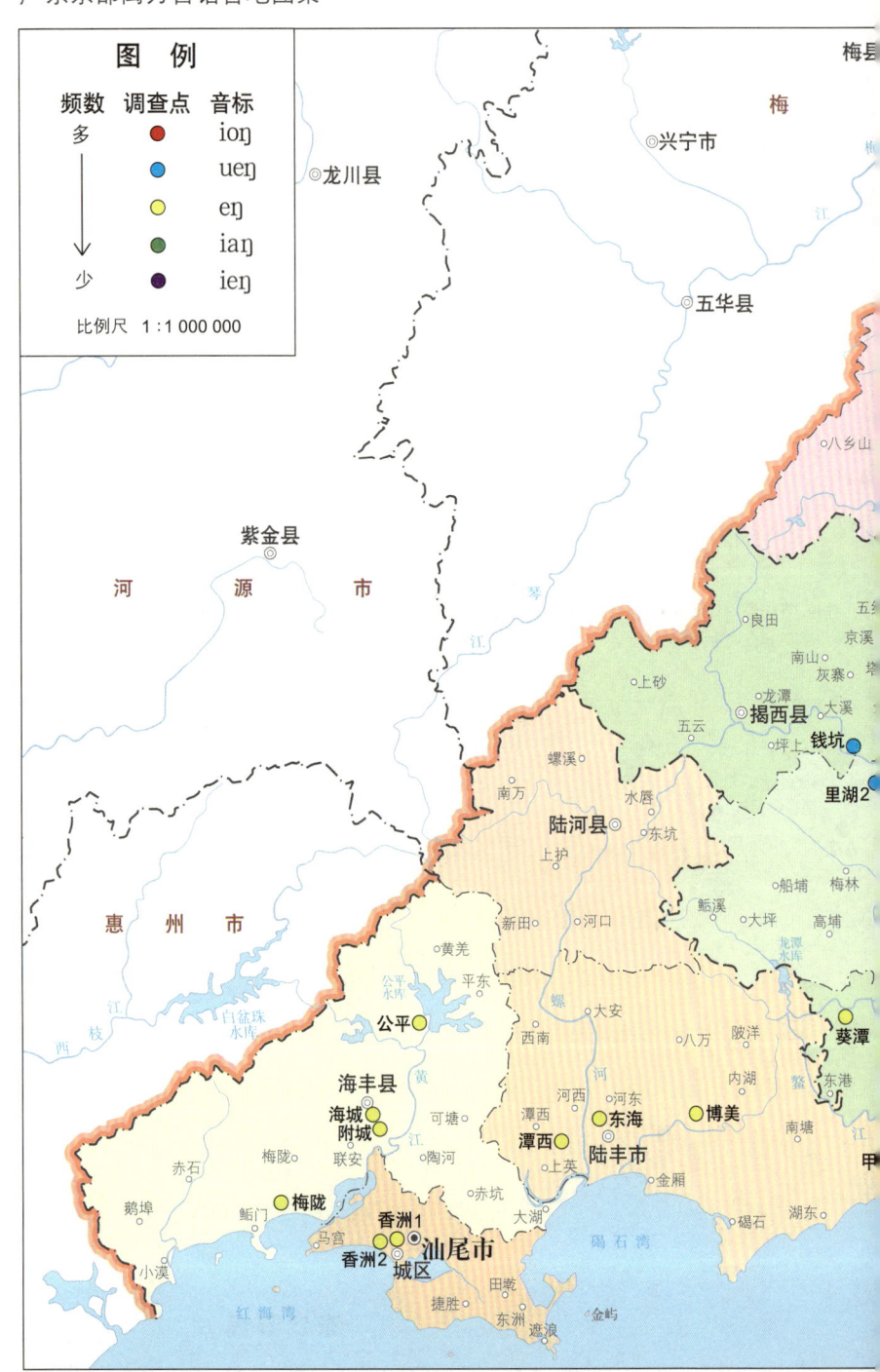

444　广东东部闽方言语音地图集

图 例

频数	调查点	音标
多	●	ioŋ
↓	●	ueŋ
	●	eŋ
	●	iaŋ
少	●	ieŋ

比例尺 1:1 000 000

韵母图Y149—荣庚

广东东部闽方言语音地图集

图例

频数	调查点	音标
多	🔴	uaŋ
↓	🔵	oŋ
少	🟡	uan

比例尺 1:1 000 000

韵母图Y150—风东

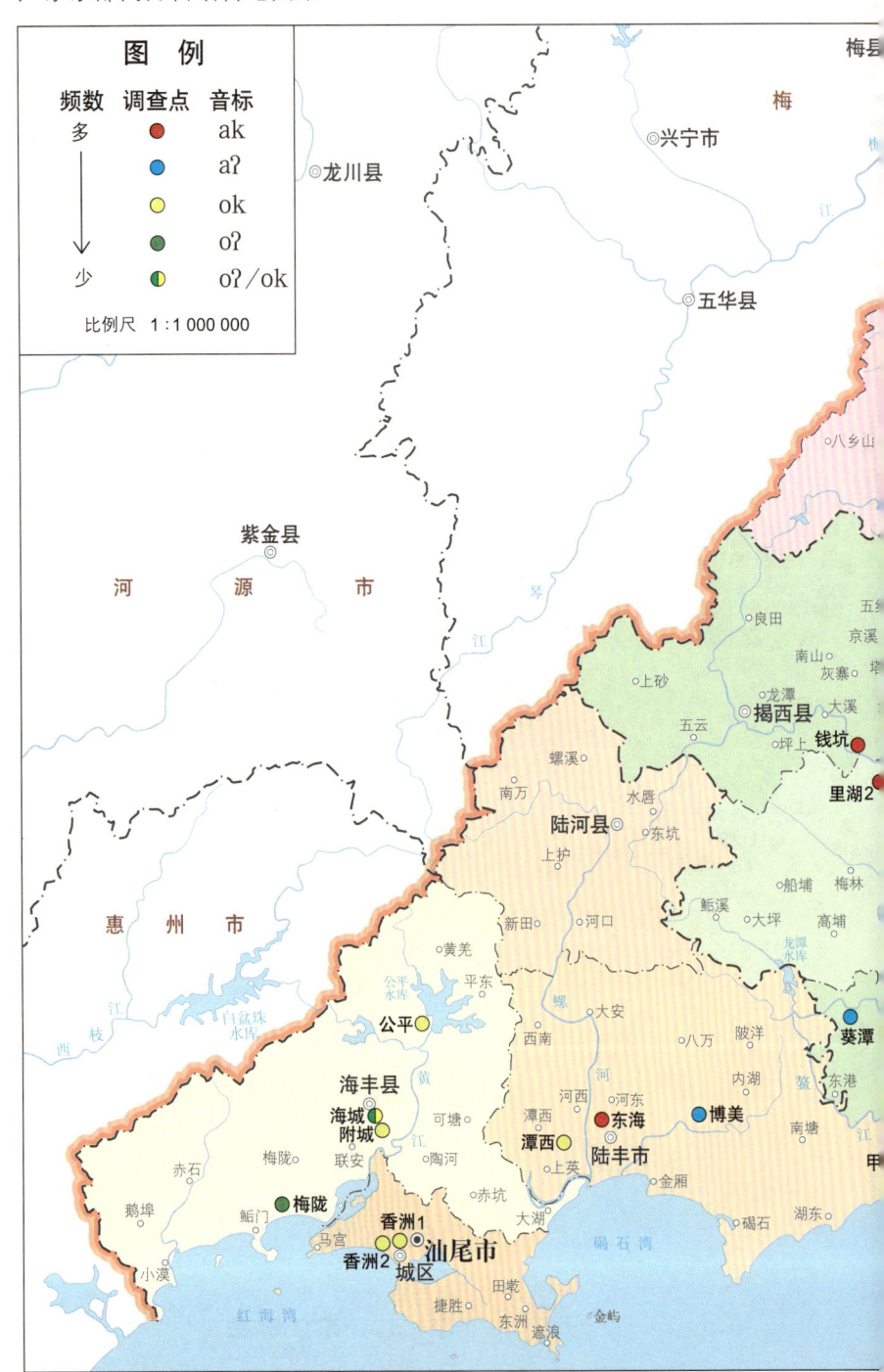

448 广东东部闽方言语音地图集

图例

频数	调查点	音标
多	🔴	ak
↓	🔵	aʔ
↓	🟡	ok
↓	🟢	oʔ
少	🟢🟡	oʔ/ok

比例尺 1:1 000 000

韵母图Y151—木屋

广东东部闽方言语音地图集

图 例

频数	调查点	音标
多 ↓ 少	🔴	oŋ
	🔵	ioŋ

比例尺 1:1 000 000

韵母图Y152—中(文读，中间)

广东东部闽方言语音地图集

图 例

频数	调查点	音标
多	🔴	eŋ
↓	🔵	ioŋ
少	🟡	oŋ

比例尺 1:1 000 000

韵母图Y153—宫东

454 广东东部闽方言语音地图集

图 例

频数	调查点	音标
多 ↓ 少	●	aŋ
	●	oŋ

比例尺 1:1 000 000

韵母图Y154—蜂钟

456　广东东部闽方言语音地图集

图例

频数	调查点	音标
多	🔴	oŋ
↓	🔵	eŋ
少	🟡	ioŋ

比例尺 1:1 000 000

韵母图Y155—中(白读，中状元)送

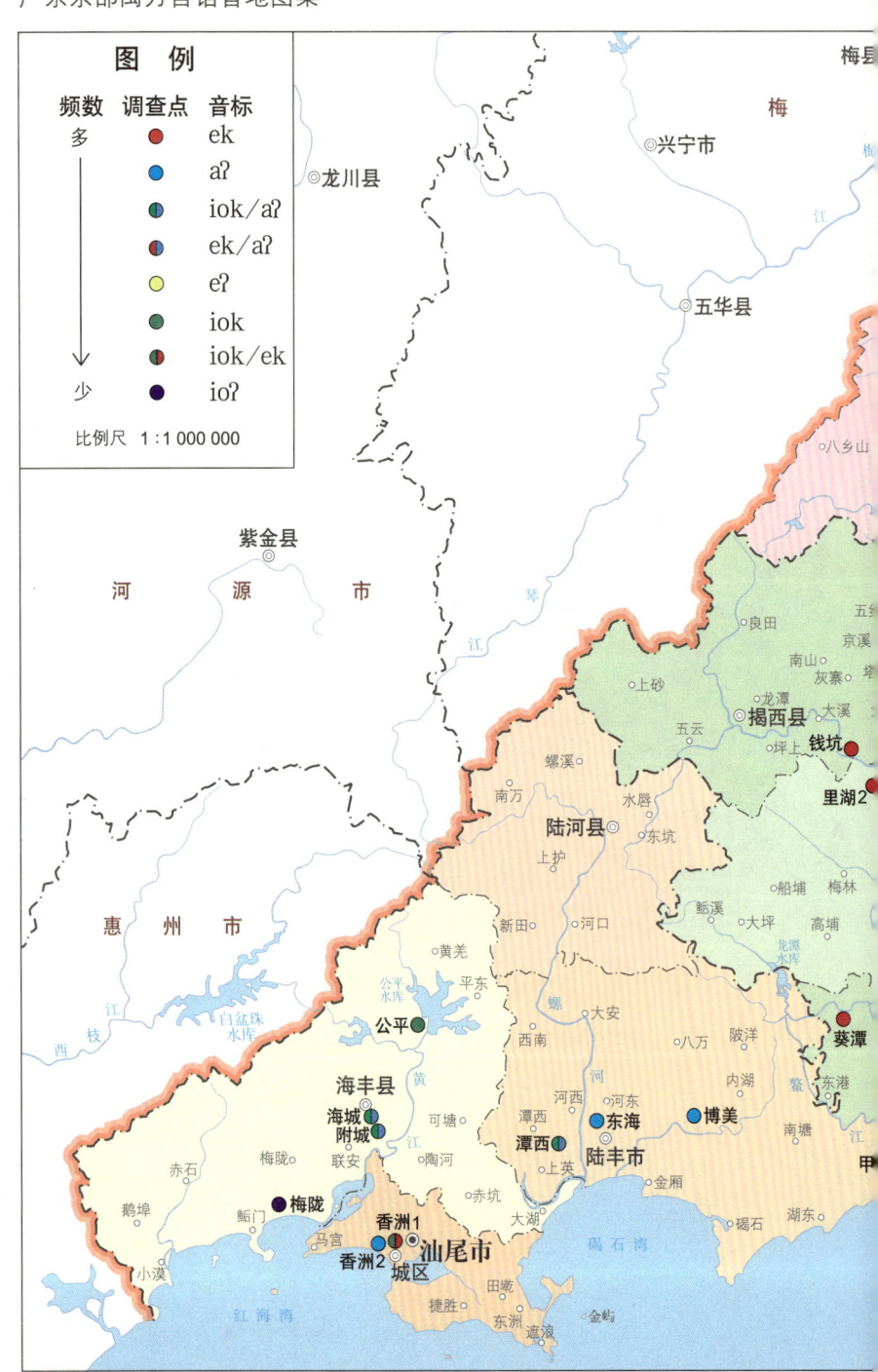

广东东部闽方言语音地图集

图例

频数	调查点	音标
多	●	ek
	●	aʔ
	●	iok/aʔ
	●	ek/aʔ
	●	eʔ
	●	iok
	●	iok/ek
少	●	ioʔ

比例尺 1:1 000 000

韵母图Y156—肉屋

460 广东东部闽方言语音地图集

图例

频数	调查点	音标
多	● (红)	ek
↓	● (蓝)	iok
	● (黄)	eʔ
少	● (绿)	ioʔ

比例尺 1:1 000 000

韵母图Y157—叔屋

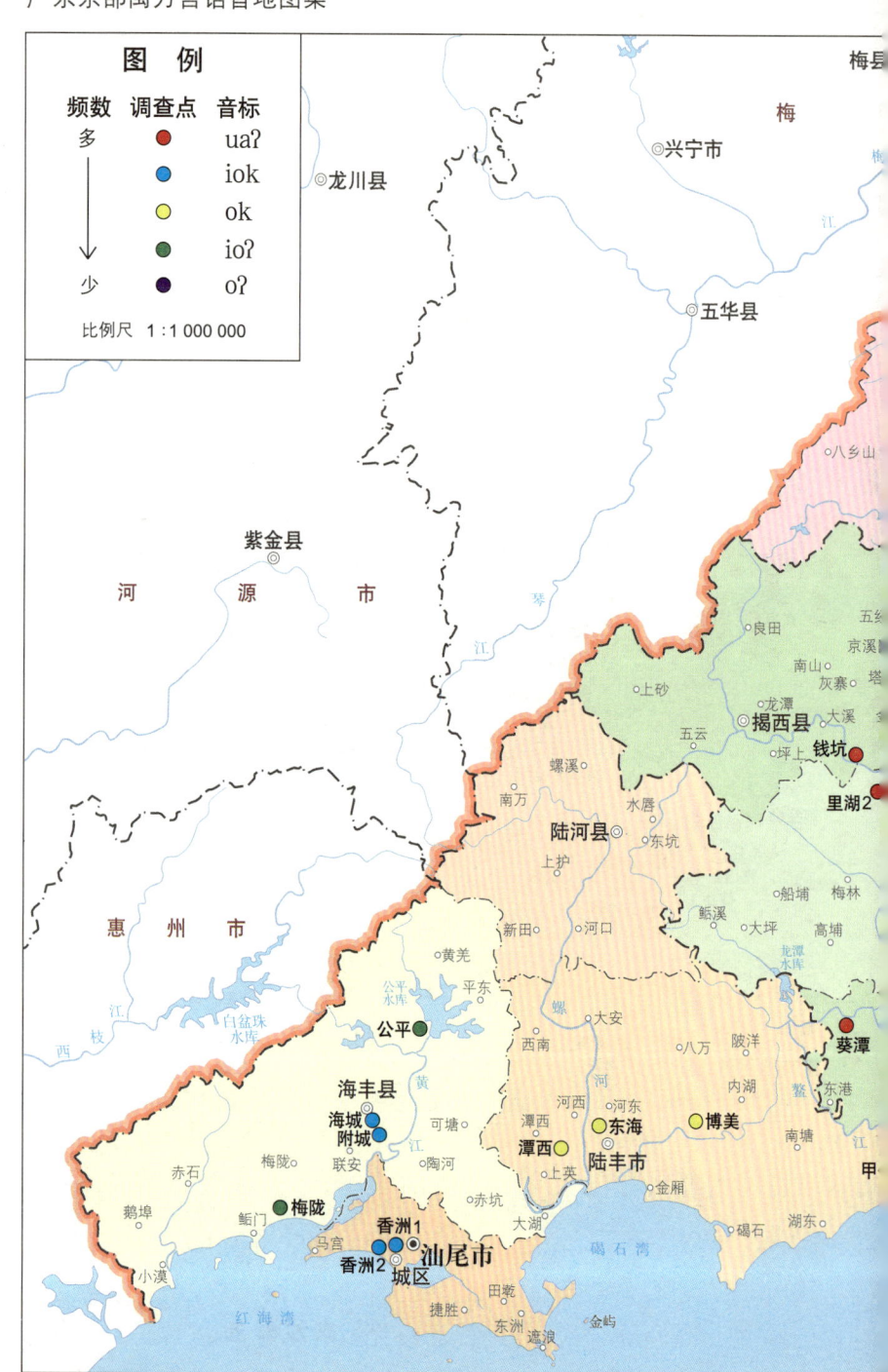

广东东部闽方言语音地图集

图 例

频数	调查点	音标
多	🔴	uaʔ
↓	🔵	iok
	🟡	ok
	🟢	ioʔ
少	🟣	oʔ

比例尺 1:1 000 000

韵母图Y158—宿屋

广东东部闽方言语音地图集

韵母图Y159—足烛

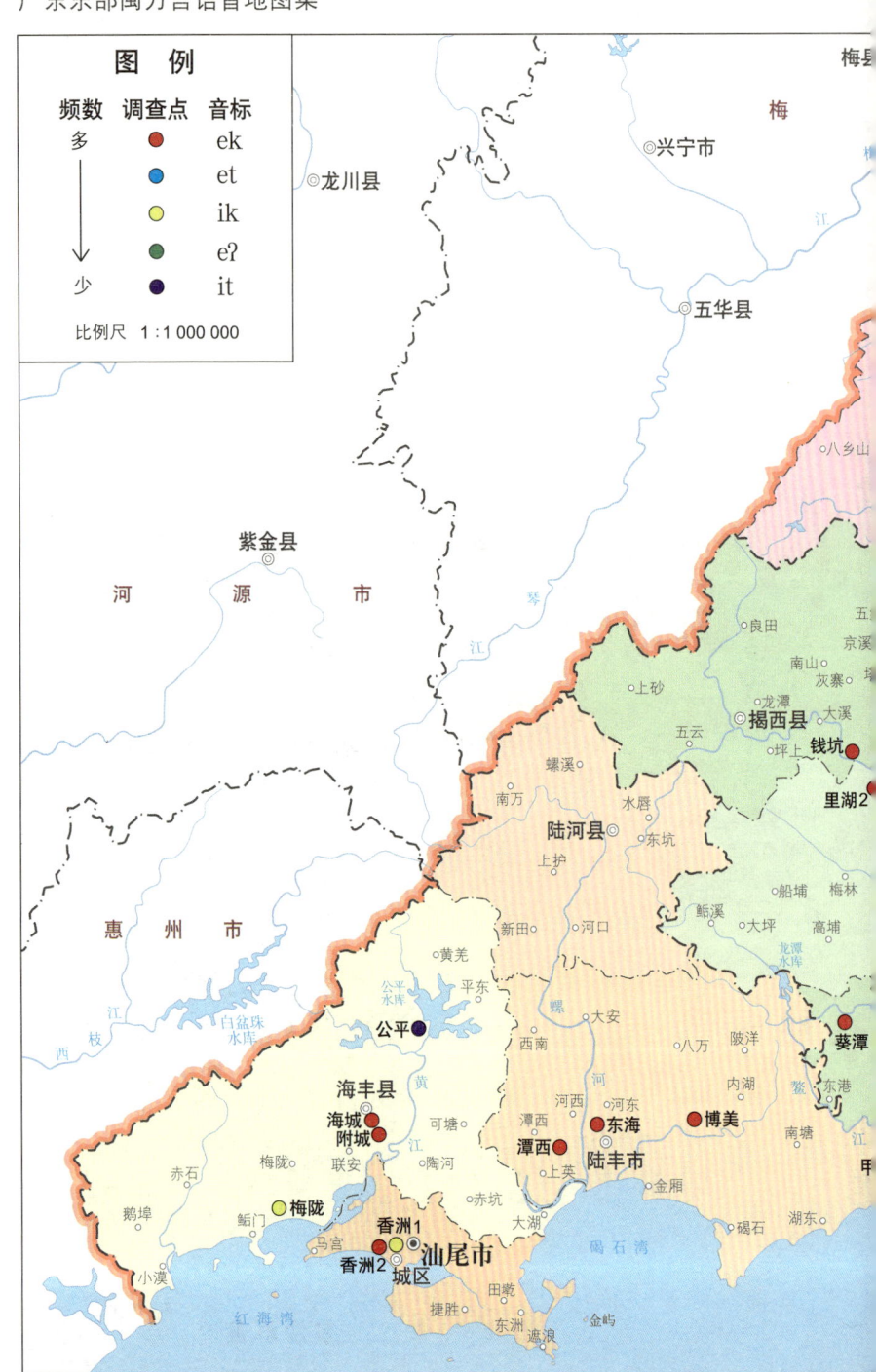

466 广东东部闽方言语音地图集

图例

频数	调查点	音标
多	🔴	ek
↓	🔵	et
	🟡	ik
	🟢	eʔ
少	🟣	it

比例尺 1:1 000 000

韵母图Y160—蜀(表数量一，蜀人)

467

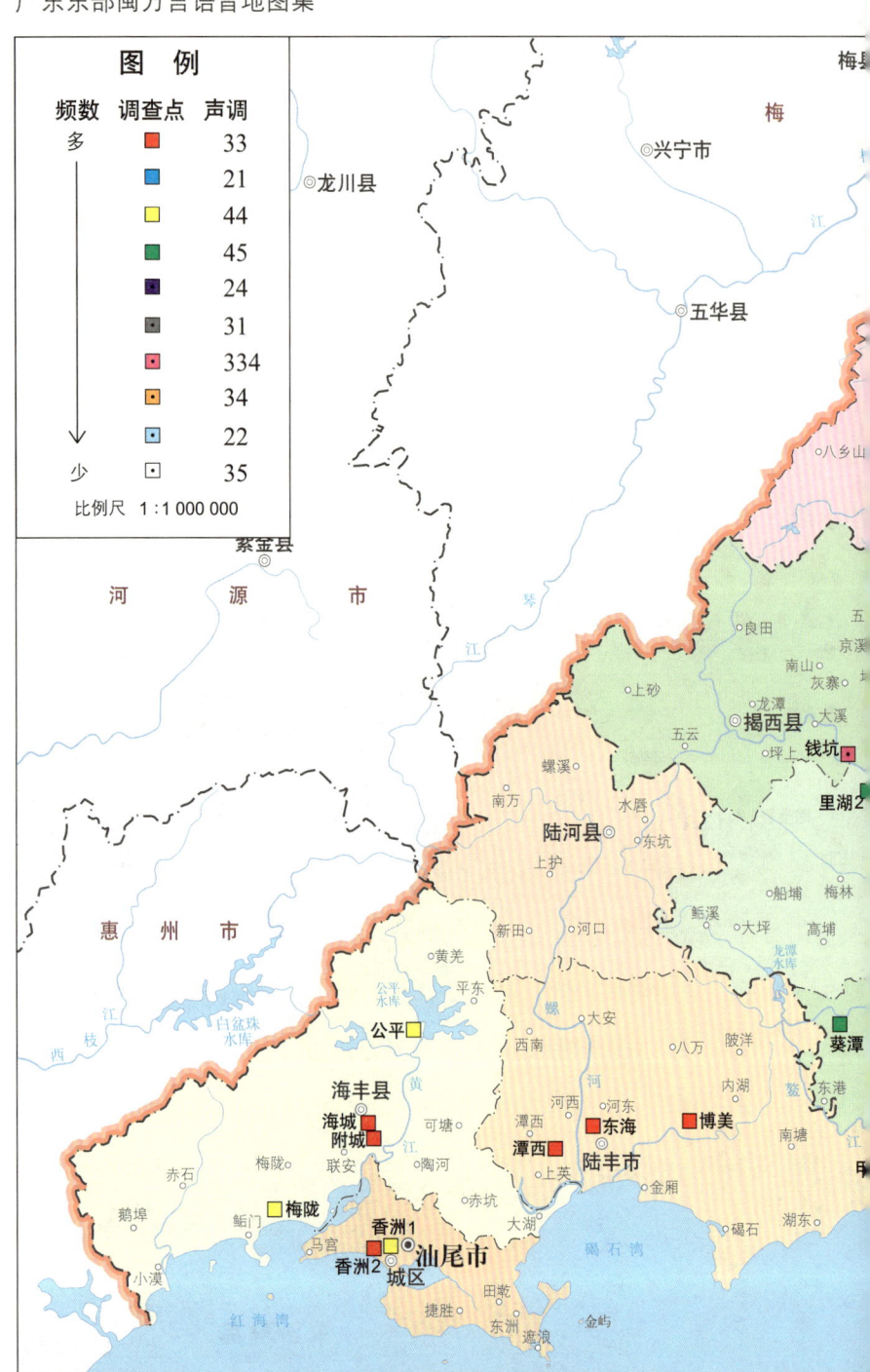

广东东部闽方言语音地图集

图 例

频数	调查点	声调
多	■	33
↑	■	21
	■	44
	■	45
	■	24
	■	31
	■	334
	■	34
↓	■	22
少	■	35

比例尺 1:1 000 000

声调图D001—阴平调值图

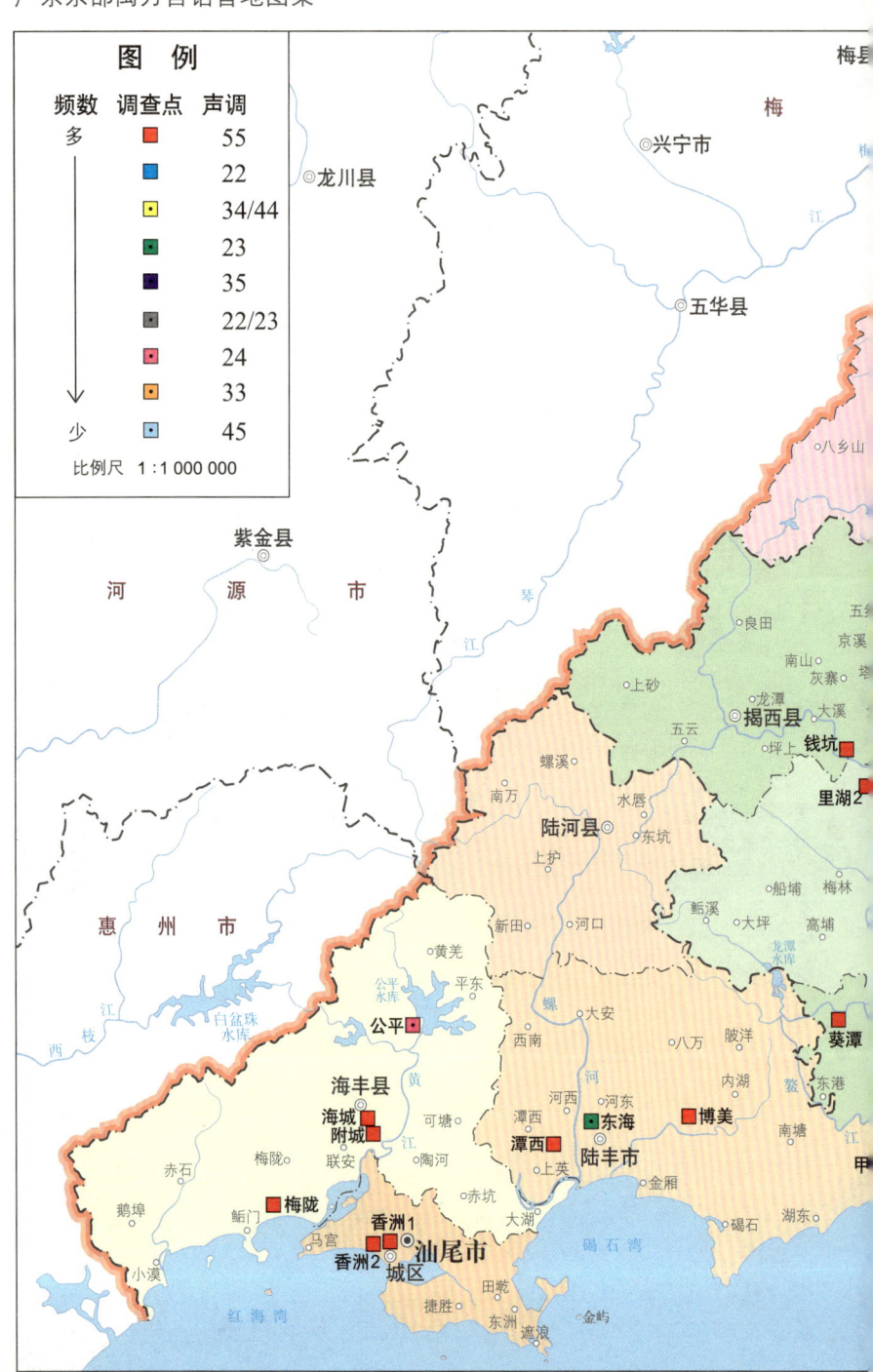

470 广东东部闽方言语音地图集

图 例

频数	调查点	声调
多	■	55
	■	22
	■	34/44
	■	23
	■	35
	■	22/23
	■	24
	■	33
少	■	45

比例尺 1:1 000 000

声调图D002—阳平调值图

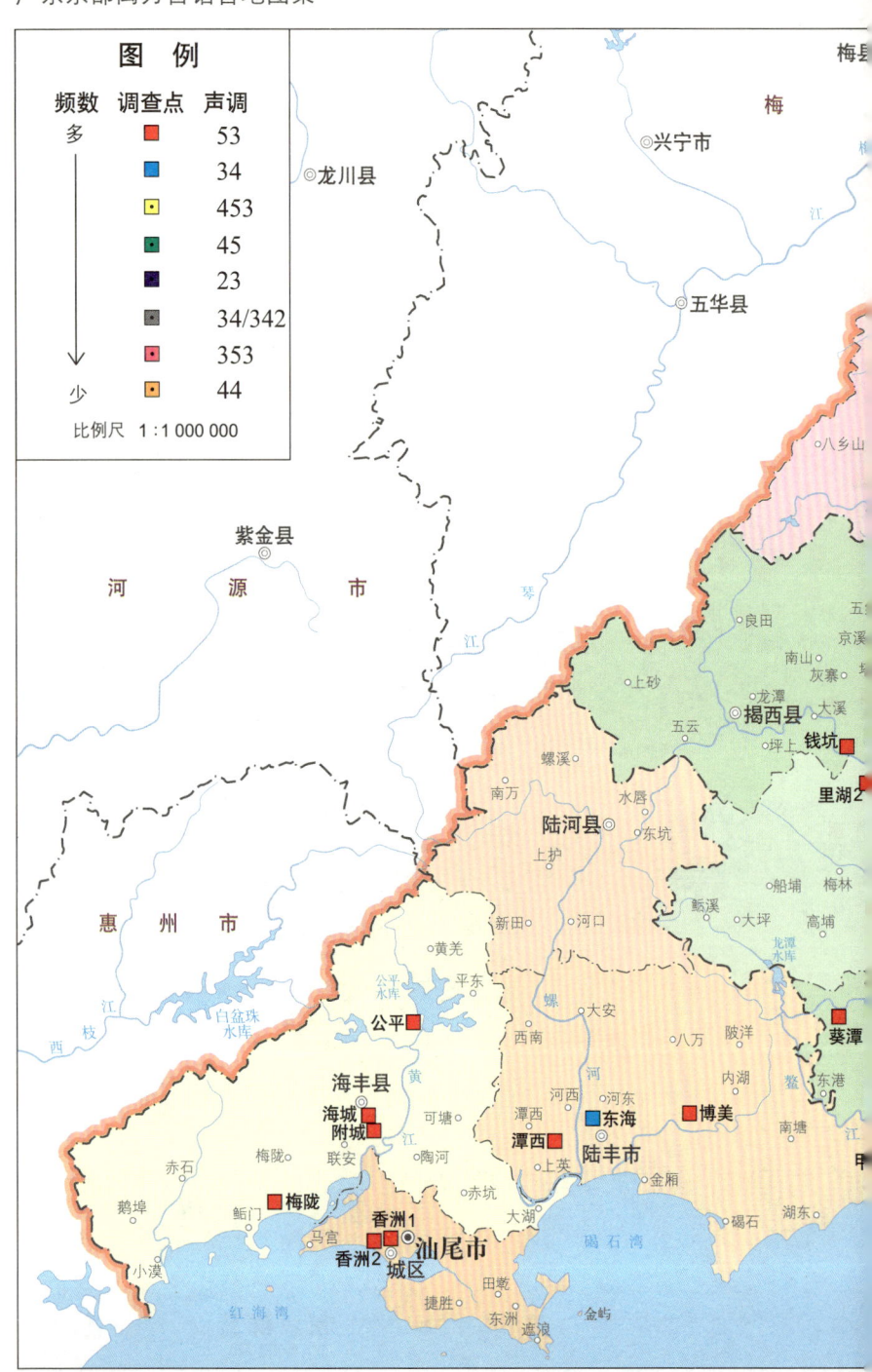

472　广东东部闽方言语音地图集

图　例

频数	调查点	声调
多	■	53
	■	34
	□	453
	■	45
	■	23
	■	34/342
	■	353
少	■	44

比例尺　1:1 000 000

声调图D003—阴上调值图

广东东部闽方言语音地图集

图 例

频数	调查点	声调
多	■(红)	35
↓	■(蓝)	53
↓	■(黄)	22
少	■(绿)	24

比例尺 1:1 000 000

声调图D004—阳上调值图

476 广东东部闽方言语音地图集

图 例

频数	调查点	声调
多	■(红)	213
	■(蓝)	53
	■(黄)	211
	■(绿)	212
少	■(紫)	42

比例尺 1:1 000 000

声调图D005—阴去调值图

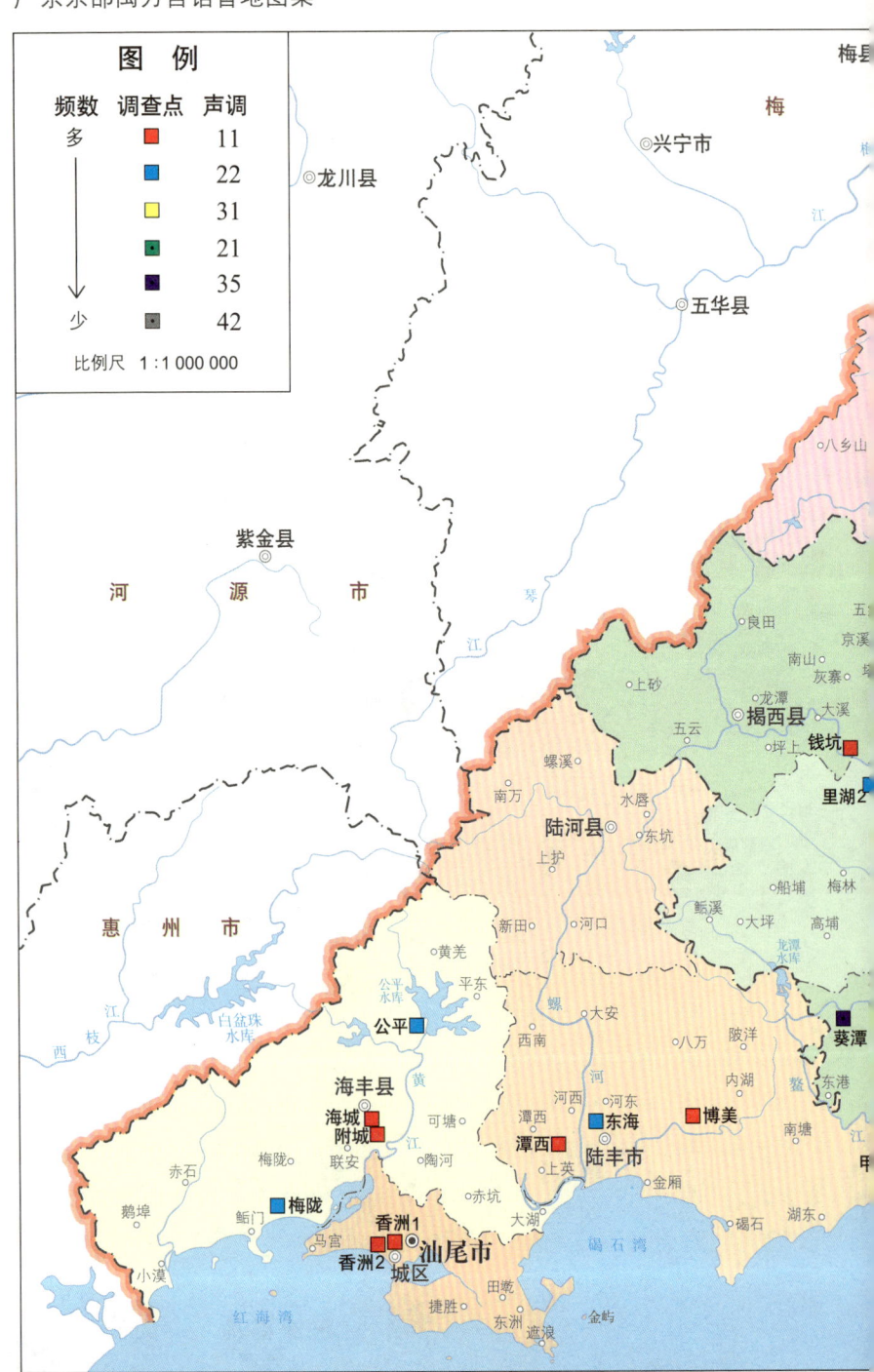

广东东部闽方言语音地图集

图例

频数	调查点	声调
多	🟥	11
	🟦	22
	🟨	31
	🟩	21
	🟪	35
少	⬛	42

比例尺 1:1 000 000

声调图D006—阳去调值图

广东东部闽方言语音地图集

图 例

频数	调查点	声调
多	🟥	02
↓	🟦	03
	🟨	032
少	🟩	021

比例尺 1:1 000 000

声调图D007—阴入调值图 481

广东东部闽方言语音地图集

图例

频数	调查点	声调
多 ↓ 少	🟥	05
	🟦	045

比例尺 1:1 000 000

声调图D008—阳入调值图 483

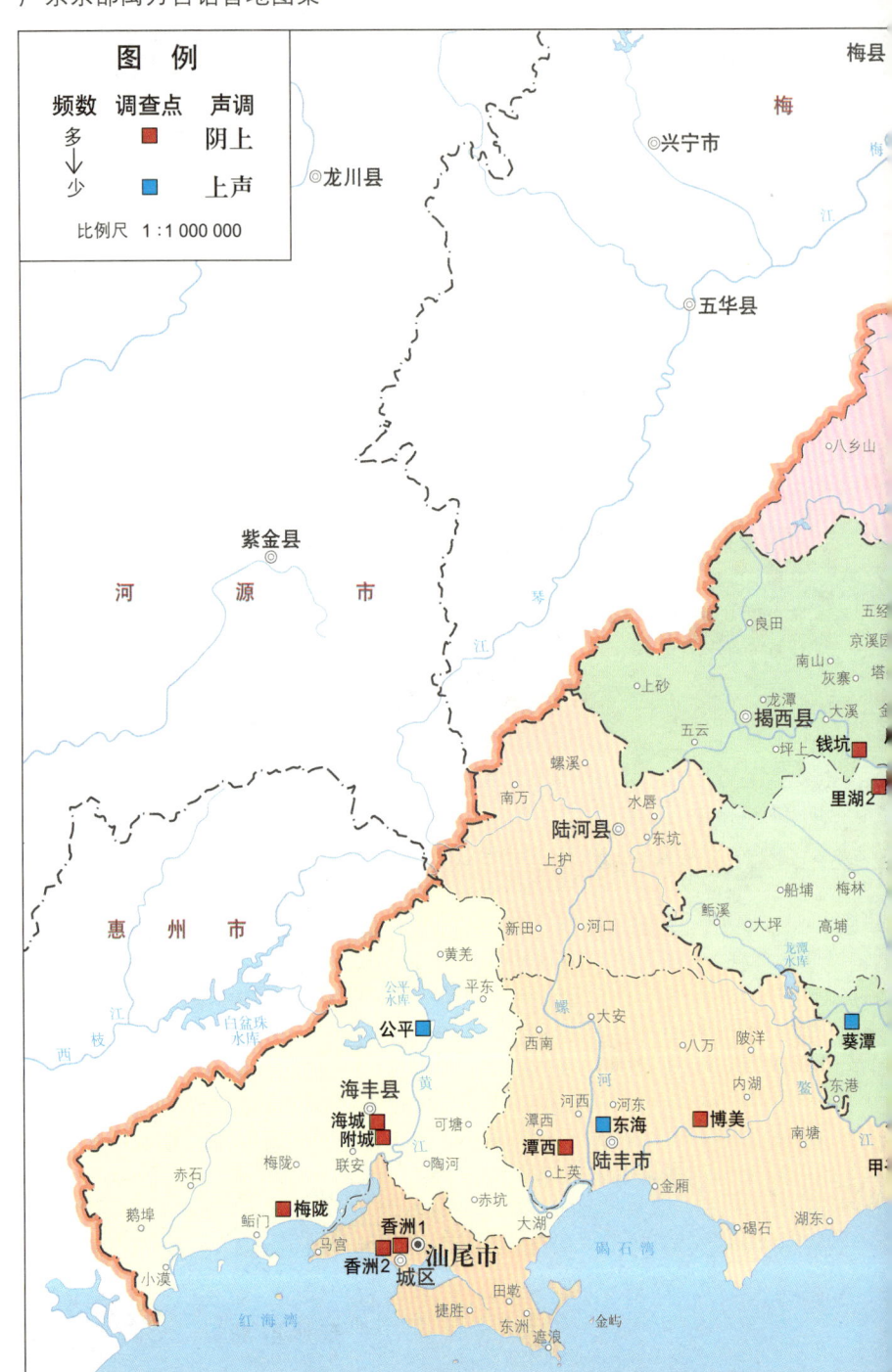

广东东部闽方言语音地图集

图 例

频数	调查点	声调
多 ↓ 少	■	阴上
	■	上声

比例尺 1:1 000 000

声调图D009—中古全清上声今读图

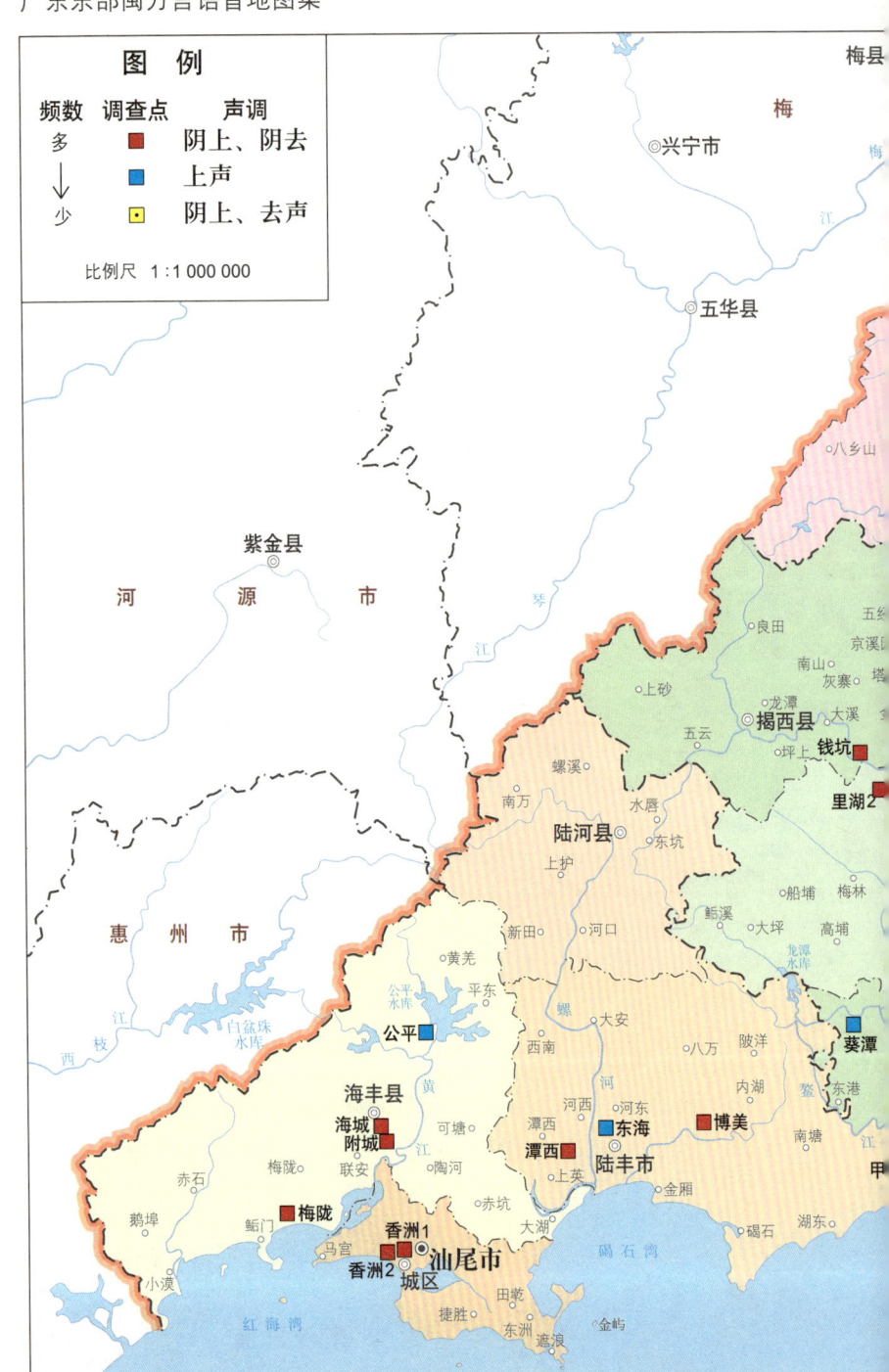

广东东部闽方言语音地图集

图例

频数	调查点	声调
多	■	阴上、阴去
↓	■	上声
少	▫	阴上、去声

比例尺 1:1 000 000

声调图D010—中古次清上声今读图

广东东部闽方言语音地图集

图例

频数	调查点	声调
多	■ (红)	阳上
↓	■ (蓝)	阴去
少	■ (黄)	阳去
	■ (绿)	阴平、阳去
	■ (紫)	上声

比例尺 1:1 000 000

声调图D011—中古全浊上声今读图

广东东部闽方言语音地图集

图例

频数	调查点	声调
多	■	阴上、阳上
↓	■	上声、阴去
	■	上声、阳去
少	■	上声、阴平
	■	上声

比例尺 1:1 000 000

声调图D012—中古次浊上声今读图 491

广东东部闽方言语音地图集

图例

频数	调查点	声调
多	■	阴去
↓	■	上声
少	■	去声

比例尺 1:1 000 000

声调图D013—中古全清去声今读图

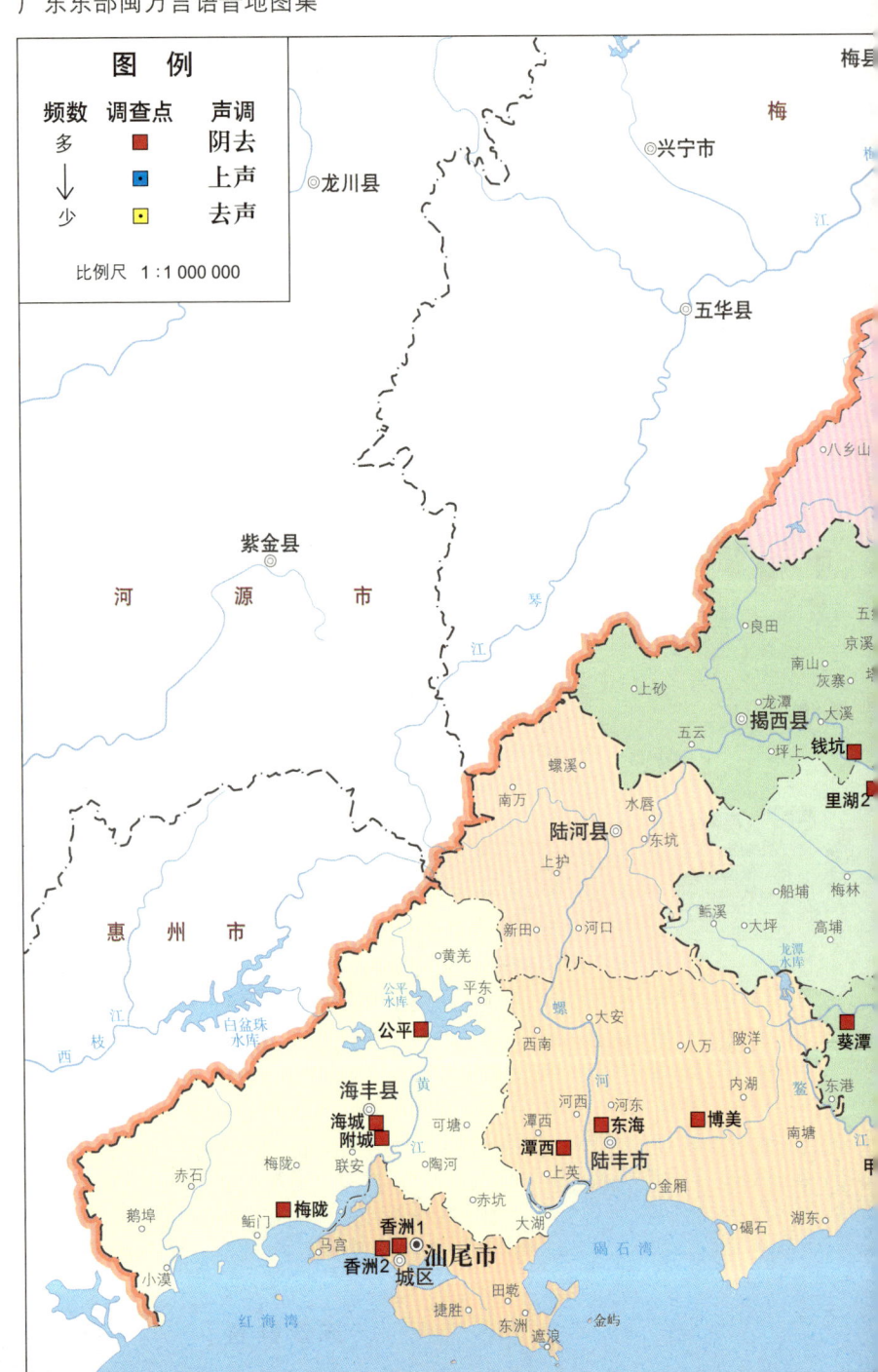

广东东部闽方言语音地图集

图 例

频数	调查点	声调
多	■	阴去
↓	■	上声
少	■	去声

比例尺 1∶1 000 000

声调图D014—中古次清去声今读图

广东东部闽方言语音地图集

图例

频数	调查点	声调
多	■（红）	阳去、阳上
↓	■（蓝）	阳去、阴去
	■（黄）	阳去
少	■（绿）	去声、上声
	■（紫）	去声、阳上

比例尺 1:1 000 000

声调图D015—中古全浊去声今读图

广东东部闽方言语音地图集

图 例

频数	调查点	声调
多	■	阳去、阳上
↓	■	阳去、阴去
↓	■	阳去
↓	■	阳去、阴平
↓	■	去声、上声
少	■	去声、阳上

比例尺 1:1 000 000

声调图D016—中古次浊去声今读图

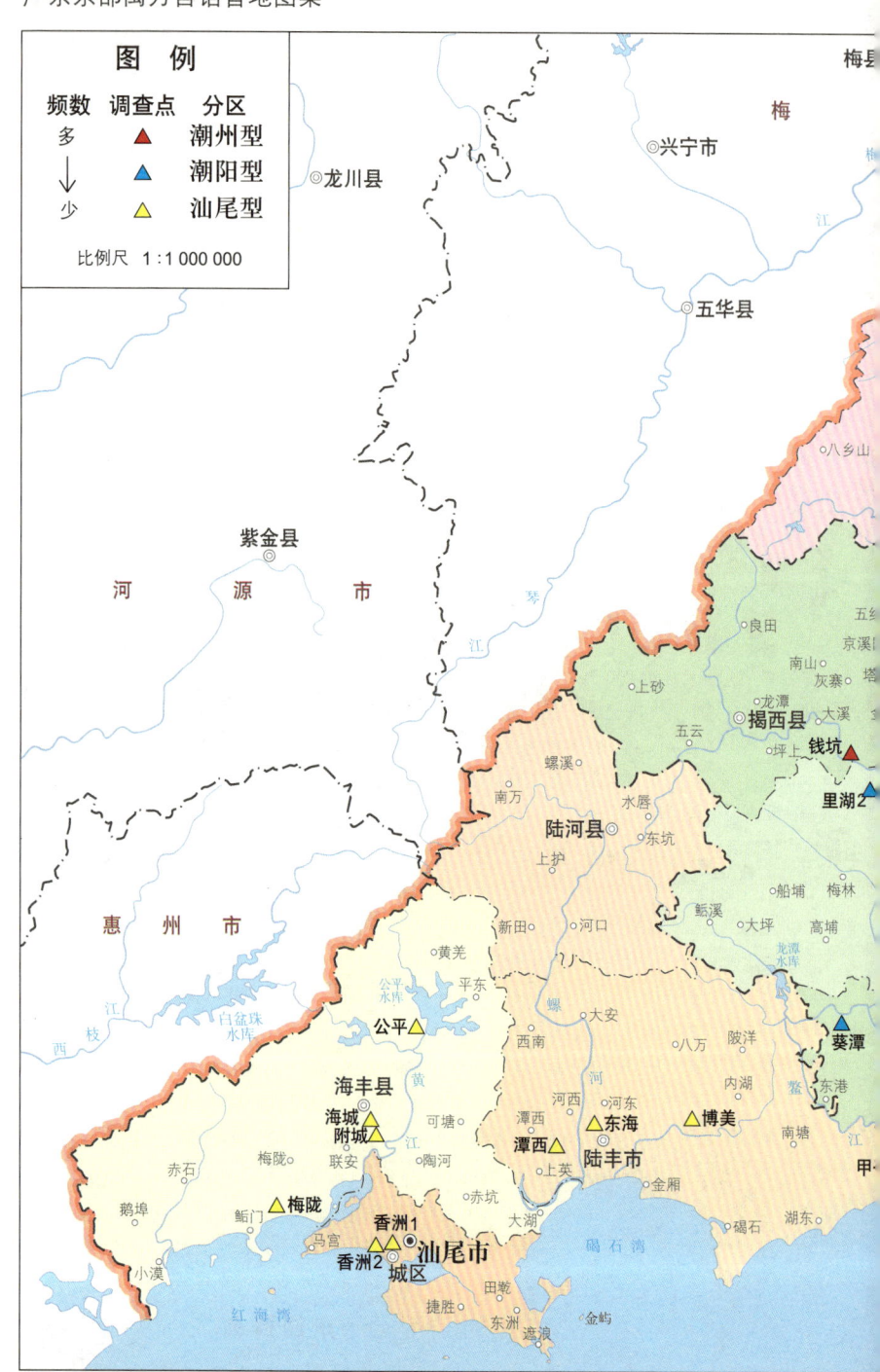

500　广东东部闽方言语音地图集

声母分区图 501

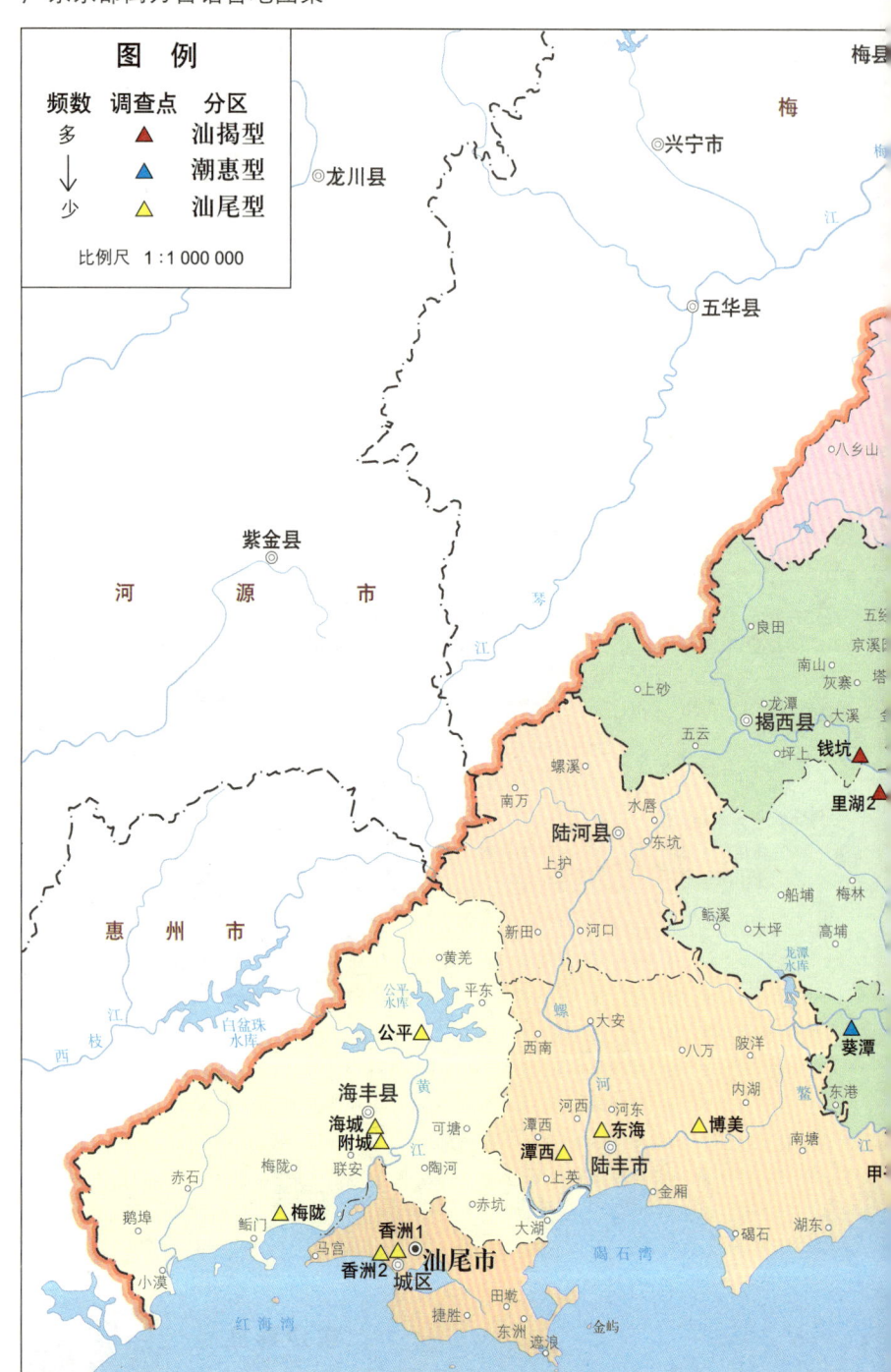

广东东部闽方言语音地图集

韵母分区图

广东东部闽方言语音地图集

图例

频数	调查点	分区
多	▲	潮汕型
↓	▲	潮阳型
↓	▲	云澳型
↓	▲	华湖凤凰型
↓	▲	南径型
少	▲	靖海型

比例尺 1:1 000 000

声调分区图

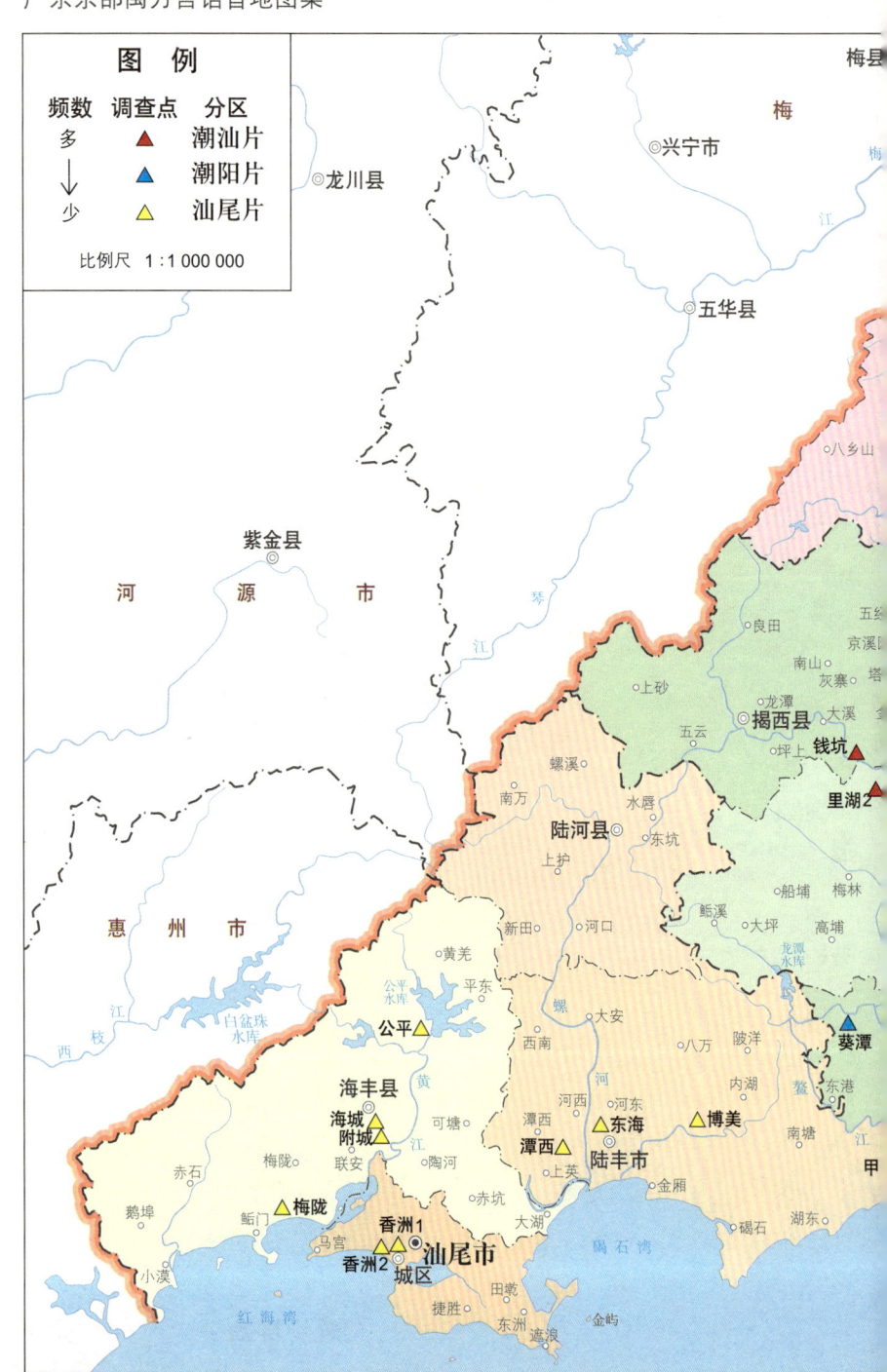

广东东部闽方言语音地图集

图例

频数	调查点	分区
多	▲	潮汕片
↓	▲	潮阳片
少	▲	汕尾片

比例尺 1∶1 000 000

语音分区图